Basiswissen Psychologie

Reihe herausgegeben von
Jürgen Kriz, Institut für Psychologie, Universität Osnabrück
Osnabrück, Deutschland

Beirat
Markus Bühner, Department Psychologie
Ludwig-Maximilians-Universität München, München, Deutschland

Thomas Goschke, Fakultät Psychologie, Technische Universität Dresden, Dresden, Deutschland

Arnold Lohaus, Fakultät für Psychologie und Sportwissenschaft, Universität Bielefeld, Bielefeld, Deutschland

Jochen Müsseler, Institut für Psychologie, RWTH Aachen, Aachen, Deutschland

Astrid Schütz, Institut Psychologie, Otto-Friedrich-Universität Bamberg, Bamberg, Deutschland

Die erfolgreiche Lehrbuchreihe im Programmbereich Psychologie: Das Basiswissen ist konzipiert für Studierende und Lehrende der Psychologie und angrenzender Disziplinen, die Wesentliches in kompakter, übersichtlicher Form erfassen wollen. Eine ideale Vorbereitung für Vorlesungen, Seminare und Prüfungen: Die Bücher bieten Studierenden in aller Kürze einen fundierten Überblick über die wichtigsten Ansätze und Fakten. Sie wecken so Lust am Weiterdenken und Weiterlesen.
Neue Freiräume in der Lehre: Das Basiswissen bietet eine flexible Arbeitsgrundlage. Damit wird Raum geschaffen für individuelle Vertiefungen, Diskussion aktueller Forschung und Praxistransfer.

Herausgegeben von
Jürgen Kriz
Universität Osnabrück

Wissenschaftlicher Beirat:
Markus Bühner
Ludwig-Maximilians-Universität München

Thomas Goschke
Technische Universität Dresden

Arnold Lohaus
Universität Bielefeld

Jochen Müsseler
RWTH Aachen

Astrid Schütz
Otto-Friedrich-Universität Bamberg

Dirk Wentura • Benedikt Wirth •
Markus Pospeschill

Multivariate Datenanalyse mit R

Eine kompakte Einführung mit
Online-Extras

2., überarbeitete und erweiterte Auflage

 Springer

Dirk Wentura
Fachrichtung Psychologie
Universität des Saarlandes
Saarbrücken, Deutschland

Benedikt Wirth
Fachrichtung Psychologie
Universität des Saarlandes
Saarbrücken, Deutschland

Markus Pospeschill
Fachrichtung Psychologie
Universität des Saarlandes
Saarbrücken, Deutschland

Zusätzliches Material zu diesem Buch finden Sie auf http://www.lehrbuch-psychologie.springer.com

ISSN 2626-0441　　　　　　　　ISSN 2626-0492 (electronic)
Basiswissen Psychologie
ISBN 978-3-662-65521-4　　　ISBN 978-3-662-65522-1 (eBook)
https://doi.org/10.1007/978-3-662-65522-1

Die Deutsche Nationalbibliothek verzeichnet diese Publikation in der Deutschen Nationalbibliografie; detaillierte bibliografische Daten sind im Internet über http://dnb.d-nb.de abrufbar.

Springer
© Der/die Herausgeber bzw. der/die Autor(en), exklusiv lizenziert an Springer-Verlag GmbH, DE, ein Teil von Springer Nature 2015, 2023
Das Werk einschließlich aller seiner Teile ist urheberrechtlich geschützt. Jede Verwertung, die nicht ausdrücklich vom Urheberrechtsgesetz zugelassen ist, bedarf der vorherigen Zustimmung des Verlags. Das gilt insbesondere für Vervielfältigungen, Bearbeitungen, Übersetzungen, Mikroverfilmungen und die Einspeicherung und Verarbeitung in elektronischen Systemen.
Die Wiedergabe von allgemein beschreibenden Bezeichnungen, Marken, Unternehmensnamen etc. in diesem Werk bedeutet nicht, dass diese frei durch jedermann benutzt werden dürfen. Die Berechtigung zur Benutzung unterliegt, auch ohne gesonderten Hinweis hierzu, den Regeln des Markenrechts. Die Rechte des jeweiligen Zeicheninhabers sind zu beachten.
Der Verlag, die Autoren und die Herausgeber gehen davon aus, dass die Angaben und Informationen in diesem Werk zum Zeitpunkt der Veröffentlichung vollständig und korrekt sind. Weder der Verlag, noch die Autoren oder die Herausgeber übernehmen, ausdrücklich oder implizit, Gewähr für den Inhalt des Werkes, etwaige Fehler oder Äußerungen. Der Verlag bleibt im Hinblick auf geografische Zuordnungen und Gebietsbezeichnungen in veröffentlichten Karten und Institutionsadressen neutral.

Lektorat/Planung: Joachim Coch
Springer ist ein Imprint der eingetragenen Gesellschaft Springer-Verlag GmbH, DE und ist ein Teil von Springer Nature.
Die Anschrift der Gesellschaft ist: Heidelberger Platz 3, 14197 Berlin, Germany

Vorwort zur zweiten Auflage

Die zweite Auflage unserer Einführung in die multivariate Statistik weist im Wesentlichen drei Änderungen auf: Wir orientieren uns nun erstens an den Prozeduren und Ausgaben der *Open-Source*-Programmiersprache R. Im Text werden die Befehle und Ausgaben der entsprechenden R-Funktionen zur Erläuterung abgedruckt. Zu jeder Analyse findet sich im *Online-Plus-Material*[1] (vgl. dazu auch den Anhang) der entsprechende Datensatz sowie ein R-*Notebook*, welches die entsprechenden Befehle enthält. So kann jede Analyse selbst nachvollzogen werden. Die an SPSS orientierten *online*-Materialien bleiben verfügbar. Zweitens wurde das Kapitel über die Hierarchischen Linearen Modelle deutlich erweitert. Die Einführung in diese Modelle ist jetzt in Kap. 7 zu finden. Drittens wurde das Buch generell überarbeitet, korrigiert und ergänzt.

Herzlich bedanken möchten wir uns bei Joachim Coch und Dr. Angelika Schulz vom Springer-Verlag für die kompetente Unterstützung sowie Prof. Dr. Jürgen Kriz für die Einladung zu diesem Buch und für seine hilfreichen Anregungen.

Saarbrücken, Deustchland
August 2022

Dirk Wentura
Benedikt Wirth
Markus Pospeschill

---

[1] http://www.lehrbuch-psychologie.springer.com/.

Vorwort zur ersten Auflage

Bücher über statistische Verfahren und insbesondere multivariate Verfahren sind in der Regel deutlich umfangreicher als dieses schmale Bändchen. Wieso trauen wir uns dann, ein so knappes Buch auf den Markt zu bringen? Dieses Buch sollte nicht als Ersatz für umfangreichere Werke angesehen werden. Es soll vielmehr die Rolle eines Mittlers zwischen den noch nicht besonders elaborierten Wissensstrukturen vieler Studierender über den Bereich statistische Methoden und den besagten umfangreicheren Methodenbüchern einnehmen. Eine „Heranführung" – das wäre wohl ein angemessener Untertitel. Es geht uns nicht darum, dass der Anwender multivariater Verfahren in diesem Buch Antworten zu jedweder Detailfrage erhält; es soll vielmehr den notwendigen Hintergrund schaffen, damit sie oder er in der Lage ist, die richtigen Detailfragen zu stellen und die Verfahren richtig anzuwenden.

Dieses Buch ist durch drei Merkmale gekennzeichnet: Erstens, das Buch ist in erster Linie für Psychologie-Studierende gedacht. Das heißt nicht, dass es nicht auch von Studierenden anderer Fächer nutzbringend eingesetzt werden kann. Die Auswahl der Verfahren und die Beispiele stammen aber immer aus der Psychologie.

Zweitens orientieren wir uns an den Prozeduren und Ausgaben des Statistikprogrammpakets IBM SPSS Statistics. Natürlich kann – bei der vorgegebenen Kürze – dieses Buch nicht auch noch ein Einführungsbuch in SPSS sein. Wir haben folgenden Lösung gewählt: Im Text werden die Ausgaben der entsprechenden SPSS-Prozeduren zur Erläuterung abgedruckt. Zu jeder Analyse findet sich im *Online-Plus-Material*[2] (vgl. dazu auch den Anhang), der entsprechende Datensatz, die Steuerungssyntax, sowie eine Datei, in der anhand von *screenshots* die Steuerung per Menü erläutert wird. So kann jede Analysen selbst nachvollzogen werden.

---

[2] http://www.lehrbuch-psychologie.springer.com/.

Inzwischen hat dieses gängigste kommerzielle Programm große Konkurrenz durch das *open-source*-Programmpaket R bekommen; wir haben daher im *Online-Plus-Material* auch die Steuerungsbefehle für R dokumentiert, mit der man vergleichbare Ausgaben erhält.

Drittens haben wir durchgängig eine klare Schnittstelle zu mathematischen Herleitungen eingehalten. An den Stellen, an denen ein schul-mathematisch gebildeter Leser nachvollziehen kann, welches Ziel durch einen bestimmten Algorithmus realisiert wird, muss nicht der Algorithmus erklärt werden.

Herzlich bedanken möchten wir uns bei Frau Lisa Bender vom VS-Verlag für die kompetente Unterstützung sowie Prof. Dr. Jürgen Kriz für die Einladung zu diesem Buch und für seine hilfreichen Anregungen.

Saarbrücken, Deutschland Dirk Wentura
September 2014 Markus Pospeschill

Inhaltsverzeichnis

1	**Einführung**	1
1.1	Die Themen	1
1.2	Was man wissen sollte	4
2	**Lineare Regression**	13
3	**Multiple Regression**	23
3.1	Ziel 1: Die angemessene Prüfung orthogonaler Prädiktoren	24
3.2	Ziel 2: Bessere Vorhersage des Kriteriums	28
3.3	Ziel 3: Die angemessene Prüfung korrelierter Prädiktoren	31
3.4	Voraussetzungen der multiplen Regression	37
4	**Erweiterungen der multiplen Regression**	43
4.1	Quadratische Zusammenhänge & Co.	43
4.2	Analyse von Veränderung	47
4.3	Analyse dichotomer Kriteriumsvariablen (binär logistische Regression)	49
5	**Mediator- und Moderatoranalysen**	59
5.1	Mediatoranalysen	59
5.2	Moderatoranalysen	63
6	**Varianzanalyse, regressionsstatistisch betrachtet**	69
6.1	Der Mittelwertsvergleichs zweier Stichproben	70
6.2	Kodierung von einfaktoriellen Plänen mit mehr als zwei Gruppen	71
6.3	Mehrfaktorielle Varianzanalyse via multipler Regression	79

7	Hierarchische lineare Modelle	83
7.1	Eine Heranführung an HLM	84
7.2	Hierarchische lineare Modelle in R	90
7.3	Zentrierungen	97
7.4	Was man noch wissen sollte	104

8	Multivariate Analysen	111
8.1	Abweichung vom Nullvektor	111
8.2	Unterschied zweier Vektoren	116
8.3	Die kanonische Korrelationsanalyse	117
8.4	Gruppenunterschiede	121

9	Multivariate Behandlung von Messwiederholungsplänen	129
9.1	Einfaktorielle Messwiederholungspläne	130
9.2	Mehrfaktorielle Pläne	134
9.3	Die Hinzunahme von Zwischen-Versuchspersonen-Variablen	138

10	Diskriminanzanalyse und multinomiale logistische Regression	147
10.1	Diskriminanzanalyse	147
10.2	Multinomiale logistische Regression	155

11	Exploratorische Faktorenanalyse und Skalenanalyse	163
11.1	Die Hauptkomponentenanalyse	167
11.2	Skalenbildung und Reliabilitätsanalyse	178
11.3	Hauptachsenmethode und Maximum-Likelihood-Faktorenanalyse	182

12	Clusteranalyse	185
12.1	Proximitätsmaße	186
12.2	Festlegung einer Clusterlösung	192

13	Multidimensionale Skalierung	199
13.1	Messung von Ähnlichkeiten	202
13.2	Distanzmodelle	203
13.3	Konfigurationsermittlung	204
13.4	Festlegung der Dimensionen	206

14	Strukturgleichungsmodelle	213
14.1	Modellspezifikation	214
14.2	Modellevaluation	222
14.3	Modellschätzung mit lavaan	232

Anhang I – Die genutzten R-Funktionen 237

Anhang II – Zur Nutzung von Online Plus 241

Literatur 245

Stichwortverzeichnis 253

Einführung

Dieses Einführungskapitel soll (a) einen Überblick über die behandelten Verfahren geben und (b) kurz skizzieren, welches Vorwissen dieses Buch voraussetzt.

1.1 Die Themen

Im Zentrum der weitaus meisten empirischen Studien in der Psychologie stehen Fragen nach dem Zusammenhang von *Variablen*. Einfache Beispiele sind: (a) Lässt sich *Depression* im Alter durch die *Belastung durch chronische körperliche Erkrankungen und Behinderungen* vorhersagen? (b) Ist die *Partnerschaftszufriedenheit* in einer *Therapiegruppe* nach Abschluss der Therapie höher als in der *Kontrollgruppe*? (c) Kann man Wörter, die auf einem Bildschirm eingeblendet werden, dann *schneller aussprechen*, wenn ein assoziiertes Wort kurz zuvor präsentiert wurde (*Priming*), als wenn dies nicht der Fall ist (*kein Priming*)? Im Beispiel (a) ist offensichtlich von einem *Zusammenhang* zweier Variablen die Rede. Die Beispiele (b) und (c) sind zunächst als *Unterschieds*hypothesen formuliert; aber auch sie lassen sich als Zusammenhang zweier Variablen verstehen, wenn man die experimentelle Variation (d. h. Therapie vs. Kontrolle; Priming ja vs. nein) als Variable auffasst.

Dieses Buch lebt von der Idee, dass sich auch die komplexeren statistischen Verfahren aus wenigen einfachen Grundverfahren ableiten lassen. Insofern wird eher das Gemeinsame als das Trennende betont. Gleichwohl bieten sich als grobes Raster zur Gliederung die *Ziele* des Anwenders an: Wir führen daher im ersten Teil (Kap. 2, 3, 4, 5, 6 und 7) in Verfahren zu *Zusammenhangs- und vorhersageorientierte Fragestellungen* ein; hier geht es um die *Regressionsrechnung* in verschiedenen Spielarten.

© Der/die Autor(en), exklusiv lizenziert an Springer-Verlag GmbH, DE, ein Teil von Springer Nature 2023
D. Wentura et al., *Multivariate Datenanalyse mit R*, Basiswissen Psychologie, https://doi.org/10.1007/978-3-662-65522-1_1

Zum Einstieg und als Basis für das Folgende soll auf die *bivariate lineare Regression* eingegangen werden, obschon dieses Verfahren zur Basisausbildung in quantitativer Methodik und damit zum Vorwissen zählt. Da dieses Verfahren aber sehr wichtig ist und dann nahtlos zur multiplen Regression erweitert wird, soll ausführlich darauf eingegangen werden. Es geht bei der linearen Regression um die Frage, *ob* es einen bedeutsamen Zusammenhang zwischen zwei Variablen gibt und *wie* hoch er ausgeprägt ist; zum Beispiel: in welchem Maße ist Intelligenz ein Prädiktor für Schulerfolg?

Manchmal werden die Fragen komplexer; nehmen wir etwa folgende Beispiele: Ist das *Lebensalter* ein Prädiktor für *Vergangenheitsorientierung* über den Prädiktor *Depression* hinaus? Diese Frage zielt auf das Problem spezifischer Vorhersagebeiträge. Könnte es nicht sein, dass *Lebensalter* und *Vergangenheitsorientierung* nur deswegen korrelieren, weil beide mit *Depression* zusammenhängen (also ältere Menschen depressiver sind und depressivere Menschen tendenziell vergangenheitsorientierter sind)? Der Zusammenhang wäre, je nachdem wie diese Frage zu beantworten ist, anders zu bewerten. Die *multiple Regression* ist die Erweiterung der bivariaten linearen Regression, da die Kriteriumsvariable nicht nur auf eine, sondern gleich auf mehrere Prädiktorvariablen zurückgeführt wird. Die Gründe für die Verwendung dieser Methode sind (a) der Wunsch nach bestmöglicher Vorhersage des Kriteriums, (b) die Suche nach den spezifischen Anteilen einer Prädiktorvariablen. Eingesetzt wird diese Methode aber auch, wenn für nichtlineare bivariate Zusammenhänge (z. B. quadratische Zusammenhänge) getestet werden soll. Ein eigentlich eigenständiges Verfahren – die *logistische Regressionsanalyse* – wird hier pragmatisch als Sonderfall der multiplen Regression eingeführt: Wie muss man vorgehen, wenn man statt einer als kontinuierlich gedachten abhängigen Variable eine dichotome abhängige Variable untersucht (z. B. Trump oder Biden gewählt?)

Die wichtigen Konzepte der *Mediator-* und *Moderatoranalyse* werden in Kap. 5 eingeführt. *Mediatoranalysen* testen, ob der Zusammenhang zweier Variablen durch eine dritte vermittelt ist: Wenn das Alter (im höheren Erwachsenenalter) ein Prädiktor für Intelligenzabbau ist, stellt sich die Frage, welche vermittelnden Prozesse hierfür verantwortlich sein könnten. Haben wir einen messbaren „Kandidaten" (z. B. einen Index für bestimmte alterskorrelierte Hirnveränderungen), so kann der Prädiktor Alter durch diesen aussagekräftigeren Prädiktor ersetzt werden (vollständige Mediation). Im Gegensatz dazu testen *Moderatoranalysen*, ob der Zusammenhang zweier Variablen von der Ausprägung einer dritten Variable abhängt. Belastung durch chronische Krankheiten und Behinderungen mag im Alter ein Prädiktor für die (Abwesenheit von) Lebenszufriedenheit sein. Möglicherweise gibt es aber Persönlichkeitseigenschaften, die verhindern, dass die gesundheitlichen Beeinträchtigungen die Lebenszufriedenheit mindern: Je höher diese Eigenschaften ausgeprägt sind, umso geringer ist der Zusammenhang von gesundheitlicher Belastung und Lebenszufriedenheit.

Kap. 6 hat eine Doppelfunktion. Mit diesem Kapitel wird der zweite Teil des Buches eingeleitet, der sich mit *mittelwerts- und unterschiedsorientierten Fragestellungen* beschäftigt. Gleichzeitig ist es eine Fortsetzung der regressionsanalytischen Kapitel: Es wird die in den Grundkursen zu quantitativen Methoden eingeführte *Varianzanalyse* regressionsstatistisch behandelt. Ein Anliegen des Buches ist es, auf die Gemeinsamkeit der beiden „Welten" bzw. die Allgemeingültigkeit des regressionsanalytischen Vorgehens hinzuweisen. Dieses Kapitel ist zudem eine wichtige Voraussetzung für das Verständnis des folgenden Kapitels.

Im Kap. 7 soll eine Heranführung an eine immer wichtiger werdende Verfahrensklasse geleistet werden: Die sogenannten *Hierarchischen Linearen Modelle* sind zwar eigentlich „nur" regressionsanalytische Modelle. Dadurch aber, dass verschiedene Analyseebenen kombiniert werden, ergibt sich eine höhere Komplexität. Das Standard-Anwendungsbeispiel sind bildungswissenschaftliche Studien: Die Untersuchungseinheit auf der untersten Ebene sind die Schüler mit ihren Eigenschaften und ihren Leistungen; Schüler sind aber Teil einer Klasse (mit entsprechenden Merkmalen, zum Beispiel den Lehrereigenschaften). Ebenso findet man solche Hierarchieebenen bei Experimenten aus der Grundlagenforschung: Auf der unteren Ebene ist der einzelne Durchgang eines Experimentes (zum Beispiel die Bearbeitung eines Bildes oder eines Wortes unter einer bestimmten Aufgabenstellung); die Durchgänge werden aber immer von einzelnen Teilnehmerinnen und Teilnehmern (mit ihren Eigenschaften) bearbeitet.

In den Kap. 8 und 9 werden *multivariate Analysen* (im engeren Sinne) behandelt. Von multivariaten Verfahren im engeren Sinne spricht man, wenn mehrere abhängige Variablen simultan analysiert werden. Es kann hier um experimentelle Studien gehen, bei denen unterstellt wird, dass sich Unterschiede zwischen den Faktoren auf der einen oder der anderen abhängigen Variable zeigen können. Um hier ein leicht nachvollziehbares (inhaltlich kritisch diskutiertes) Beispiel zu nennen: Bei dem sogenannten Lügendetektor wird unterstellt, dass sich das mit dem Lügen einhergehende *Arousal* auf verschiedenen peripher-physiologischen Variablen (Hautleitfähigkeit, Atemfrequenz, Blutdruck etc.) zeigt – insofern wäre dies eine multivariate Situation.

Etwas versteckt in einem Unterkapitel des Kap. 8 wird auch die *kanonische Korrelationsanalyse* besprochen. Dieses Verfahren wird zwar selten eigenständig angewandt; es ist aber die Verallgemeinerung von multipler Regression und multivariaten Analysen und daher zum Grundverständnis dieser Verfahren äußerst wertvoll. Sehr bedeutsam ist auch die Nutzung der *multivariaten Analyse* (im engeren Sinne) für die Analyse experimenteller Pläne mit messwiederholten Faktoren. Wir werden in Kap. 9 die traditionelle Varianzanalyse für Messwiederholungspläne und die multivariate Behandlung gegenüberstellen.

Im dritten Teil (Kap. 10, 11, 12 und 13) geht es um *klassifizierungsorientierte Fragestellungen*. Die *Diskriminanzanalyse* dient der Vorhersage von Gruppenzugehörigkeiten durch mehrere Prädiktorvariablen. Wie sich zeigen wird, ist die Diskriminanzanalyse lediglich eine Anwendung der kanonischen Korrelationsanalyse (s. oben). Die (exploratorische) *Faktorenanalyse*, insbesondere die *Hauptkomponentenanalyse*, wird in Kap. 10 vorgestellt. Ist das Zusammenhangsmuster für acht Fragen zu *internaler Kontrollüberzeugung* so homogen, dass die acht Fragen zu einem *Gesamtindex* zusammengefasst werden können? Ist das Zusammenhangsmuster für 100 *Persönlichkeitsitems* so, dass es sinnvoll ist, diese Items auf wenige *Faktoren* abzubilden? Bei diesen Fragen geht es offenbar nicht darum, zwischen abhängigen und unabhängigen Variablen, zwischen Prädiktoren und Kriterium zu unterscheiden, sondern darum, Komplexität zu reduzieren.

Mit der *Clusteranalyse* und der *multidimensionalen Skalierung* verlassen wir dann den bis dahin geltenden Rahmen der sogenannten parametrischen Verfahren – kurz: der Verfahren, die auf Verteilungsannahmen aufbauen; *clusteranalytische Verfahren* dienen in der Regel der explorativen Fragestellung, wie sich Untersuchungseinheiten (also in der Regel Versuchsteilnehmer) aufgrund von Ähnlichkeiten zu Gruppen (Clustern) zusammenstellen lassen. Sie kann in diesem Sinne eine Voranalyse zur Diskriminanzanalyse darstellen. Die *multidimensionale Skalierung (MDS)* dient dazu, die Ähnlichkeiten von Untersuchungseinheiten (zumeist Objekten) in möglichst wenigen Dimensionen zu veranschaulichen. Das klassische Veranschaulichungsbeispiel: Nimmt man die Entfernungskilometer von einigen deutschen Städten als Maß der (Un-)„Ähnlichkeit" bezüglich der geografischen Lage, wird die MDS die zweidimensionale Landkarte, auf denen die Städte platziert sind, als Ergebnis liefern.

Im vierten und letzten Teil geht es um die *Modellierung komplexer Zusammenhänge* durch *Strukturgleichungsmodelle*. Diese dienen dazu, komplexe, theoretisch postulierte Zusammenhänge zwischen Variablen einem Test zu unterziehen. Hier werden Elemente der Regressionsanalyse, insbesondere der Mediationsanalyse, mit messtheoretischen Überlegungen verknüpft.

1.2 Was man wissen sollte

Ein Buch über multivariate Statistik kann nicht bei „Adam & Eva" anfangen, schon gar nicht, wenn es vom Umfang so knapp bemessen ist wie dieses. Der Leser sollte also mit den Grundlagen der Statistik vertraut sein, wie sie zum Beispiel typischerweise in den ersten beiden Semestern eines Bachelorstudiengangs Psychologie an

Universitäten vermittelt werden. Im Folgenden geben wir einen kurzen „Auffrischungskurs" für einige wichtige, im Weiteren vorausgesetzte Begriffe. Diese Informationen sind vermutlich zu komprimiert, um die entsprechenden Begriffe hierdurch *erstmals* zu lernen. Der Leser möge also seine innere Reaktion (entweder „Ah ja, ich erinnere mich ..." oder „Wie bitte?") als Indikator dafür nehmen, ob sie oder er sich zunächst an anderer Stelle (s. unsere Literaturangaben am Ende des Kapitels) in diese Grundlagen einarbeitet.

Mittelwert, Varianz, Standardabweichung Der Mittelwert (das arithmetische Mittel) muss hier nicht näher erklärt werden. Er hat unter anderem zwei Eigenschaften, die im Folgenden eine Rolle spielen: (1) Die Summe der Abweichungen der Einzelwerte von ihrem Mittelwert beträgt Null. (2) Der Mittelwert ist derjenige Wert x, für den die Summe der quadrierten Differenzen zwischen x und den Einzelwerten ein Minimum ergibt. Das heißt, bei den Werten 2, 6, 3, 5 ist 4 der Mittelwert. Die Summe der einfachen Abweichungen ist 0 (= $-2+2-1+1$); die Summe der quadrierten Abweichungen ist 10 (= $4+4+1+1$). Mit keinem anderen denkbaren Wert als 4 wird man eine kleinere *Quadratsumme* (wie die Summe der quadrierten Abweichungen kurz benannt wird) erzielen. Teilt man die Quadratsumme durch die Anzahl der Werte, erhält man die *Varianz*, der Parameter für das Ausmaß der Variabilität der Werte (siehe dazu aber auch den Abschnitt *Stichprobe, Population und Freiheitsgrade*). Da die Varianz aufgrund der Quadrierung auch eine quadrierte Einheit trägt – wären die Werte oben Entscheidungszeiten bei einer Urteilsaufgabe in Sekunden, trüge die Varianz die Einheit Sekunden-zum-Quadrat – arbeitet man auch gern mit der *Standardabweichung (SD; standard deviation)*; sie ist die Wurzel der Varianz. Sind Werte gemäß einer *Gauß-Normalverteilung* verteilt, reichen Mittelwert und Varianz/Standardabweichung vollständig zur Beschreibung aus. So reicht es uns aus zu wissen, dass Werte eines bestimmten Intelligenztests sich, wie bei solchen Tests üblich, mit der Standardabweichung 15 um den Mittelwert 100 (normal-)verteilen, um jemanden mit dem Testwert 131 zu den 2 % Intelligentesten zu zählen. (Der Wert 130 liegt 2 Standardabweichungen über dem Mittelwert; er trennt in der Normalverteilung etwa 97.7 % der Fläche mit kleineren Werten von 2.3 % der Fläche mit diesem und höheren Werten.)

Lineare Transformation und z-Standardisierung Die gerade angesprochenen Intelligenzwerte mit Mittelwert = 100 und Standardabweichung = 15 erhält man durch Lineartransformation der Rohmesswerte (z. B. die Anzahl der gelösten Testaufgaben). Das heißt, man zieht von jedem Rohwert den Mittelwert der Rohwerte ab und teilt das Ergebnis durch die Standardabweichung der Rohwerte. Würde man es bei diesem Rechenschritt belassen, würden sich die erhaltenen

Werte um den Mittelwert 0 mit der Standardabweichung 1 verteilen. Wir sprechen dann von einer *z-standardisierten Variable*. Multipliziert man jeden *z*-Wert mit 15 und addiert dann 100, erhält man die typische Intelligenztestverteilung. Die gebräuchlichen statistischen Verfahren sind invariant gegenüber linearen Transformationen; das heißt, die statistischen Tests ergeben dasselbe Ergebnis für verschiedene lineare Transformationen der Originalwerte; *z-Standardisierungen* werden im Laufe des Buches häufiger benötigt.

Stichprobe, Population und Freiheitsgrade Wir möchten auf der Basis von Stichprobendaten Kennwerte der Population (also der Grundgesamtheit, aus der die Stichprobe gezogen wurde) schätzen. Es lässt sich zeigen, dass der Mittelwert einer Stichprobe M ein sogenannter *erwartungstreuer Schätzer* des Populationsmittelwertes μ ist: Zieht man sehr häufig Stichproben aus derselben Grundgesamtheit, verteilen sich die Stichprobenmittelwerte um ihren *Erwartungswert*. *Erwartungstreue Schätzung* heißt nun, dass der Erwartungswert mit dem Mittelwert der Grundgesamtheit identisch ist. Bei der Varianz ist das etwas anders. Oben hatten wir die Stichprobenvarianz als mittlere Quadratsumme eingeführt. Dies ist keine *erwartungstreue Schätzung* der Varianz der Grundgesamtheit. Es lässt sich aber zeigen, dass wir eine solche Schätzung erhalten, wenn wir die Quadratsumme durch $n-1$ statt durch n teilen (mit n gleich der Stichprobengröße). Wir sagen auch: die Varianz hat $n-1$ *Freiheitsgrade*. Das Konzept der Freiheitsgrade ist ein sehr wichtiges in der Stochastik (dem Teilgebiet der Mathematik, dass sich mit Wahrscheinlichkeitsrechnung und Statistik befasst). Um zu bestimmen, in welcher Beziehung Stichprobenkennwerte zu Populationskennwerten stehen, muss man sich überlegen, wie viele Werte, die in die Berechnung eines Stichprobenkennwertes eingehen, zufällig variieren können. In den Mittelwert gehen n zufällig gezogene Werte ein. Selbst wenn ich $n-1$ Werte schon kenne, weiß ich nicht, wie der n-te Wert ist; der Mittelwert hat somit n Freiheitsgrade. Bei der Varianz ist das anders: Im Kern der Berechnung stehen Abweichungen der Einzelwerte vom Mittelwert. Da – wie oben ausgeführt – die Summe der Abweichungen vom Mittelwert immer Null beträgt, können nur $n-1$ Werte frei variieren: Kenne ich $n-1$ Einzelwerte und den Mittelwert, ist der $n-te$ Wert festgelegt. Die Varianz hat somit $n-1$ Freiheitsgrade. Dies führt im Übrigen dazu, dass häufig nicht der Unterschied zwischen der sogenannten *unkorrigierten Varianz* (= Quadratsumme durch n geteilt) und dem *erwartungstreuen Schätzer* (= Quadratsumme durch $n-1$ geteilt) gemacht wird und direkt Letzteres als die einzige Definition der Varianz angegeben wird (z. B. Bortz & Schuster, 2010). Die Populationsschätzung der Standardabweichung ist – wie gehabt – die Wurzel der Varianz.

1.2 Was man wissen sollte

Inferenzstatistik Die *beschreibende (deskriptive) Statistik* beschäftigt sich mit den Kennwerten (z. B. Mittelwert, Varianz) einer Stichprobe; die *schließende Statistik (Inferenzstatistik)* hilft dabei, aufgrund von Stichprobenergebnissen Aussagen über das Zutreffen von Hypothesen zu machen. Zur Auffrischung dieses Gedankens soll an einen der einfachsten Tests der Inferenzstatistik erinnert werden: den *Einstichproben-t-Test*. Nehmen wir an, Sie geben zufällig gewählten Studierenden Ihrer Universität einen Fragebogen, der unter anderem die Frage enthält „Alles in allem betrachtet, wie zufrieden sind Sie zurzeit mit Ihrem Leben?" Die 39 Teilnehmerinnen und Teilnehmer sollen die Frage durch das Ankreuzen eines Wertes zwischen -3 („überhaupt nicht zufrieden") und $+3$ („sehr zufrieden") beantworten. Der Mittelwert M aller Antworten sei 1.36; die Standardabweichung SD betrage 1.46. Wir haben die Hypothese (H1), dass Studierende (unserer Universität) im Mittel eher zufrieden als unzufrieden sind; wir vermuten also, dass der Mittelwert in der Population der Studierenden (unserer Universität) größer als Null ist.

Um diese Hypothese auf der Basis unserer Stichprobe zu bewerten, nutzen wir folgende Logik: Wenn wir – entgegen unserer Hypothese – annehmen, die Zufriedenheit der Studierenden wäre im Mittel nicht vom neutralen Null-Punkt verschieden (sog. Nullhypothese H0), wie wahrscheinlich ist es dann, einen solch hohen (oder noch höheren) Mittelwert wie $M = 1.36$ in einer Stichprobe von 39 Teilnehmern zu erhalten? Wenn die Antwort ist: „kaum wahrscheinlich", so bleiben wir bei unserer Hypothese, dass der Mittelwert der Zufriedenheit bei den Studierenden größer als Null ist. „Kaum wahrscheinlich" wird in der Regel in der Psychologie mit 5 % (seltener: mit 1 %) beziffert. Das bedeutet natürlich, dass wir ein Restrisiko von 5 % bzw. 1 % eines „Fehlers erster Art" (Alpha-Fehler) eingehen, dass doch die Nullhypothese gilt. Wie berechnen wir diesen Wahrscheinlichkeitswert? Wir müssen dazu wissen, wie sich die Mittelwerte von Stichproben mit 39 Teilnehmern um den angenommenen Wert Null verteilen würden. Konkret benötigen wir also Wissen über die Verteilungsform und die Parameter, die die Verteilung charakterisieren.

Die bekannteste Verteilungsform ist die Gauß-Normalverteilung, eine symmetrische glockenförmige Kurve, die – wie oben schon gesagt – durch ihren Mittelwert und ihre Standardabweichung vollständig beschrieben wird. Bei der *Standard-Normalverteilung* – d. h. einer Normalverteilung mit Mittelwert 0 und Standardabweichung 1 – wissen wir zum Beispiel, dass Werte größer als $z = 1.645$ nur in 5 % aller Fälle auftreten. Wenn wir für einen Moment annehmen, dass Mittelwerte von Stichproben mit 39 Teilnehmern sich bei Gültigkeit der H0 um Null normalverteilen, benötigten wir nur noch die Standardabweichung. Die können wir aus unseren Stichprobenergebnissen abschätzen: Teilen wir die Populationsschätzung der Standardabweichung (s. oben) durch die Wurzel aus N – im Beispiel also:

Wurzel aus 39 – so erhalten wir den sogenannten *Standardfehler (SE; standard error)*; er ist die Standardabweichung der Mittelwerteverteilung. In unserem Beispiel beträgt der $SE = 1.46/\text{Wurzel}(39) = 0.23$. Wenn ich weiß, dass Werte größer 1.645 Standardabweichungen in nur 5 % der Fälle erreicht werden, können wir also jetzt sagen: Stichprobenmittelwerte von $0.23 \times 1.645 = 0.38$ und größer erhalten wir bei Gültigkeit der H0 nur in 5 % aller Fälle. Unser tatsächlicher Mittelwert von 1.36 ist viel größer, wir verwerfen also die H0 und bleiben bei unserer H1. Wir hätten alternativ auch folgende Rechnung anstellen können: Unser Stichprobenmittelwert von 1.36 ist $1.36/0.23 = 5.91$ Standardfehlereinheiten über dem Nullwert, wie wahrscheinlich ist es, einen solchen oder höheren z-Wert unter Gültigkeit der H0 zu erhalten? Diese Wahrscheinlichkeit liegt bei 0.0000002 % und damit deutlich unter den gesetzten 5 %.

Wir müssen jetzt nur noch eine Kleinigkeit zusätzlich einführen. In der Tat wurde im letzten Absatz zwar das Prinzip richtig beschrieben, im Detail haben wir aber einen Fehler gemacht. Erst bei vergleichsweise großen Stichproben verteilen sich die Mittelwerte dieser Stichproben annähernd normal; bei kleineren Stichproben handelt es sich um eine der sogenannten *t*-Verteilungen. Diese sieht der Normalverteilung sehr ähnlich, nur an den Rändern nähert sie sich nicht so schnell der X-Achse an. Das heißt, während ein z-Wert von 1.645 fünf Prozent der Verteilung abschneidet, sind die entsprechenden *t*-Werte höher. Wir haben den Ausdruck „*t*-Verteilungen", also den Plural, verwendet. In der Tat hängt es von der Größe der Stichprobe, genauer gesagt von den Freiheitsgraden (s. oben) ab, welche *t*-Verteilung zum Tragen kommt. In den *t*-Wert, den wir aus den Stichprobenkennwerten bilden – $t = M/SE$ – geht indirekt die Standardabweichung ein; eine Standardabweichung hat aber $n-1$ Freiheitsgrade. In unserem Fall ergibt sich ein *t*-Wert von $t = 5.91$, der bei $n-1 = 38$ Freiheitsgraden mit einer Wahrscheinlichkeit von $p = .00004$ assoziiert ist. Die Schlussfolgerung ändert sich also nicht.

Ein Abschnitt über Inferenzstatistik muss die Begriffe Teststärke (Testpower) und Fehler zweiter Art (Beta-Fehler) enthalten, auch wenn die dazu gehörenden Überlegungen in diesem Buch keine zentrale Rolle spielen. Falls unsere Stichprobe im Hinblick auf den zu erwartenden Effekt zu klein ist, wird das Stichprobenergebnis mit hoher Wahrscheinlichkeit nahelegen, die Nullhypothese beizubehalten, auch wenn der Effekt in der Population existiert. Diese Wahrscheinlichkeit bezeichnen wir als Fehler zweiter Art (Beta-Fehler). Also sollte man bei der Planung einer Studie überlegen, wie groß der Effekt vermutlich sein wird, um die Stichprobengröße zu bestimmen, mit der man genügend Teststärke hat (z. B. mit dem Programm G*Power, Faul et al., 2007).

1.2 Was man wissen sollte

Der t-Test Im vorhergehenden Absatz haben wir an den *Einstichproben-t-Test* erinnert. Es gibt zwei weitere Varianten des *t*-Tests: Messen wir zum Beispiel die Latenzzeit beim Aussprechen von Wörtern (d. h., die Zeit bis zum Beginn des Aussprechens), die auf einem Bildschirm dargeboten werden und vergleichen dann die mittlere Latenzzeit für Wörter, bei denen ein assoziiertes Wort kurz vorher eingeblendet wurde (*Butter* vor *Brot*) mit der mittleren Latenzzeit für Wörter, denen ein nichtassoziiertes Wort voranging (*Birne* vor *Brot*), so wenden wir den *t-Test für abhängige Stichproben* (oder: *t-Test für Beobachtungspaare*) an. Er lässt sich direkt in den *Einstichproben-t-Test* überführen, indem für jeden Versuchsteilnehmer die Differenz zwischen den Latenzen gebildet wird und der Mittelwert dieser Differenzvariable (wie im Absatz zur Inferenzstatistik beschrieben) gegen Null getestet wird. Mit dem *t*-Test für unabhängige Stichproben werden dagegen Mittelwertsunterschiede zwischen *Gruppen* verglichen (z. B. Selbstwert bei Frauen vs. Männern). Die Logik ist hier ebenfalls dieselbe: Der Mittelwertsunterschied wird auf den entsprechenden Standardfehler relativiert.

Varianzanalyse Werden in einer Studie mehr als zwei Gruppen verglichen, wird eine Varianzanalyse berechnet. Nehmen wir zum Beispiel an, depressive Patientinnen und Patienten würden per Zufall einer von drei Gruppen zugeteilt: zwei verschiedenen Therapien A oder B bzw. einer Kontrollgruppe. Nach einer Weile wird ein Depressionsindikator gemessen. Unterscheiden sich die drei Mittelwerte systematisch voneinander? Die Logik der Varianzanalyse ist zweistufig: Zunächst zerlegen wir die *Gesamtquadratsumme* in die *Treatmentquadratsumme* und die *Fehlerquadratsumme*. Was heißt das? Nun, wenn wir für jeden Patienten den Depressionsindikatorwert vom Mittelwert der Gesamtstichprobe abziehen, quadrieren und diese quadrierten Abweichungen aufsummieren, erhalten wir die *Gesamtquadratsumme*. Wenn wir aber für jeden Patient den Depressionsindikatorwert vom eigenen Gruppenmittelwert (also der Therapiegruppe A, B oder der Kontrollgruppe) abziehen, quadrieren und aufsummieren, so erhalten wir die *Fehlerquadratsumme*. Dieser Name ergibt sich dadurch, dass diese Variabilität „innerhalb Gruppen" offensichtlich nicht auf die Bedingungsvariation zurückgeführt werden kann. Nehmen wir zudem für einen Moment an, jeder Patient hätte genau den Mittelwert seiner Gruppe (es gäbe sozusagen keine Fehlervarianz), so könnten wir diese Werte vom Gesamtmittelwert abziehen, quadrieren und aufsummieren und erhalten die *Treatmentquadratsumme*. *Fehlerquadratsumme* und *Treatmentquadratsumme* ergänzen sich zur *Gesamtquadratsumme*. Der relative Anteil der *Treatmentquadratsumme* an der *Gesamtquadratsumme* wird auch als der *erklärte Varianzanteil* bezeichnet. Die zweite Stufe ist der Inferenztest: Unter der Annahme der Nullhypothese (d. h. die Werte der drei Gruppen entstammen derselben Population) werden sich die Mittelwerte natürlich aufgrund der Variabilität der Einzelwerte in der Regel auch leicht unterscheiden. Man kann nun unter der Nullhypothese zwei unabhängige Schätzungen für die Variabilität der Werte angeben: Zum einen können wir die Fehlerquadratsumme durch die entsprechenden Freiheitsgrade teilen – das sind hier N-3 (da in jeder Gruppe nur $n-1$ Werte frei variieren können, wenn der Mittelwert gegeben ist; allgemein $N-p$ mit $p =$ Anzahl der Bedingungen); das ergibt die sogenannte mittlere Fehlerquadratsumme. Zum anderen können wir die *Treatmentquadratsumme* durch die entsprechenden Freiheitsgrade teilen – das sind hier $3-1$ (allgemein $p-1$, da der Gesamtmittelwert gegeben ist); das ergibt die sogenannte mittlere *Treatmentquadratsumme*. Solange die Nullhypothese zutrifft, wird der Quotient aus mittlerer *Treatmentquadratsumme* und mittlerer *Fehlerquadratsumme* fast immer nur unwesentlich von eins abweichen; mit gewisser geringer Wahrscheinlichkeit werden die einzelnen Werte sich aber so verteilen, dass der Quotient aus diesen beiden Varianzschätzungen deutlich größer als eins ist. Diese Verteilung nennt man F-Verteilung. Auch hier handelt es sich wieder um eine Familie von Verteilungen; jede einzelne wird durch die Freiheitsgrade des Zählers ($p-1$) und des Nenners ($N-p$) definiert. Der Quotient ist natürlich auch dann deutlich größer als eins, wenn die Bedingungsvariation tatsächlich einen Einfluss hatte. Wie unterscheiden wir die beiden Fälle? Wenn die Wahrscheinlichkeit, unter der Annahme der Nullhypothese einen solchen F-Wert oder einen noch größeren zu erhalten, kleiner als $p = .05$ ist, so verwerfen wir die Nullhypothese und bleiben bei unserer ursprünglichen Annahme, dass die Bedingungsvariation einen Effekt hatte.

Kovarianzen und Korrelation Die Korrelation ist ein symmetrischer Kennwert für den Zusammenhang zwischen zwei Variablen (d. h. wir sprechen in diesem Fall nicht von unabhängiger und abhängiger Variable bzw. Prädiktor und Kriterium). Wir erhalten die (sogenannte Produkt-Moment-)Korrelation durch folgende Formel (mit X und Y als den beiden Variablen). Die Korrelation basiert also im Kern auf der Korrespondenz der Abweichungen der Einzelwerte vom jeweiligen Mittelwert für zwei Variablen (der Zähler in der Formel).

$$r = \frac{\sum_{i=1}^{n}(x_i - M_x)(y_i - M_y)}{N \cdot SD_x \cdot SD_y}$$

Teilt man diesen Summenterm durch N, erhält man die mittlere korrespondierende Abweichung, auch *Kovarianz* genannt. Teilt man die *Kovarianz* durch das Produkt der beiden Standardabweichungen, erhält man einen Wert, der auf das Intervall

1.2 Was man wissen sollte

[−1,+1] normiert ist. Ein hoher positiver Wert bedeutet, dass zwei Variablen positiv kovariieren: eine positive (negative) Abweichung vom Mittelwert auf der Variable X geht tendenziell mit einer positiven (negativen) Abweichung vom Mittelwert auf der Variable Y einher. Ein hoher negativer Wert bedeutet ebenfalls, dass man vom Wert auf der einen Variable gute Schätzungen für den korrespondierenden Wert auf der anderen Variable abgeben kann, nur dass jetzt eine positive Abweichung vom Mittelwert auf der einen Variable einer negativen Abweichung auf der anderen Variable korrespondiert. Eine Null-Korrelation bedeutet, dass man bei Kenntnis eines Wertes auf der einen Variable nichts über die Abweichung auf der anderen Variable sagen kann. Die Korrelationsformel reduziert sich zu dem folgenden Ausdruck für z-standardisierte Versionen der Variablen X und Y, wie man sich leicht klarmachen kann.

$$r = \frac{\sum_{i=1}^{n} z_{x_i} \cdot z_{y_i}}{N}$$

Wie oben schon angedeutet, setzen wir das „Was-man-wissen-sollte-Kapitel" mit der *bivariaten Regression* fort. Auch diese gehört typischerweise zur Grundausbildung in Statistik. Da diese Methode dann aber im Kap. 3 direkt zur multiplen Regression erweitert wird, soll die bivariate Regression etwas ausführlicher wiederholt werden und ein eigenes Kapitel bilden.

Literatur

Wer sich in die Grundlagen der Statistik (wieder) einarbeiten möchte, sei auf die vielfältige Literatur in diesem Bereich verwiesen. Hier ist eine Auswahl: Bortz und Schuster (2010); Bühner und Ziegler (2017); Eid et al. (2017); Janczyk und Pfister (2020); Luhmann (2020); Pospeschill (2006); Rasch et al. (2021a, 2021b); Schäfer (2016); Wirtz und Nachtigall (2012, 2013).

Lineare Regression   2

Bei der linearen Regression wird eine Kriteriumsvariable Y auf die Prädiktorvariable X „zurückgeführt", indem die beste lineare Gleichung

$$\hat{Y} = b_0 + b_1 X$$

gesucht wird. Was heißt hierbei „beste" Gleichung? Es lassen sich sicherlich mehrere Kriterien denken; aus verschiedenen Gründen bietet sich das *Kriterium der kleinsten Quadrate* an, das heißt, die Parameter b_0 und b_1 werden so bestimmt, dass die Summe der quadrierten Abweichungen der vorhergesagten Y-Werte von den tatsächlichen Y-Werten minimiert wird. Diese Abweichungen nennen wir Residuen. Wir können diese auch explizit in die Gleichung aufnehmen:[1]

$$Y = b_0 + b_1 X + e$$

Ein Grund für die Wahl dieses Kriteriums liegt darin, dass die Fehlervarianz (also die nicht vorhergesagte Varianz von Y) minimiert wird; ein zweiter, dass durch die Quadrierung „zwanglos" das Vorzeichen der Abweichungen eliminiert wird. Der Algorithmus zur Bestimmung der Funktionsparameter braucht uns hier nicht zu interessieren (vgl. z. B. Bortz & Schuster, 2010, Kap. 11), da wir wissen, welches Kriterium er realisiert. Ein Wort noch zur Terminologie: Um die lineare Regression mit nur einem Prädiktor von der multiplen Regression abzugrenzen, die wir im

---

[1] Beachten Sie: In der oberen Gleichung steht links „Y-Dach", das heißt, die Variable der vorhergesagten Werte; in der zweiten Gleichung ist Y die Variable der gemessenen Werte.

© Der/die Autor(en), exklusiv lizenziert an Springer-Verlag GmbH, DE, ein Teil von Springer Nature 2023
D. Wentura et al., *Multivariate Datenanalyse mit R*, Basiswissen Psychologie,
https://doi.org/10.1007/978-3-662-65522-1_2

nächsten Kapitel behandeln, spricht man auch von *bivariater linearer Regression* (bivariat, da der Zusammenhang nur zweier Variablen bestimmt wird).

Schauen wir uns ein Beispiel an: Die Durchschnittsnote von 120 Schülern (Variable *Schule*) sei die abhängige Variable; sie wird auf den Intelligenzwert der Schüler (Variable *IQ*) regrediert. Abb. 2.1 zeigt das Streudiagramm der Daten. (Die Daten sind fiktiv und in mancherlei Hinsicht unrealistisch) Zur Berechnung nutzen wir die R-Funktion lm().[2]

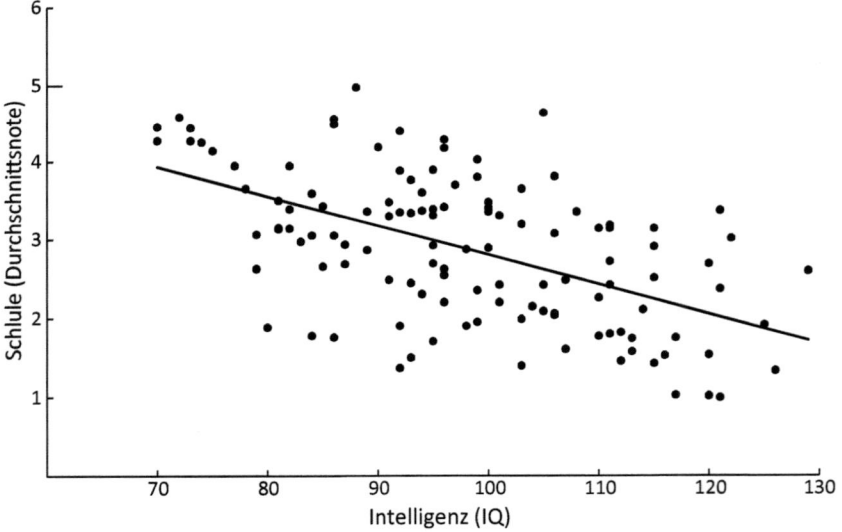

Abb. 2.1 Streudiagramm Schulnote und Intelligenz (fiktive Daten)

---

[2] „lm" steht für *linear model*. Wir folgen in diesem Buch der üblichen Konvention und geben R-Funktionsnamen immer mit einer offenen und geschlossenen Klammer an. Dies zeigt an, dass der Funktion im Anwendungsfall noch Argumente übergeben werden müssen (siehe Anhang I und das *Online-Plus*-Material für weitere Informationen zur Anwendung von R-Funktionen). Funktionen sind immer Teil von *Packages*. Eine Liste der in diesem Buch genutzten Funktionen mit der Nennung ihrer Packages findet sich am Ende von Anhang I (Tab. A.1).

2 Lineare Regression

```
> bivreg_intschule <- lm(formula = SCHULE ~ IQ, data = intschule)
> summary(bivreg_intschule)

Call:
lm(formula = SCHULE ~ IQ, data = intschule)

Residuals: ⑭
    Min      1Q  Median      3Q     Max
-1.74212 -0.54420  0.00716  0.58126  2.02098

Coefficients:  ①         ②           ③                              ④
             Estimate Std. Error t value             Pr(>|t|)
(Intercept)  6.555844   0.520062  12.606 < 0.0000000000000002 ***
IQ          -0.037436   0.005258  -7.119   0.0000000000916    ***
---
Signif. codes:  0 '***' 0.001 '**' 0.01 '*' 0.05 '.' 0.1 ' ' 1

Residual standard error: 0.7885 on 118 degrees of freedom
Multiple R-squared:  0.3005,   Adjusted R-squared:  0.2945
F-statistic: 50.68 on 1 and 118 DF,  p-value: 0.00000000009156

> lm.beta(bivreg_intschule)
       IQ   ⑤        ⑩         ⑥       ⑦        ⑪       ⑧
-0.5481515

> anova(bivreg_intschule)
Analysis of Variance Table

Response: ⑬ULE  ⑨    ⑫
           Df Sum Sq Mean Sq F value      Pr(>F)
IQ          1 31.510 31.5099  50.685 0.00000000009156 ***
Residuals 118 73.359  0.6217
---
Signif. codes:  0 '***' 0.001 '**' 0.01 '*' 0.05 '.' 0.1 ' ' 1
```

Abb. 2.2 R-Ausgabe der Prozedur *lm* (plus Zusatzausgaben)

Wir erhalten hier eine Fülle von Informationen, die einzeln besprochen werden sollen (Abb. 2.2).

Regressionsgewichte (1) An dieser Stelle sind die Parameter b_0 und b_1 der Regressionsgleichung angegeben. Die beste Schätzung für die Schulnote ergibt sich somit aus (gerundete Werte):

$$\hat{Schule} = 6.556 - 0.037 \cdot IQ$$

Welche Note ist die beste Schätzung für einen durchschnittlich intelligenten Schüler? Da 100 der Durchschnittswert eines Standard-Intelligenztests ist, ist die Vorhersage 2.86 (= 6.556 − 0.037 · 100). Welche Note ist die beste Schätzung für einen Schüler, der zwei Norm-Standardabweichungen über dem Mittelwert liegt? Da die Standardabweichung des Intelligenztests 15 beträgt, ist die Vorhersage 1.75 (= 6.556 − 0.037 · 130).

Standardschätzfehler der Regressionsgewichte (2) Sie geben die Genauigkeit an, mit der aus den Stichprobendaten die Ausprägung der Regressionsparameter geschätzt werden kann: Würden wir unsere Erhebung (immer mit 120 Schülern) viele Male wiederholen, so hätte die Verteilung des Regressionsparameters diese Standardabweichung.

t-*Wert des Signifikanztests (3)* Der Wert ergibt sich − ganz analog zum Einstichproben-*t*-Test (Kap. 1) − durch:

$$t = \frac{b}{s_b}$$

Es wird also die Hypothese getestet, ob der entsprechende Regressionsparameter bedeutsam von Null abweicht.

Wahrscheinlichkeitsniveau des t-Wertes (4) Das Wahrscheinlichkeitsniveau des *t*-Wertes. Hier ist $p < .001$; es ist also sehr unwahrscheinlich, ein solches oder (vom Betrag) noch größeres Regressionsgewicht zu erhalten, wenn in der Population das Gewicht Null beträgt. Der *p*-Wert wird stets zweiseitig angegeben. Hat man eine einseitige Hypothese, so kann der Wert halbiert werden.

Beta-Gewicht (Standardpartial-Regressionskoeffizient; 5) Dieser Parameter wird nicht in der Standardausgabe von lm() ausgegeben; er muss mittels der Funktion lm.beta() extra angefordert werden (Abb. 2.2). Zum Verständnis dieses standardisierten Koeffizienten ist es nützlich zu wissen, dass (1) bei der bivariaten linearen Regression das Beta-Gewicht mit der Produkt-Moment-Korrelation identisch ist und (2) bei *z*-Standardisierung von Kriterium und Prädiktor das Regressionsgewicht b_1 gleich dem Beta-Gewicht ist (während die Konstante b_0 den Wert Null annimmt). Insbesondere bei den multiplen Regressionen, die später erläutert werden, wird in der Regel das Beta-Gewicht berichtet, wenn der Beitrag eines Prädiktors in Richtung und Ausprägung prägnant benannt werden soll. Der Zusammenhang zwischen b_1 und Beta-Gewicht ergibt sich nach folgender einfacher Formel:

$$b_1 = \beta \frac{s_y}{s_x}$$

Beachten Sie aber, dass das Beta-Gewicht zwar in Standardfällen im Bereich von −1 bis +1 liegt (wie die Korrelation), aber formal nicht auf dieses Intervall begrenzt ist. In manchen Fällen der multiplen Regression, die wir später noch kennenlernen werden, kann es Werte außerhalb dieses Bereichs annehmen.

Multiples Korrelationsquadrat (R^2; 6) Um diesen Wert zu verstehen, muss man zunächst die *multiple Korrelation* einführen. Die multiple Korrelation ist die Korrelation zwischen dem Kriterium *Y* und dem durch die Regressionsgleichung geschätzten Kriterium $\hat{Y}$. Im Fall der bivariaten Regression ist diese Korrelation identisch mit der Produkt-Moment-Korrelation von Prädiktor und Kriterium (und damit auch identisch mit dem Beta-Gewicht. Das muss auch so sein, wie eine einfache Überlegung deutlich macht: Die Korrelation zwischen *Schule* und *Ŝchule* (= 6.556 − 0.037 · IQ) muss identisch mit der Korrelation zwischen *Schule* und *IQ* sein, da *Ŝchule* lediglich eine Lineartransformation von *IQ* ist. Korrelationen sind aber invariant gegenüber Lineartransformationen der beteiligten Variablen. Wie der Name *multiples Korrelationsquadrat* sagt, handelt es sich bei diesem Wert um das Quadrat der multiplen Korrelation. Es lässt sich leicht zeigen, dass dieser Wert ein Index der „erklärten Varianz" des Kriteriums durch den Prädiktor ist. Aus diesem Grund wird er auch *Determinationskoeffizient* genannt. Um den Begriff der „erklärten Varianz" besser zu verstehen, nehmen wir ihn ganz wörtlich. Wir bilden zwei neue Variablen: (1) *S_SCHULE* (durch die Regressionsgleichung) und *R_SCHULE* (die Differenz zwischen *SCHULE* und *S_SCHULE* – die sogenannten Residuen; zu den entsprechenden R-Kommandos vgl. Abb. 2.3 und *Online Plus*; s. Anhang).

$$S\_SCHULE = 6.556 - 0.037 \cdot IQ$$

$$R\_SCHULE = SCHULE - S\_SCHULE$$

Berechnet man jetzt die Varianzen der Variablen *SCHULE*, *S_SCHULE* und *R_SCHULE*, sieht man, was mit „erklärter Varianz" gemeint ist. Abb. 2.3 enthält die Ausgabe der Varianzen.

Teilen Sie die Varianz von *S_SCHULE* (0.265) durch die Varianz von *SCHULE* (0.881), erhalten Sie den Wert des multiplen Korrelationsquadrats. Die Varianzen von *S_SCHULE* („erklärte" Varianz), *R_SCHULE* (Fehlervarianz) ergänzen sich zur Varianz von *SCHULE*. Wenn wir also die Varianz von *R_SCHULE* (0.616)

```
> intschule$S_SCHULE <- 6.555844 -0.037436 *intschule$IQ
> intschule$R_SCHULE <- intschule$SCHULE - intschule$S_SCHULE
> sapply(X = intschule[,c('SCHULE','S_SCHULE', 'R_SCHULE')],
         FUN = var)
    SCHULE  S_SCHULE  R_SCHULE
 0.8812486 0.2647889 0.6164598
```

Abb. 2.3 Ausgabe der Varianzen (*intschule* ist der Name des Datensatzes)

durch die Varianz von *SCHULE* (0.881) teilen und das Ergebnis von 1 abziehen, erhalten wir ebenfalls das multiple Korrelationsquadrat. Diese Darstellung werden wir gleich unten noch einmal benötigen.

Standardabweichung der Residuen (Populationsschätzer; 7) Die Varianz (und damit die Standardabweichung) der Residuen ist in der Abb. 2.3 auf die übliche Art (d. h. Quadratsumme geteilt durch n-1) bestimmt worden. Dies ist aber keine erwartungstreue Schätzung der Residuen, wie eine einfache Überlegung zeigt: So wie wir bei der Bestimmung der Varianz einer gemessenen Variable gesagt hatten, nur $n-1$ Werte der Quadratsumme können frei variieren (da der Mittelwert schon aus den gemessenen Werten bestimmt wurde, vgl. Kap. 1), so müssen wir jetzt feststellen, dass nur $n-2$ Residualwerte frei variieren können, da Kriteriums- und Prädiktorvariable in die Bestimmung der Residuen eingehen. Der „Residual standard error" – wie es im R-Protokoll heißt – ist somit einfach die Wurzel der durch die richtige Anzahl von Freiheitsgraden (hier: $n-2$) geteilten Quadratsumme der Residuen (9).

Das adjustierte multiple Korrelationsquadrat (8) Wegen des gerade erwähnten Freiheitsgradproblems ist das multiple R^2 kein erwartungstreuer Schätzer des Populations-R^2. Wie wir oben gesagt hatten, erhalten wir R^2 dadurch, dass wir das Verhältnis von Residuenvarianz zu Kriteriumsvarianz (d. h. die nicht erklärte Varianz) von 1 abziehen. Setzen wir statt der Residuenvarianz die Populationsschätzung der Residuenvarianz ein – das heißt, das Quadrat der gerade eingeführten *Standardabweichung der Residuen* (s. oben) – so erhalten wir das adjustierte R^2. Dieser Wert erhält eine wichtige Funktion vor allem bei der multiplen Regression (Kap. 3).

Quadratsummen (9) Der Ergebnisausdruck der univariaten Statistiken kann noch zu einer weiteren Erläuterung verwendet werden. Bekanntlich ergibt sich die Varianz (genauer: eine „erwartungstreue Schätzung der Populationsvarianz") durch folgenden Ausdruck:

$$\hat{\sigma}^2 = \frac{\sum_{i=1}^{n}(x_i - \bar{x})^2}{N-1}$$

Wie wir wissen, wird der Ausdruck im Zähler auch als *Quadratsumme* bezeichnet. Wenn die Varianzen von *S_SCHULE* und *R_SCHULE* mit 119 ($= N-1$) multipliziert werden, erhält man die Quadratsummen (QS) für „Regression" und „Residuen", die auch im (erweiterten) Ergebnisausdruck (Abb. 2.2) zu finden sind. Wie man sich leicht überlegen kann, gilt dann auch:

$$R^2 = \frac{QS_{regression}}{QS_{regression} + QS_{residual}}$$

F-Wert (10) Während der *t*-Test, der jedem Regressionsparameter zugeordnet ist, eben diesen auf Abweichung von Null testet (s. oben), liefert der *F*-Test eine Entscheidungshilfe darüber, ob das Ausmaß der erklärten Varianz als statistisch signifikant angesehen werden soll. Der *F*-Wert ist der Quotient der mittleren Quadratsummen für „Regression" und „Residuen" (12), die ihrerseits durch Relativierung der entsprechenden Quadratsummen auf die Freiheitsgrade (13) berechnet werden.

***Wahrscheinlichkeitsniveau des* F-Wertes (11)** Es ist zu beachten, dass auf einen *F*-Wert die Unterscheidung *einseitig vs. zweiseitig* prinzipiell nicht anwendbar ist, da mit dem *F*-Test Varianzverhältnisse getestet werden, die keine Richtungsunterschiede mehr enthalten. Im Übrigen ist an dem Beispiel aber zu erkennen, dass der *F*-Test (auf signifikante Varianzaufklärung) offenbar zu der gleichen Wahrscheinlichkeitsaussage führt wie der *t*-Test (auf Abweichung des Regressionsparameters von Null). In der Tat lassen sich diese beiden Tests ineinander überführen, wenn der *F*-Wert nur einen Zählerfreiheitsgrad hat (also nur ein Prädiktor getestet wird), wobei gilt:

$$t(df_n) = \sqrt{F(1, df_n)}$$

(mit 1 als Zählerfreiheitsgrad des *F*-Wertes, df_n als Nennerfreiheitsgrade). Wegen dieser Äquivalenz von *t*-Test und *F*-Test (mit einem Zählerfreiheitsgrad) kann mitunter auch ein *F*-Test einseitig interpretiert werden (Maxwell et al., 2017, S. 236 f.).

Mittlere Quadratsummen (12) Die mittleren Quadratsummen ergeben sich durch die Relativierung der Quadratsummen auf die Freiheitsgrade.

Freiheitsgrade (13) Die Zählerfreiheitsgrade entsprechen der Anzahl der Prädiktoren (p) in einer Regression; die Nennerfreiheitsgrade ergeben sich durch:

$$df_n = N - p - 1$$

Dies kann man sehr einfach auf die folgende Art begründen: Es müssen $p+1$ Gewichte geschätzt werden. Wenn $N = p+1$ wäre, könnten wir für jede der N Versuchspersonen eine Gleichung mit $p+1 = N$ Unbekannten notieren; die Lösung dieses Gleichungssystems hat offensichtlich nichts mehr mit Empirie zu tun; das heißt, es gibt keine Freiheitsgrade mehr. Die Nennerfreiheitsgrade entsprechen im Übrigen den Freiheitsgraden jedes einzelnen t-Tests der Regressionsparameter.

Residualstatistiken (14) Der Vollständigkeit halber seien hier die Residualstatistiken erläutert, die R ganz am Anfang der Ausgabe notiert.[3] Links und rechts stehen Minimum und Maximum, in der Mitte der Median der Verteilung der Residualwerte. „1Q" und „3Q" sind die Werte, die das erste Quartil bzw. das dritte Quartil der Verteilung trennen. Man kann diese Werte nutzen, um abzuschätzen, ob die Verteilung asymmetrisch ist, was dann der Fall ist, wenn der Median stark vom Mittelwert – immer 0 bei Residuen – abweicht. Überschlägig kann man feststellen, ob es Ausreißerwerte gibt, in dem man die Differenz „3Q" – „1Q" berechnet, mit 1.5 multipliziert und den so entstandenen Wert zum „3Q-Wert" addiert bzw. ihn von „1Q" abzieht. Ist das tatsächliche Maximum noch größer bzw. das tatsächliche Minimum noch kleiner als die so errechneten Werte, handelt es um Ausreißerwerte (*outlier*) nach den Kriterien von Tukey (1977). Nimmt man statt 1.5 den Faktor 3, und es gälte wiederum, dass tatsächliches Maximum bzw. tatsächliches Minimum außerhalb des errechneten Bereichs lägen, würde man von Extremwerten (*far out values*) sprechen. Gerade bei kleineren Stichproben sollte man dann schauen, wie stark diese einzelnen Fälle die Regressionsrechnung bestimmen.

Voraussetzungen
Jede statistische Methode macht Voraussetzungen. Für die lineare Regression gilt, dass die abhängige Variable (a) für jeden Wert der unabhängigen Variablen normalverteilt sein sollte; (b) die Varianz der Verteilung der abhängigen Variable sollte für alle Werte der unabhängigen Werte konstant sein; (c) die Beziehung zwischen der

---

[3] Wir werden aus Platzgründen bei den weiteren Regressionsanalysen dieses Buches auf die Ausgabe dieser Werte verzichten.

abhängigen und der unabhängigen Variable sollte linear sein; (d) alle Beobachtungen sollten voneinander unabhängig sein. Da diese Voraussetzungen alle auch bei der multiplen Regression gelten und wir dort etwas ausführlicher darauf eingehen, werden wir das hier nicht näher erläutern.

Partial- und Semipartialkorrelation
Ein Begriff, der noch zum „Was-man-wissen-sollte-Fundus" gehören sollte und gut an dieser Stelle rekapituliert werden kann, ist der Begriff der *Partialkorrelation*. Man spricht von einer Partialkorrelation zweier Variablen X und Y, wenn man die Residuen dieser Variablen bezüglich einer dritten Variable Z korreliert. Angenommen, es bestünde eine Korrelation zwischen der durchschnittlichen Schulnote und der durchschnittlich aufgewendeten Zeit für die Hausaufgaben (je mehr Zeit, desto bessere Leistung). Da man weiß, dass Intelligenz ein Prädiktor für die Schulleistung ist, möchte man sichergehen, dass die Korrelation zwischen Schulnote und Hausaufgabenzeit nicht allein auf Intelligenzunterschiede zurückgeführt werden kann. (Es könnte ja sein, dass intelligentere Kinder mehr Zeit mit Hausaufgaben verbringen, weil ihnen diese leichter fallen und damit eventuell mehr Spaß machen.) Die Partialkorrelation zwischen Schulnote und Hausaufgabenzeit (mit Auspartialisierung von Intelligenz) gibt hier Auskunft. Bei der Semipartialkorrelation wird nur aus einer Variable die Drittvariable herauspartialisiert. Insbesondere die Semipartialkorrelation spielt im Kontext der multiplen Regression eine wichtige Rolle.

Methoden der Parameterschätzung
Zum Abschluss dieses Kapitels möchten wir noch einmal auf die Schätzung der Parameter eingehen. Bei der Regression wird – wie eingeführt – die Methode der kleinsten Quadrate genutzt (in der englischen Literatur als *ordinary least squares* bezeichnet). Wir wollen hier als letzter Komponente des Teils „Was man wissen sollte" darauf hinweisen (oder daran erinnern), dass es andere Regeln der angemessenen Parameterschätzung gibt. Insbesondere werden an manchen Stellen des Buches die sogenannten *Maximum-Likelihood*-Schätzer erwähnt; sie funktionieren nach dem Prinzip: Bei welchen Parameterwerten ist die Wahrscheinlichkeit der vorgefundenen Stichprobendaten am höchsten? Angewandt auf das Problem der linearen Regression würde das bedeuten: Bei welchen Werten von b_0 und b_1 als Gewichten des Populationsmodells sind die vorgefundenen Stichprobenwerte maximal wahrscheinlich? Bei der linearen Regression erfüllen die Gewichte, die aufgrund der Methode der kleinsten Quadrate bestimmt werden, auch dieses Kriterium, so lange die Residuen normalverteilt sind. Bei anderen Verfahren und Fragestellungen ist das nicht der Fall und man muss sich oftmals entscheiden (vgl. z. B. Kap. 11 zur exploratorischen Faktorenanalyse) oder die *Maximum-Likelihood*-Methode

anwenden (weil es mitunter keine Kleinste-Quadrate-Lösung für das entsprechende Problem gibt; vgl. z. B. das Kap. 14 über Strukturgleichungsmodelle).

Neben diesem generellen Wissen, dass es verschiedene Prinzipien (und damit Algorithmen) der Parameterschätzung gibt, sollte man auch noch Folgendes als Hintergrundwissen haben: Im Gegensatz zu der Methode der kleinsten Quadrate (die eine analytische Lösung liefert) basieren *Maximum-Likelihood*-Schätzungen in der Regel auf iterativen Algorithmen. Das heißt, sie beginnen mit Startwerten, die sukzessive in Richtung besserer Schätzwerte verändert werden. Wird ein bestimmtes Kriterium der Verbesserung von Schritt x zu Schritt x+1 unterschritten, hat der Algorithmus konvergiert. Mitunter tut er das aber nicht (d. h. er „pendelt" zwischen gleich guten bzw. gleich schlechten Lösungen). Um in solchen Fällen einen Abbruch zu erzwingen, ist in den Algorithmus eine Maximalanzahl von Iterationsschritten eingebaut. Man kann dann zumindest versuchen, ob eine Höhersetzung dieser Anzahl doch noch zur Konvergenz führt.

Literatur
Alle Bücher zu den Grundlagen der Statistik, die wir am Ende des Kap. 1 genannt haben und alle Bücher, die wir am Ende des nächsten Kapitels nennen werden, enthalten Abschnitte über die einfache bivariate lineare Regression. Eid und Kollegen (2017) widmen ihr ein eigenes Kapitel.

Multiple Regression 3

Die Erweiterung der einfachen bivariaten zur multiplen Regression ist denkbar einfach. Die Kriteriumsvariable wird jetzt auf eine Linearkombination aus mehreren Prädiktorvariablen zurückgeführt.

$$\hat{Y} = b_0 + b_1 X_1 + b_2 X_2 + \ldots + b_n X_n$$

bzw.

$$Y = b_0 + b_1 X_1 + b_2 X_2 + \ldots + b_n X_n + e$$

Der Algorithmus zur Bestimmung der Regressionsgewichte realisiert wieder dasselbe Ziel wie bei der bivariaten Regression: Minimiere die Summe der Residuumsquadrate! (Methode der kleinsten Quadrate)

$$\sum_{i=1}^{n} (y - \hat{y})^2 \stackrel{!}{=} min$$

Die multiple Regression hat einige bemerkenswerte Eigenschaften, die nacheinander beschrieben werden sollen. Insbesondere lässt sich die Nutzung der multiplen Regression anhand dreier typischer Ziele von Anwendern einführen.

3.1 Ziel 1: Die angemessene Prüfung orthogonaler Prädiktoren

Wir beginnen mit folgendem Beispiel: Nehmen wir an, Sie hätten die Hypothese, dass der Gedächtniszugriff auf negativ besetzte Wörter langsamer ist als auf positive Wörter. Sie präsentieren einigen Versuchsteilnehmern 180 deutsche Wörter einzeln auf dem Computerbildschirm, gemischt mit ebenso vielen aussprechbaren Nicht-Wörtern und bitten sie, möglichst schnell, aber auch korrekt durch Tastendruck die Wörter als Wörter und die Nicht-Wörter als Nicht-Wörter zu kategorisieren. Die über die Versuchsteilnehmer gemittelte Reaktionszeit pro Wort (für korrekte Reaktionen) nehmen Sie als Indikator des Gedächtniszugriffs (Variable *RZ*). Andere Versuchsteilnehmer haben die Wörter auf einer Skala von 1 (sehr positiv) bis 7 (sehr negativ) bewertet, sodass auch hier über die Versuchsteilnehmer gemittelt werden kann und Sie einen Index der Bewertung der Wörter haben (Variable *Valenz*). Letztlich bestimmen Sie noch die Länge der Wörter (Anzahl der Buchstaben), da Sie – sicherlich zu Recht – annehmen, dass die Reaktionszeit auch etwas mit der Länge der Wörter zu tun hat (Variable *Laenge*). Wir haben ausnahmsweise einmal einen (künstlich erzeugten) Datensatz, der Wörter und nicht Versuchsteilnehmer als Dateneinheit hat; dies ist aber nicht wesentlich für das Folgende.

Zunächst berechnen wir die bivariaten Korrelationen mit der R-Funktion rcorr() und erhalten die Ausgabe der Abb. 3.1. Wie zunächst zu sehen ist, korrelieren *Laenge* und *Valenz* exakt zu Null. Darüber hinaus ist – wie erwartet – die Variable *Laenge* offenbar ein guter Prädiktor für *RZ*, da die Korrelation statistisch bedeutsam und zudem recht hoch ist. Wie ist aber der Zusammenhang von *RZ* und *Valenz* zu beurteilen? Ist *Valenz* kein bedeutsamer Prädiktor für *RZ*, da das konventionelle Signifikanzniveau ($\alpha = .05$) mit $p = .110$ verfehlt wurde? Wir verschieben die

```
> rcorr(as.matrix(multreg[,c('Laenge', 'Valenz', 'RZ')]))

       Laenge Valenz    RZ
Laenge    1.0   0.00  0.70
Valenz    0.0   1.00  0.12
RZ        0.7   0.12  1.00         n= 180

P
       Laenge Valenz RZ
Laenge        1.0000 0.0000
Valenz 1.0000        0.1104
RZ     0.0000 0.1104
```

Abb. 3.1 Ausgabe der R-Prozedur rcorr() (*multreg* ist der Name des Datensatzes; *im oberen Teil* sind die Korrelationswerte, *im unteren Teil* die dazugehörigen *p*-Werte wiedergegeben)

3.1 Ziel 1: Die angemessene Prüfung orthogonaler Prädiktoren

```
> reg_lang_valenz <- lm(formula = RZ ~ Laenge + Valenz,
                        data = multreg)
> summary(reg_lang_valenz)
Coefficients:
            Estimate Std. Error t value  Pr(>|t|)
(Intercept) 369.902    19.716    18.762  < 0.001 ***
Laenge       39.059     2.987    13.076  < 0.001 ***
Valenz        6.405     2.856     2.243    0.0261 *

Residual standard error: 37.85 on 177 degrees of freedom
Multiple R-squared:  0.4986, Adjusted R-squared:  0.4929
F-statistic:    88 on 2 and 177 DF,  p-value: < 0.001
> lm.beta(reg_lang_valenz)
   Laenge    Valenz
0.6959390 0.1193813
```

Abb. 3.2 R-Ausgabe der multiplen Regression *RZ* auf *Laenge* und *Valenz* (Die R-Ausgabe enthält immer eine Spezifikation der Bedeutung der „Sternchen" (z. B. *** = $p < .001$; vgl. Abb. 2.2). Um die Ausgaben kompakt zu halten, haben wir diese Zeilen immer gelöscht. Es gelten stets die Spezifikationen, die in Abb. 2.2 zu finden sind. Zudem haben wir *p*-Werte $< .001$, die in der Originalausgabe mit sehr vielen Dezimalstellen angegeben sind, auf die Angabe $< .001$ gekürzt)

Antwort und rechnen zunächst die multiple Regression mit *RZ* als Kriterium und *Laenge* und *Valenz* als Prädiktoren. Die Ausgabe ist in Abb. 3.2 abgedruckt; es können mehrere Detailergebnisse festgehalten werden. Die beste Schätzgleichung für *RZ* lautet offensichtlich (gerundet):

$$\hat{RZ} = 369.9 + 39.1 \cdot \textit{Länge} + 6.4 \cdot \textit{Valenz}$$

Das heißt, die Reaktionszeit auf das Wort steigt mit der *Laenge* der Wörter (39 ms pro Buchstaben) und mit der Negativität der Wörter (6.4 ms pro Skaleneinheit).

Die Beta-Gewichte entsprechen auch hier den bivariaten Korrelationen. Dies ist immer dann der Fall, wenn die Prädiktoren perfekt unkorreliert sind. Man beachte allerdings, dass die Tests für den Beitrag der einzelnen Prädiktoren ein anderes Wahrscheinlichkeitsniveau liefern als die für die Korrelationen; Valenz wird hier als bedeutsamer Prädiktor erkannt! Woran liegt das? Die Vorhersagegüte bemisst sich immer am Verhältnis von „erklärter" Varianz zu Fehlervarianz; implizit steckt dies auch in dem Standardfehler des Regressionsgewichtes, von dem wir wissen, dass er entscheidend den *t*-Wert bestimmt (s. oben).

Während aber im bivariaten Fall all das Fehlervarianz ist, was nicht durch den infrage stehenden Prädiktor „erklärt" wird, reduziert sich die Fehlervarianz in der

```
> reg_valenz <- lm(formula = RZ ~ Valenz, data = multreg)
> summary(reg_valenz)

Coefficients:
            Estimate Std. Error t value  Pr(>|t|)
(Intercept)  576.133     16.541  34.831  < 0.001 ***
Valenz         6.405      3.993   1.604    0.11
...
Residual standard error: 52.92 on 178 degrees of freedom
Multiple R-squared:  0.01425,    Adjusted R-squared:  0.008714
F-statistic: 2.574 on 1 and 178 DF,  p-value: 0.1104
> lm.beta(reg_valenz)
   Valenz
0.1193813
> anova(reg_valenz)
Analysis of Variance Table
Response: RZ
           Df Sum Sq Mean Sq F value Pr(>F)
Valenz      1   7206  7206.5  2.5735 0.1104
Residuals 178 498444  2800.2
```

Abb. 3.3 R-Ausgabe der Regression *RZ* auf *Valenz*

multiplen Regression auf die Varianz, die durch keinen der Prädiktoren „erklärt" wird. In dem Fall der drei Variablen *RZ*, *Laenge* und *Valenz* wird der Beitrag von *Valenz* im bivariaten Fall also am Verhältnis von $(0.119^2 =) 0.014$ zu $(1 - 0.014 =) 0.986$ bemessen, im multiplen Fall aber am Verhältnis 0.014 zu $(1 - 0.014 - 0.484 =) 0.502$. (0.484 ist das Quadrat von $r_{RZ,Laenge}$.)

Diese Überlegungen werden deutlicher, wenn wir noch zwei weitere Beispielrechnungen mit den Variablen durchführen. Zunächst berechnen wir die bivariate Regression von *RZ* auf *Valenz*. Das Ergebnis entspricht wieder dem der Korrelationsrechnung; wir erhalten lediglich die ausführlichere Ausgabe (Abb. 3.3).

Wichtig sind an dieser Stelle die Quadratsummen, die wir durch die Funktion anova() erhalten.[1] Es ist zu sehen, dass die Summe der quadrierten Abweichungen der geschätzten Werte vom *RZ*-Mittelwert (also die „erklärte" Varianz; hier: 7206) im Vergleich zu der Summe der Residuumsquadrate (also der Fehlerquadratsumme, hier: 498444) sehr gering ist, was dann nach Relativierung auf die Freiheitsgrade zu einem entsprechenden *F*-Wert führt.

---

[1] Für die hier folgenden Ausgaben der Funktion anova() ist es zwar nicht relevant, aber bei weitergehender Nutzung dieser Funktion sollten Sie eine spezifische Eigenart der Funktion zur Kenntnis nehmen, die im Anhang I erläutert wird.

3.1 Ziel 1: Die angemessene Prüfung orthogonaler Prädiktoren

```
> reg_lang <- lm(formula = RZ ~ Laenge, data = multreg)
> anova(reg_lang)
Analysis of Variance Table
Response: RZ
           Df  Sum Sq  Mean Sq  F value    Pr(>F)
Laenge      1  244902   244902   167.18 < 0.001 ***
Residuals 178  260748     1465

> anova(reg_lang,reg_lang_valenz)
Analysis of Variance Table

Model 1: RZ ~ Laenge
Model 2: RZ ~ Laenge + Valenz
  Res.Df    RSS Df Sum of Sq      F  Pr(>F)
1    178 260748
2    177 253542  1    7206.5 5.0309 0.02614 *

> summary(reg_lang)
Multiple R-squared:  0.4843, Adjusted R-squared:  0.4814

> summary(reg_lang_valenz)
Multiple R-squared:  0.4986, Adjusted R-squared:  0.4929
```

Abb. 3.4 R-Ausgabe der varianzanalytischen Ergebnisse zweier Regressionsrechnungen

Die zweite Berechnung, die angestellt werden soll, ist eine *hierarchische multiple Regression*; das heißt, wir weisen R an, zunächst eine Regression *RZ* auf *Laenge* zu bilden, um dann in einem zweiten Schritt die vollständige Regression *RZ* auf *Laenge* und *Valenz* zu berechnen. In Abb. 3.4 ist zunächst nur die varianzanalytische Ausgabe der Regression *RZ* auf *Laenge* wiedergegeben.

Wir sehen, dass *Laenge* einen großen Teil der Variabilität der Reaktionszeit erklärt; die Quadratsumme beträgt 244902 bei einer Gesamtquadratsumme von (244902 + 260748) = 505650. (Machen Sie sich ggfs. noch einmal mithilfe von Kap. 2 klar, wie dieser Wert zustande kommt)

Der zweite Teil der Ausgabe in Abb. 3.4 (der durch die zweite *anova*-Anweisung angefordert wird) gibt die Veränderung in erklärter Quadratsumme von der Regression *RZ* auf *Laenge* zur Regression *RZ* auf *Laenge* und *Valenz* an. Durch die Einführung des zweiten Prädiktors werden die Werte der abhängigen Variable etwas besser geschätzt als nur durch den Prädiktor *Laenge*; die Quadratsumme der Residuen vermindert sich von 260748 (vgl. die obere Ausgabe in Abb. 3.4 und die untere Ausgabe) auf 253542. Diese Differenz entspricht – da wir perfekt orthogonale Prädiktoren haben – genau den 7206 Einheiten, die wir schon aus der bivariaten Regression *RZ* auf *Valenz* kennen (Abb. 3.3). Allerdings wird dieser

Zuwachs an erklärter Varianz inferenzstatistisch an der durch *Valenz* und *Laenge* reduzierten Residuen-Quadratsumme bewertet: Wir erhalten den F-Quotient von 5.03, indem wir für den Zähler 7206 durch 1 und für den Nenner 253542 durch 177 teilen. Da dieser F-Wert sich auf *einen* hinzugekommenen Prädiktor (*Valenz*) bezieht, gilt hier wieder die Äquivalenz dieses F-Testes zum t-Test für das Regressionsgewicht mit Wurzel(F) = t = Wurzel(5.031) = 2.243 (Abb. 3.2); er ist also in diesem Fall redundant. Falls aber mehr als ein Prädiktor zusätzlich aufgenommen wurde, wird dieser Test wichtig.

In der Regel wird zu diesem F-Test, der den Anstieg an erklärter Varianz durch zusätzliche Prädiktoren testet, auch die Veränderung des R^2 (ΔR^2) angegeben. Daher haben wir am Ende der Abb. 3.4 Auszüge aus den *summary*-Ausgaben der beiden Regressionen wiedergegeben. Die Veränderung des R^2 beträgt somit $\Delta R^2 =$ .4986 − .4843 = .0143. Im vorliegenden Fall kann man also sagen, dass 1.4 % zusätzlich Varianz durch *Valenz* erklärt wird.

Man kann aufgrund des Vergleiches von der bivariaten Regression *RZ* auf *Valenz* zur multiplen Regression *RZ* auf *Laenge, Valenz* dreierlei festhalten: (1) Der Zuwachs an „erklärter" Varianz durch *Valenz* entspricht genau der „erklärten" Varianz durch *Valenz* alleine. Es sollte hier aber noch einmal ausdrücklich festgehalten werden, dass dies nur im Fall orthogonaler Prädiktoren gilt! (2) Die Residuums-Quadratsumme ist aber im multiplen Fall deutlich geringer, da *Laenge* gleichzeitig einen großen Teil der Varianz von *RZ* bindet. (3) Die Verkleinerung der Residuums-Quadratsumme durch einen zweiten Prädiktor wird allerdings dadurch „erkauft", dass ein Freiheitsgrad abgegeben wird. Die mittlere Residuums-Quadratsumme (die ja für den F-Test des ΔR^2 entscheidend ist) wird also nicht in jedem Fall sinken, wenn ein weiterer Prädiktor hinzugenommen wird.

3.2   Ziel 2: Bessere Vorhersage des Kriteriums

Der Übergang von der einfachen zur multiplen Regression wurde bislang nur in seiner Auswirkung auf der Prädiktorenseite betrachtet. Tatsächlich wird aber die multiple Regression häufig vor allem deshalb eingesetzt, um eine Kriteriumsvariable besser vorherzusagen, als es durch eine einzelne Variable möglich ist. Der Vergleich der verschiedenen Ausgabeprotokolle in diesem Abschnitt zeigt, dass dies auch hier der Fall ist. In der multiplen Regression *RZ* auf *Laenge* und *Valenz* ist das $R^2 = .499$, während die beiden bivariaten Korrelationsquadrate nur .484 und .014 betragen. Tatsächlich gilt im Fall orthogonaler Prädiktoren P_1 und P_2 allgemein (also auch hier, bis auf eine Rundungsungenauigkeit):

3.2 Ziel 2: Bessere Vorhersage des Kriteriums

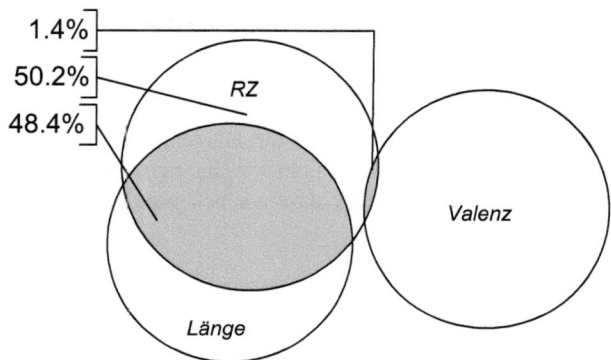

Abb. 3.5 Mengenveranschaulichung der multiplen Regression im Fall orthogonaler Prädiktoren

$$R^2_{Y;P_1,P_2} = r^2_{Y;P_1} + r^2_{Y;P_2}$$

Man kann sich dies mit Hilfe von Mengendiagrammen (Abb. 3.5) veranschaulichen.

Es ist legitim, sich die Varianz einer Variable als Fläche und somit die Kovarianz zweier Variablen (also die gemeinsame Varianz der beiden Variablen oder den Teil der Varianz, die die Prädiktorvariable „erklärt") als Schnittfläche vorzustellen. *Laenge* und *Valenz* haben in der Abb. 3.5 keine Überlappung, da die beiden Variablen so konstruiert wurden, dass sie orthogonal sind. Die jeweiligen Überlappungen dieser Prädiktorvariablen mit *RZ* geben die entsprechende Varianzaufklärung an.

Auch im Fall nichtorthogonaler (also korrelierter) Prädiktoren, den wir unten genauer besprechen werden, ist das R^2 stets größer als das maximale Korrelationsquadrat zwischen Kriterium und jedem einzelnen Prädiktor. Wir können den Zuwachs an R^2 über die Addition von Semipartialkorrelationen bestimmen. Das R^2, das wir erhalten, wenn wir eine Variable Y nicht nur auf einen Prädiktor X_1 sondern zusätzlich auf X_2 regredieren, ist die Summe aus dem Quadrat der Korrelation zwischen Y und X_1 und dem Quadrat der Korrelation von Y mit dem Residuum von X_2, nachdem X_2 auf X_1 regrediert wurde (also das Quadrat der Semipartialkorrelation von Y und X_2, X_2 partialisiert bezüglich X_1; Kap. 2). Käme ein dritter Prädiktor X_3 hinzu, würde das R^2 um die quadrierte Semipartialkorrelation von Y und X_3 (X_3 partialisiert bezüglich X_1 und X_2) steigen. Und natürlich setzt sich diese Regelmäßigkeit sinngemäß bei weiteren Prädiktoren fort. Es ist hierbei völlig irrelevant, welcher Prädiktor der erste, zweite oder dritte Prädiktor ist; die Additionsregel gilt immer.

Es drängt sich die Frage auf, ob sich nicht durch beliebiges Hinzunehmen von weiteren Prädiktoren die Varianzaufklärung beliebig steigern lässt (denn wie wir gerade gesehen haben, kann das R^2 durch die Hinzunahme von Prädiktoren nur steigen, aber nie sinken). Prinzipiell könnten wir eine numerisch stattliche Varianzaufklärung einfach dadurch erreichen, dass wir beliebige Prädiktoren in die Regression mit aufnehmen. Deshalb gilt:

(1) Es ist stets zu einem R^2 der F-Wert (und dessen Wahrscheinlichkeitsniveau) mit anzugeben. Durch jeden zusätzlichen Prädiktor steigen die Zählerfreiheitsgrade und sinken die Nennerfreiheitsgrade. Das sind beides Faktoren, die „gegen die Signifikanz" des R^2 arbeiten; insofern muss jeder zusätzliche Prädiktor einen bedeutsamen Teil zusätzlicher Varianz aufklären, um diesen Verlust wettzumachen.

(2) Zusätzlich zum R^2 wird stets noch das adjustierte R^2 ausgegeben. Wir hatten bei der bivariaten linearen Regression schon erläutert, dass das R^2 kein erwartungstreuer Schätzer des entsprechenden Populationswertes ist. Wie dort gesagt, erhalten wir R^2 dadurch, dass wir das Verhältnis von Residuenvarianz zu Kriteriumsvarianz (d. h. die relative nicht erklärte Varianz) von 1 abziehen. Setzen wir statt der Residuenvarianz die Populationsschätzung der Residuenvarianz ein – das heißt, das Quadrat der *Standardabweichung (Populationsschätzung) der Residuen* (s. oben) – so erhalten wir das adjustierte R^2.

$$R^2_{adj} = 1 - \frac{\widehat{\sigma}_e^2}{\widehat{\sigma}_Y^2}$$

Die *Standardabweichung (Populationsschätzung) der Residuen* finden Sie unter dem Begriff „Residual standard error" in der Ausgabe zur Regression (Abb. 3.2). Sie errechnet sich als

$$\widehat{\sigma}_e = \sqrt{\frac{\sum_{i=1}^n e_i^2}{n-k-1}}$$

Steigt die Anzahl der Prädiktoren k, so unterscheiden sich die Residuenvarianz (bei der die Quadratsumme nur durch $N-1$ geteilt wird) und die Populationsschätzung der Residuenvarianz immer deutlicher. Möchte man ein Regressionsergebnis mit vielen Prädiktoren berichten, sollte also zusätzlich das adjustierte R^2 angegeben werden.

3.3 Ziel 3: Die angemessene Prüfung korrelierter Prädiktoren

Das dritte Ziel beim Einsatz multipler Regressionsverfahren besteht darin, den jeweils *einzigartigen* Beitrag jeden Prädiktors festzustellen, wenn Prädiktoren miteinander korreliert sind.

Wir verändern unser Beispiel so, dass wir annehmen, *Valenz* und *Laenge* seien miteinander korreliert: negativere Wörter seien im Mittel länger. Wir nennen diese Variable *Valenz2*. Es werden zunächst wieder die Korrelationen berechnet, sodass wir die Ausgabe der Abb. 3.6 erhalten.

Die Korrelation zwischen *RZ* und dem neuen Prädiktor *Valenz2* ist vom Wert her identisch mit der Korrelation von *RZ* und *Valenz*. Verändert hat sich allerdings die Korrelation zwischen den beiden Prädiktoren. Während *Laenge* und *Valenz* orthogonal waren, sind *Laenge* und *Valenz2* positiv miteinander korreliert (d. h. jetzt wurde beim Generieren der fiktiven Daten angenommen, dass negativere Wörter länger sind). Wie wirkt sich dies auf die multiple Regression aus? Wir rechnen eine Regression *RZ* auf *Laenge* und *Valenz2* und wiederum den Vergleich zur Regression *RZ* auf *Laenge*, um die Veränderung in R^2 zu erhalten (Abb. 3.7).

In diesem Fall sinkt der Wahrscheinlichkeitswert für *Valenz2* unter das Niveau für die Korrelation. Was bedeutet dies? Im Gegensatz zu *Valenz* leistet *Valenz2 über Laenge hinaus* keinen Beitrag zur Vorhersage von *RZ*. Noch anders formuliert: Wenn wir die Länge der Wörter kennen, ist die *Valenz* verzichtbar in der Vorhersage der Reaktionszeit. Die zusätzliche Varianzaufklärung von *Valenz2* (ΔR^2 = .4876 − .4843 = .0033) beträgt nur 0.3 Prozent und ist nicht bedeutsam. Das kann man sich wieder anhand eines Schnittflächendiagramms (Abb. 3.8) veranschaulichen.

```
> rcorr(as.matrix(multreg[,c('Laenge', 'Valenz2', 'RZ')]))
        Laenge Valenz2   RZ
Laenge    1.00    0.25 0.70
Valenz2   0.25    1.00 0.12
RZ        0.70    0.12 1.00         n= 180

P
        Laenge Valenz2   RZ
Laenge         0.0007 0.0000
Valenz2 0.0007        0.1102
RZ      0.0000 0.1102
```

Abb. 3.6 Korrelationen *Valenz2* mit *Laenge*, *RZ* (zur Erläuterung vgl. Abb. 3.1)

```
> reg_lang_valenz2 <- lm(formula = RZ ~ Laenge + Valenz2, data=…)
> summary(reg_lang_valenz2)
            Estimate Std. Error t value   Pr(>|t|)
(Intercept)  404.042     18.003  22.443  < 0.001 ***
Laenge        39.894      3.120  12.787  < 0.001 ***
Valenz2       -3.177      2.982  -1.065    0.288

Residual standard error: 38.26 on 177 degrees of freedom
Multiple R-squared:  0.4876, Adjusted R-squared:  0.4818
F-statistic: 84.22 on 2 and 177 DF,  p-value: < 0.001

> lm.beta(reg_lang_valenz2)
     Laenge      Valenz2
 0.71082112  -0.05921127

> anova(reg_lang,reg_lang_valenz2)
Model 1: RZ ~ Laenge
Model 2: RZ ~ Laenge + Valenz2
  Res.Df    RSS Df Sum of Sq      F Pr(>F)
1    178 260748
2    177 259088  1    1660.8 1.1346 0.2882

> summary(reg_lang)
Multiple R-squared:  0.4843, Adjusted R-squared:  0.4814
```

Abb. 3.7 R-Ausgabe der Regression *RZ* auf *Laenge* und *Valenz2* (inkl. des Modellvergleichs zur Regression *RZ* auf *Laenge*)

Abb. 3.8 Mengenveranschaulichung der multiplen Regression für einen Fall korrelierter Prädiktoren; *Valenz2* hat (so gut wie) keinen eigenständigen Überlappungsbereich mit *RZ*

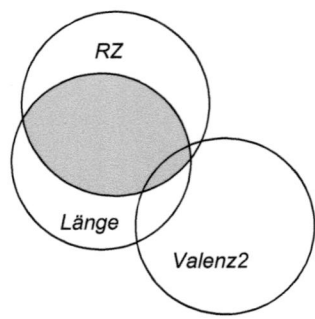

Suppressoreffekte

In der Abb. 3.8 ist zu sehen, dass die Überlappung von *RZ* und *Valenz2* vollständig in der Überlappung von *RZ* und *Laenge* aufgeht. Dieses Diagramm macht aber auch deutlich, dass der eigenständige Beitrag von *Laenge* ebenfalls etwas kleiner ist, als

3.3 Ziel 3: Die angemessene Prüfung korrelierter Prädiktoren

die bivariate Betrachtung nahelegte. (*Valenz2* schneidet etwas Fläche von der Schnittfläche zwischen *Laenge* und *RZ* ab.) Insofern verwundert, dass das Beta-Gewicht von *Laenge* in der Regression von *RZ* auf *Laenge* und *Valenz2* nicht kleiner ist als die bivariate Korrelation.

Woran liegt das? Nun, wie ebenfalls aus der Abb. 3.8 hervorgeht, haben *Laenge* und *Valenz2* noch einen gewissermaßen Varianzanteil, der nichts mit *RZ* zu tun hat. *Valenz2* nimmt gewissermaßen aus *Laenge* Varianz heraus, die für die Vorhersage von *RZ* irrelevant ist und verbessert damit diese ein wenig. Daher ist auch das Beta-Gewicht von *Valenz2* leicht negativ, obwohl die Korrelation positiv war. Derartige Effekte nennt man *Suppressoreffekte*. Sie sollen in einem weiteren Beispiel noch deutlicher herausgearbeitet werden.

Für diesen Fall ist unser inhaltliches Beispiel nicht mehr sehr gut geeignet. Gleichwohl: Um mit den schon bekannten Variablen zu arbeiten, konstruieren wir es uns so zurecht: Nehmen wir einmal (unplausiblerweise) an, dass negative *Valenz* insbesondere über die Vorsilbe „Un-" (z. B. Unglück, Unlust) ausgedrückt wird, dass diese Vorsilbe zwar die Wörter verlängert, aber diese Vorsilbe so verarbeitet wird, dass sie kaum zur Verlängerung der Reaktionszeit beiträgt (soll heißen: auf Unglück wird genauso schnell reagiert wie auf Glück). Nehmen wir weiterhin an, dass – wie im vorherigen Beispiel – *Valenz* nicht die Reaktionszeit erhöht. Die Variable *Valenz3* wurde so konstruiert, dass sie diese Annahmen widerspiegelt. Die Korrelationen für *Valenz3* mit den Variablen *RZ* und *Laenge* finden sich in Abb. 3.9.

Hier finden wir also den Fall vor, dass das Kriterium *RZ* deutlich mit dem Prädiktor *Laenge* korreliert ist, aber keinerlei Zusammenhang zu einer Drittvariable *Valenz3* zeigt, obwohl diese ebenfalls deutlich mit *Laenge* kovariiert. In seiner numerischen Ausprägung ist dieser Fall sicherlich nicht so häufig anzutreffen; in seiner formalen Struktur spielt er aber in empirischen Untersuchungen durchaus eine Rolle, wie wir noch sehen werden. Die multiple Regression *RZ* auf *Laenge* und *Valenz3* hat die Ausgabe der Abb. 3.10.

Es ist zweierlei festzuhalten: (1) Der Beitrag von *Laenge* zur Vorhersage von *RZ* wird im Übergang von der bivariaten zur multiplen Regression bedeutsamer und

```
> rcorr(as.matrix(multreg[,c('Laenge', 'Valenz3', 'RZ')]))
         Laenge  Valenz3   RZ
Laenge   1.00    0.42      0.70
Valenz3  0.42    1.00      0.00
RZ       0.70    0.00      1.00
```

Abb. 3.9 Korrelationen von *Valenz3* mit *Laenge, RZ*

```
> reg_lang_valenz3 <- lm(formula = RZ ~ Laenge + Valenz3,
                        data = multreg)
> summary(reg_lang_valenz3)

Coefficients:
            Estimate Std. Error t value   Pr(>|t|)
(Intercept)  428.124     15.238  28.096   < 0.001 ***
Laenge        47.665      2.980  15.994   < 0.001 ***
Valenz3      -19.361      2.849  -6.796     0.001 ***

Residual standard error: 34.18 on 177 degrees of freedom
Multiple R-squared:  0.591, Adjusted R-squared:  0.5864
F-statistic: 127.9 on 2 and 177 DF,  p-value: < 0.001

> lm.beta(reg_lang_valenz3)
    Laenge    Valenz3
 0.8492843 -0.3608629
```

Abb. 3.10 R-Ausgabe der Regression *RZ* auf *Laenge* und *Valenz*3 (Suppressoreffekt)

(2) *Valenz3* leistet einen signifikanten eigenständigen Beitrag in der multiplen Regression, obschon sie bivariat zu Null mit dem Kriterium korreliert. *Valenz3* ist in diesem Fall eine sogenannte *Suppressorvariable*, die – mit Bortz (1999; S. 444) – wie folgt definiert ist:

Eine Suppressorvariable ist eine Variable, die den Vorhersagebeitrag einer (oder mehrerer) anderen Variablen erhöht, indem sie irrelevante Varianzen in der (den) anderen Prädiktorvariablen unterdrückt.

Das Wirken einer Suppressorvariable kann man sich am besten mit der Abb. 3.11 veranschaulichen. Sowohl *Laenge* als auch *RZ* haben neben ihrem gemeinsamen Varianzanteil auch eigenständige Komponenten, die die bivariate Korrelation unter den maximal möglichen Wert von eins drücken. Insbesondere ist in der Abb. 3.11 angedeutet, dass der Prädiktor *Laenge* durch Varianzanteile „verunreinigt" ist, die nicht zur Vorhersage von *RZ* benötigt werden. Gelingt es nun, durch eine dritte Variable (in diesem Fall *Valenz3*) einen Anteil der irrelevanten Prädiktorvarianz zu binden, dann wird die Vorhersage des Kriteriums verbessert. (Im Beispiel sind dies die Wortverlängerungen durch „Un-".)

Bortz (1999) gibt ein recht eingängiges Beispiel für einen möglichen Suppressoreffekt: Angenommen, es soll untersucht werden, inwieweit die Examensnote ein Prädiktor für späteren beruflichen Erfolg ist. Nehmen wir an, die Varianz der Examensnote (*ENOTE*) sei auf zwei Komponenten zurückzuführen, zum einen die fachliche Kompetenz (je höher, desto besser die Note), zum anderen Prüfungsangst (je höher, desto schlechter die Note). Nehmen wir weiterhin an, dass der Indikator für späteren beruflichen Erfolg (*BERFOLG*) so gemessen wird, dass er

3.3 Ziel 3: Die angemessene Prüfung korrelierter Prädiktoren

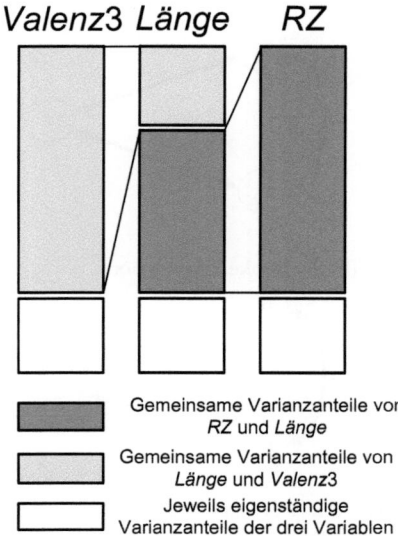

Abb. 3.11 Veranschaulichung eines (traditionellen) Suppressoreffektes. (Mod. nach Bortz, 1999, S. 444)

fachliche Kompetenz erfasst, aber nicht durch Prüfungsangst „verunreinigt" ist (also nicht mit der Prüfungsangst [*PA*], die zum Zeitpunkt des Examens gemessen wurde, korreliert). Regredieren wir nun *BERFOLG* auf *ENOTE* und *PA*, so wird *ENOTE* ein negatives Regressionsgewicht haben (je besser – also niedriger – die Note, desto höher der Erfolg). Gleichzeitig wird *PA* aber mit einem positiven Regressionsgewicht assoziiert sein, dass dem naiven Nutzer der Regression zu signalisieren scheint, dass Prüfungsangst ein positiver (!) Prädiktor für beruflichen Erfolg ist. Tatsächlich wird durch *PA* nur Varianz von *ENOTE* gebunden, die nicht zur Vorhersage von *BERFOLG* beiträgt.

Wechselseitige Redundanz und reziproke Suppression

Die Fälle der Suppression, die wir gerade besprochen haben, bezogen sich auf Variablen, deren Korrelation mit dem Kriterium Null beträgt. Dies ist der Grenzfall von Korrelationsmustern, die auf den ersten Blick paradox wirken. In der folgenden Abb. 3.12b sind solche Muster abgebildet.

Da korrelieren zwei Variablen P_1 und P_2 positiv miteinander; die Korrelationsvorzeichen mit einem Kriterium divergieren jedoch (Abb. 3.12b, *links*). Oder sie korrelieren negativ, haben aber beide eine Kriteriumskorrelation mit demselben

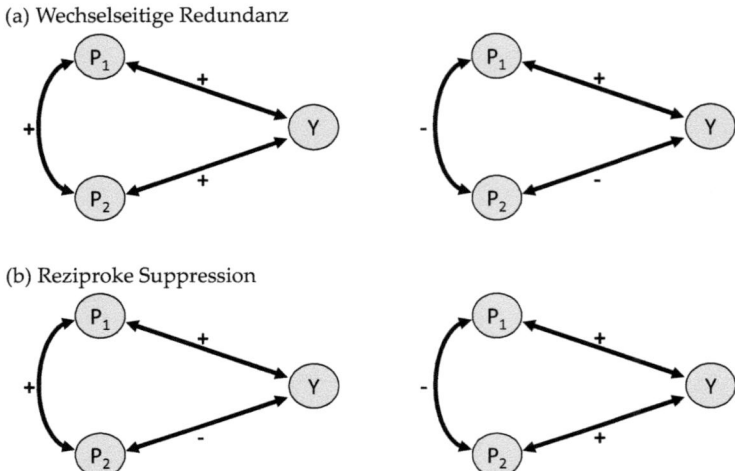

Abb. 3.12 Korrelationsmuster, die in der Regression zu (**a**) wechselseitiger Redundanz oder (**b**) reziproker Suppression führen (hier nicht dargestellt sind die beiden Fälle, die mit den Fällen *oben links* bzw. *unten rechts* äquivalent sind, bei denen die Prädiktor-Kriterium-Korrelationen beide negativ statt positiv sind)

Vorzeichen (Abb. 3.12b, *rechts*). In diesen Fällen wird gelten, dass die beiden Prädiktoren in einer multiplen Regression einen viel deutlicheren Beitrag leisten werden, als ihre bivariaten Zusammenhänge es zunächst vermuten lassen: Im Fall eines Suppressors ist die sogenannte *Nützlichkeit* größer als die quadrierte Korrelation mit dem Kriterium. Die *Nützlichkeit* einer Variable ist definiert als der Betrag, um den sich die quadrierte multiple Korrelation erhöht, wenn diese Variable zusätzlich in die Regression aufgenommen wird (d. h. die zusätzliche Varianzaufklärung). Wir nennen die Fälle der Abb. 3.12b *reziproke Suppression*: Die Varianz, die die Variablen gemeinsam haben, ist offenbar irrelevant für die Prädiktion.

Gibt es solche Fälle in realen psychologischen Studien? Durchaus. So berichtet Süß (2001) eine Studie, bei der Schulnoten durch Intelligenzfacetten vorhergesagt werden. Bei dem eingesetzten Intelligenztest werden numerische, figurale und verbale Intelligenz unterschieden. Sie alle korrelieren positiv miteinander, was in der Regel als Evidenz für den g-Faktor der Intelligenz gewertet wird (auf den wir uns beziehen, wenn wir von *dem* IQ-Wert einer Person sprechen). Diese drei Prädiktoren werden zur Vorhersage der Durchschnittsnote in sprachlichen Fächern eingesetzt. Hier korreliert nur die sprachliche Intelligenz wie erwartet negativ – eine niedrige Note bedeutet bessere Leistung – mit der Durchschnittsnote; die numerische Intelligenz korreliert sogar signifikant positiv! In der multiplen Regression sind diese konträren Vorhersagebeiträge noch viel deutlicher. Offenbar gilt zunächst einmal, dass nicht der g-Faktor der Intelligenz die Leistung in den sprachlichen Fächern vorhersagte, sondern die spezifischen, an verbale Materialien gebundene Intelligenzunterschiede. Warum ist aber die numerische Intelligenz ein positiver Prädiktor? Man kann spekulieren, ob sich dahinter motivationale Verschiebungen verbergen: Möglicherweise haben sich die Schüler, die bei sich Stärken insbesondere im numerisch-mathematischen Bereich erleben, auf den entsprechenden Fächerbereich fokussiert und den sprachlichen Bereich vernachlässigt.

In der Abb. 3.12a sind als Kontrast die Fälle wechselseitiger Redundanz aufgeführt. Wenn beide Prädiktoren (mehr-oder-weniger) Indikatoren desselben Konstruktes sind – zum Beispiel zwei Ängstlichkeitsmaße im Fall der Abb. 3.12a, *links* oder ein Depressivitätsindikator und ein Lebenszufriedenheitsindikator im Fall der Abb. 3.12a, *rechts* – kann es im Extremfall passieren, dass beide Prädiktoren insignifikant sind, obwohl die Varianzaufklärung (d. h. der *F*-Test der Regression; s. oben) signifikant ist. Der eine Prädiktor ist jeweils verzichtbar, wenn der andere mit im Spiel ist.

In der von Süß (2001) berichteten Studie werden die drei „Intelligenzen" (numerisch, figural-bildhaft, verbal) auch zur Vorhersage der Durchschnittsnote in naturwissenschaftlichen Fächern (inkl. Mathematik) eingesetzt. Hier ist einzig die numerische Intelligenz ein signifikanter Prädiktor in der multiplen Regression, obschon alle drei Intelligenzmaße negativ mit der Note korrelieren. Offenbar wird die Leistung in diesen Fächern zum Teil durch den g-Faktor, zum Teil durch das spezifische der numerischen Intelligenz vorhersagt. Bezüglich des g-Faktor-Anteils sind die drei Prädiktoren aber wechselseitig redundant.

3.4 Voraussetzungen der multiplen Regression

Welche Voraussetzungen macht die multiple Regression? Zunächst muss die Skalierung der beteiligten Variablen sinnvoll sein. Für die Kriteriumsvariable gehen wir davon aus, dass Intervallskalenniveau (Äquidistanz, d. h. dass gleiche Abstände auf verschiedenen Abschnitten der Skala gleiches bedeuten) angenommen werden kann. Die Prädiktoren sollten entweder intervallskaliert oder – falls sie Nominalskalenniveau haben – geeignet kodiert sein; dies wird in Kap. 6 näher erläutert. Zudem gilt noch die Annahme, dass die Prädiktoren fehlerfrei gemessen sein sollten. Diese Annahme verwundert vermutlich den ein oder anderen Leser, da auch in diesem Buch schon gegen diese Annahme verstoßen wurde: Im Kap. 2

hatten wir als Beispiel die Schulleistung auf die Intelligenz regrediert. Obschon Intelligenztestverfahren zu den reliabelsten diagnostischen Verfahren der Psychologie gehören, bedeutet natürlich jeder Reliabilitätswert, der kleiner als eins ist, dass die Variable zu einem nicht unerheblichen Teil messfehlerbelastet ist. Dies führt zu einer Unterschätzung der Steigung der Regressionsgeraden. In der Tat wird diese Annahme der Regressionsrechnung in der Regel ignoriert. Das macht insofern nichts, als dass wir bei der Planung von Untersuchungen davon ausgehen, dass durch die Unreliabilität der Variablen der auf der Ebene der latenten (d. h. nicht direkt messbaren) Variablen vermutete Zusammenhang nur reduziert zwischen den gemessenen Variablen gefunden wird.

Für die Inferenzstatistik (z. B. Bortz & Schuster, 2010, S. 348) wird angenommen:

- *Linearität*. Annahme, dass das lineare Modell in der Population gilt;
- *Homoskedastizität*. Die Varianz der Kriteriumswerte ist für jede Kombination von Prädiktorwerten gleich;
- *Normalverteilung*. Die Verteilung der Kriteriumswerte entspricht für jede Kombination von Prädiktorwerten einer Normalverteilung.

Diese Voraussetzungen werden in der Regel so interpretiert, dass man an die Residuen folgende Anforderungen stellt:

- Normalverteilung an jedem Punkt der Verteilung der vorhergesagten Werte;
- Linearität der Residuen über der Verteilung der vorhergesagten Werte;
- Homoskedastizität: Die Standardabweichungen der Residuen sollten nicht über die Verteilung der vorhergesagten Werte variieren;
- Unabhängigkeit (in der Regel unproblematisch).

Diese Voraussetzungen lassen sich überprüfen, indem man sich das Streudiagramm der Residuen als Funktion der vorhergesagten Werte anzeigen lässt. In Abb. 3.13 sind mehrere mögliche Varianten gezeigt.

In Abb. 3.13a ist der Fall erfüllter Voraussetzungen dargestellt: Die Residuen verteilen sich an jeder Stelle der Verteilung normal und mit gleicher Streuung. In Abb. 3.13b ist der Fall von nicht normalverteilten Residuen gezeigt. Eine Möglichkeit, mit diesem Fall umzugehen, ist die Transformation der Ausgangsvariablen. Tabachnick und Fidell (2019; S. 75 ff.) informieren über Möglichkeiten. In der Abb. 3.13c ist der Fall nichtlinearer Zusammenhänge dargestellt. In diesem Fall sollte man für nichtlineare Zusammenhänge testen. Wie man das macht, werden wir im nächsten Kapitel behandeln. Letztlich ist in Abb. 3.13d der Fall der He-

3.4 Voraussetzungen der multiplen Regression

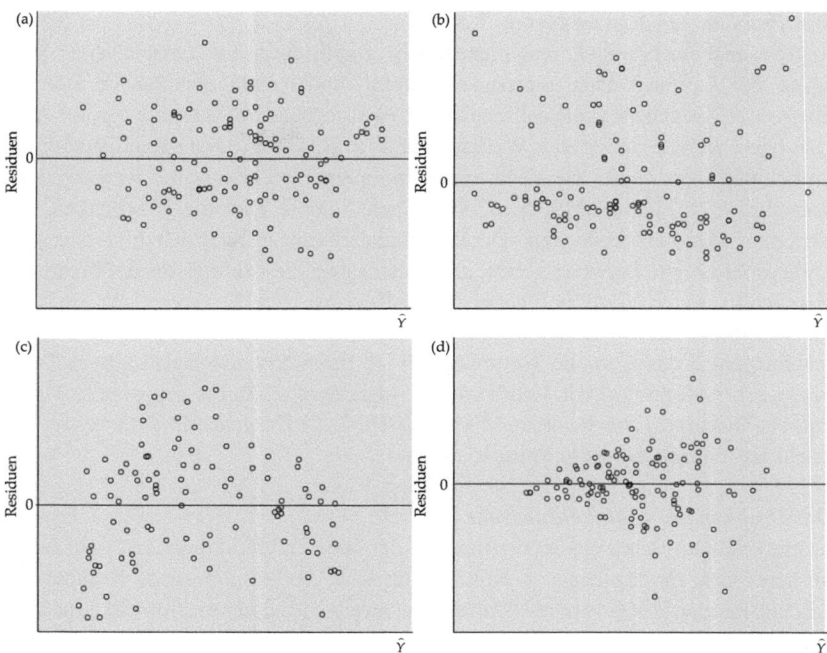

Abb. 3.13 Streudiagramm Residuen auf vorhergesagte Y-Werte bei (**a**) erfüllten Voraussetzungen, (**b**) Nichtnormalität, (**c**) Nichtlinearität und (**d**) Heteroskedastizität

teroskedastizität gezeigt: Die Streuung der Residuen nimmt über die Verteilung der vorhergesagten Werte zu. Dieser Fall kann zum Beispiel eintreten, (a) wenn eine Variable asymmetrisch („schief") verteilt ist, die andere nicht und (b) wenn der Zusammenhang von Y und X durch eine dritte Variable „moderiert" wird (d. h. der Zusammenhang je nach Ausprägung einer dritten Variable anders ausfällt (Tabachnick & Fidell, 2019, S. 106 ff.). Im Fall (a) können eventuell wieder Transformationen helfen (s. oben); den Fall (b) besprechen wir in Kap. 5. Rosopa und Kollegen (2013) befassen sich ausführlich mit dem Problem der Heteroskedastizität. Man kann allerdings generell sagen, dass Regressionsanalysen vergleichsweise „robust" sind; das heißt, wenn die Voraussetzungen verletzt sind, schwächt das zwar die Analyse, macht sie aber nicht invalide (Tabachnick & Fidell, 2019, S. 106 ff).

Das Problem von Extremwerten
Regressionsberechnungen reagieren relativ empfindlich auf Extremwerte. Man sollte die Variablen nach univariaten Extrem- und Ausreißerwerten im Boxplot überprüfen. Gegebenenfalls sollte man den entsprechenden Datensatz aus der Analyse herausnehmen oder eine Wertersetzung (z. B. durch offene Randkategorien) vornehmen (was beides natürlich immer in einem Bericht erwähnt werden muss; Tabachnick & Fidell, 2019, S. 63 ff.). Ebenso sollte man die Möglichkeit von extremen Residuen bedenken. Darüber hinaus kann es natürlich bivariate oder multivariate Ausreißerwerte geben, also Datensätze, die deutlich aus der bivariaten oder multivariaten Verteilung herausfallen. Bei bivariaten Betrachtungen gilt, dass Sie sich immer das Streudiagramm anschauen sollten, um zu sehen, ob ein Zusammenhangsmaß durch solche Werte verzerrt ist. Im multivariaten Fall gibt es Techniken zur Bestimmung von multivariaten Ausreißern (z. B. die sogenannte Mahalanobis-Distanz). Tabachnick und Fidell (2019, S. 63 ff.) gehen in ihren ersten Kapiteln ausführlich auf diese Problematik ein.

Das Problem der Multikollinearität
Ist ein Prädiktor durch einen oder mehrere der anderen Prädiktoren fast vollständig vorhersagbar, spricht man von Kollinearität bzw. Multikollinearität. Kollinearität erkennt man an der bivariaten Korrelation zweier Prädiktoren. Multikollinearität erkennt man dann, wenn für jeden Prädiktor eine multiple Regression auf die verbleibenden Prädiktoren gerechnet wird. Ein sehr hohes R^2 signalisiert Multikollinearität. Der Wert $1 - R^2$ wird auch als „Toleranz" bezeichnet. (Multi-)Kollinearität beeinträchtigt den Einsatz der multiplen Regression auf zweifache Weise (Bortz & Schuster, 2010, S. 354 ff.): (Multi-)Kollinearität kann zum einen zu instabilen (d. h. schlecht replizierbaren) Schätzungen der b-Gewichte führen. Zum anderen erschwert (Multi-)Kollinearität die Interpretation der b-Gewichte.

Das Problem der (Multi-)Kollinearität ist graduell und nicht kategorial zu fassen. Dementsprechend gibt es keine Übereinkunft, ab wann man von problematischen Fällen ausgehen sollte (vgl. aber Tabachnick & Fidell, 2019, S. 76 ff.). Zwar gelten Toleranzwerte $< .01$ schon als sicheres Indiz für (Multi-)Kollinearität; Statistikprogramme wie zum Beispiel SPSS akzeptieren aber als Voreinstellung sehr hohe (Multi-)Kollinearitäten (z. B. eine Toleranz von .0001).

Man sollte sich folgenden Zusammenhang klarmachen: Der Standardfehler für das Regressionsgewicht eines Prädiktors x_i ergibt sich nach folgender Formel:

$$s_{b_i} = \frac{s_e}{\sqrt{QS_i \cdot Toleranz_i}}$$

3.4 Voraussetzungen der multiplen Regression

Im Zähler steht hier die *Standardabweichung der Residuen (Residual Standard Error* in der R-Ausgabe; vgl. Kap. 2). Im Nenner stehen zwei Terme: die Quadratsumme des Prädiktors x_i und seine Toleranz. Den Quadratsummen-Term können wir einerseits als Skalierungsfaktor ansehen, da das Kriterium und der Prädiktor nicht in derselben Skalierung vorliegen; andererseits geht in den Quadratsummen-Term die Stichprobengröße ein (je höher, umso kleiner wird der Standardfehler).[2] Bei einem einzelnen Prädiktor oder bei perfekt orthogonalen Prädiktoren ist der Toleranzwert Eins. Wird bei korrelierten Prädiktoren der Toleranzwert sehr klein, so steigt der Standardfehler: Zum Beispiel bei einer Toleranz von .01 um den Faktor 10. Und das bedeutet, dass der t-Wert des Tests, ob das Regressionsgewicht als von Null verschieden angenommen werden sollte, um den Faktor 10 kleiner wäre als im Fall der Orthogonalität.

Das Interpretationsproblem besteht zum Teil darin, dass möglicherweise nicht mehr fassbar ist, was der eigenständige Varianzanteil einer Variablen noch bedeuten soll, wenn diese zum Beispiel 95 Prozent Überlappung mit einer zweiten Variable hat. Das kann man allerdings nicht generell sagen: Zum Beispiel ist bei experimentellen Untersuchungen mit Reaktionszeiten als abhängiger Variable der weitaus größte Varianzanteil personenabhängig (sozusagen die Basisgeschwindigkeit, die die Person mitbringt). Die einzelnen Bedingungen des Experiments bestimmen demgegenüber nur einen geringen Teil der Variation, stehen aber theoretisch im Fokus der Untersuchung.

Was macht man im Fall hoher (Multi-)Kollinearität? Man kann zwei Fälle unterscheiden: Ist im Wesentlichen der gemeinsame Varianzanteil der infrage stehenden Prädiktoren von Interesse (etwa im Fall zweier als Parallelmessung konzipierter Items), sollte man entweder nur einen der Prädiktoren auswählen oder ein Aggregat aus den Prädiktoren bilden. Wird aber insbesondere nach den spezifischen Anteilen gefragt, sollten die Prädiktoren durchaus gemeinsam eingehen. Ob ein ernsthaftes Problem der (Multi-)Kollinearität besteht, kann zum Beispiel durch Replikationen getestet werden.

---

[2] Wenn Sie den Term Wurzel(Quadratsumme) durch den äquivalenten Term Standardabweichung$_i$ × Wurzel(N) ersetzen, sind diese Zusammenhänge noch evidenter: Die Standardabweichung dient der Skalierung; das Teilen des Standardabweichung der Residuen durch Wurzel(N) korrespondiert der Standardfehlerformel für den Mittelwert (vgl. Kap. 1).

Literatur

Ausführliche Kapitel zur multiplen Regression finden sich in allen Lehrbüchern zur multivariaten Datenanalyse (z. B. Tabachnick & Fidell, 2019, aber auch in den umfassenden Lehrbüchern zur Statistik (z. B. Bortz & Schuster, 2010; Eid et al., 2017; Field, 2018; Field et al., 2012). Weiterführende Literatur: Bingham und Fry (2010); Cohen et al. (2003); Fahrmeir et al. (2009); Fox (2008); Montgomery et al. (2012); Moosbrugger (2011).

Erweiterungen der multiplen Regression

In diesem Kapitel soll es um einige wichtige Sonderfälle der Anwendung der multiplen Regression gehen. Es wird erläutert, wie man die multiple Regression nutzen kann, um nichtlineare Zusammenhänge zu testen und wie man sie nutzen kann, um Veränderung vorherzusagen. Im letzten Teil wird ein neues Verfahren eingeführt, die *logistische Regression*, das man analog zur multiplen Regression nutzen kann, wenn das Kriterium nominalskaliert ist (wenn also zum Beispiel die Wahl von Probanden – Biden vs. Trump –, eine Gruppenzugehörigkeit – Vegetarier oder kein Vegetarier – oder ein Ereignis – Rückfall nach einer Suchttherapie, ja/nein – vorhergesagt werden soll).

4.1 Quadratische Zusammenhänge & Co.

In der Berliner Altersstudie (Baltes & Lindenberger, 1997) fanden sich folgende Zusammenhänge zwischen Maßen kognitiver Leistungsfähigkeit und dem Alter (vergleiche Abb. 4.1). Es ist offensichtlich, dass die Leistungsmaße mit dem Alter „über-linear" abfallen. Wie testet man derartige Zusammenhänge? Die Antwort ist denkbar einfach: Man rechnet eine Multiple Regression, bei der das Kriterium (hier: die kognitive Leistungsfähigkeit) auf den Prädiktor (hier: das Alter) und den quadrierten Prädiktor regrediert wird.

$$\hat{Y} = b_0 + b_1 X + b_2 X^2$$

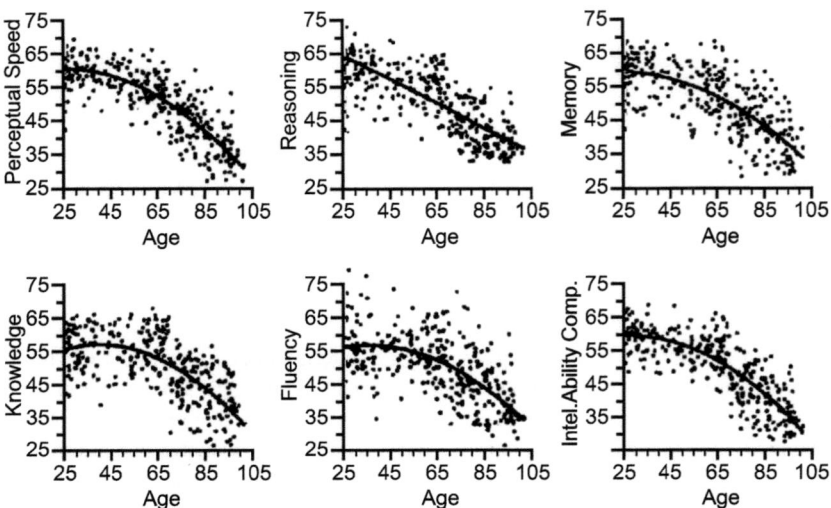

Abb. 4.1 Ergebnisse der Berliner Altersstudie. (Aus Baltes & Lindenberger, 1997, p. 15)

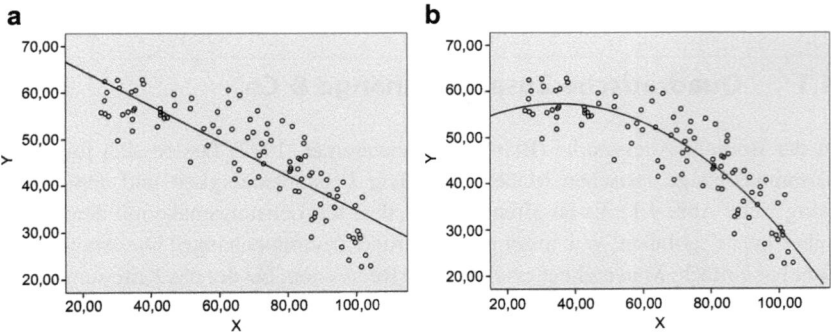

Abb. 4.2 Zweimal dieselben Daten; (**a**) mit einer Regressionsgerade, (**b**) mit einer quadratischen Anpassungskurve (fiktive Daten)

Abb. 4.2 zeigt fiktive Daten, die den Altersdaten nachempfunden sind. In der linken Abbildung ist eine lineare Regressionsgerade angepasst worden. Wir können erkennen, dass die Residuen im niedrigen und hohen Altersbereich im Mittel ne-

4.1 Quadratische Zusammenhänge & Co.

gativ sind (d. h. sie liegen unterhalb der Regressionsgerade), während die Residuen im mittleren Altersbereich positiv sind.

Wir erkennen hier also genau die Abweichung von den Voraussetzungen, die wir im Kap. 3 besprochen hatten. In der Abb. 4.2b sind dieselben Daten zu sehen; nun ist aber der Ausschnitt einer Parabel in den Punkteschwarm gelegt worden. In diesem Fall ist es offensichtlich, dass die rechte Kurve die Daten besser repräsentiert. Generell kann man fragen: bringt die Aufnahme des quadrierten Prädiktors in die multiple Regression einen signifikanten Zuwachs an erklärter Varianz?

Im dazugehörigen Datensatz heißt die Prädiktorvariable X und das Kriterium Y. Wir bilden also eine neue Variable XQ ($= X \cdot X$) und rechnen eine Regression Y auf X und XQ. Abb. 4.3 zeigt die Ausgabe. Wir sehen, dass der Prädiktor XQ mit einem signifikant von null abweichenden Regressionsgewicht assoziiert ist. Dies reicht aus, um zu sagen: Ja, es ist sinnvoll, einen quadratischen Zusammenhang zwischen Y und X anzunehmen. Es stellen sich mehrere Anschlussfragen: wie interpretiere ich die Vorzeichen der Regressionsgewichte? Wie interpretiere ich das – in diesem Fall signifikante – Regressionsgewicht für X?

Die drei Gewichte – b_0 (d. h. die Konstante), b_1 (das Gewicht für X), b_2 (das Gewicht für XQ) – beschreiben immer eine vollständige Parabel. Relevant für die Interpretation ist natürlich immer nur der Ausschnitt der Parabel, der im Bereich der tatsächlich gemessenen X-Werte liegt. Das Standardwerkzeug, um sich die Bedeutung des quadratischen Zusammenhangs klarzumachen, ist die Ausgabe eines Diagramms, bei dem die quadratische Anpassungslinie als Zusatzoption ausgewählt wird (Abb. 4.2b).

```
> quadrat$xq <- quadrat$x^2
> quad_reg <- lm(formula = y ~ x + xq, data=quadrat)
> summary(quad_reg)
Coefficients:
             Estimate Std. Error t value  Pr(>|t|)
(Intercept) 49.406909   3.878044  12.740  < 0.001 ***
x            0.451463   0.131628   3.430  < 0.001 ***
xq          -0.006450   0.001012  -6.376  < 0.001 ***

Residual standard error: 4.839 on 97 degrees of freedom
Multiple R-squared:  0.7994, Adjusted R-squared:  0.7953
F-statistic: 193.3 on 2 and 97 DF,  p-value: < 0.001
> lm.beta(quad_reg)
       x        xq
1.010841 -1.879142
```

Abb. 4.3 Ergebnis der quadratischen Regression

Das Regressionsgewicht für X muss in der Regel nicht interpretiert werden. Insbesondere sollte man nicht den Fehler machen, dieses Gewicht als den „linearen Anteil" der Gleichung zu interpretieren. Wenn wir diesen bestimmen wollten, sollten wir eine hierarchische Regression rechnen, bei der im ersten Schritt X und dem zweiten Schritt X und XQ eingehen. Wenn wir das im konkreten Fall tun würden, würden wir im ersten Schritt sehen, dass schon eine lineare Gleichung eine vergleichsweise gute Anpassung erbringt (vergleiche Abb. 4.2a), und im zweiten Schritt, dass die Zunahme von XQ eine leichte Krümmung der Anpassungslinie bedingt, die den Daten besser entspricht.

Das Regressionsgewicht für X (in der multiplen Regression zusammen mit XQ) ist aber unverzichtbar, da eine vollständige quadratische Gleichung immer aus den drei Termen Konstante, Gewicht für X und Gewicht für XQ besteht. Würde man X nicht mit in die multiple Regression aufnehmen, würde man eine in der Regel viel zu starke Hypothese testen, wie sich leicht zeigen lässt. Die Gleichung

$$\hat{Y} = b_0 + 0 \cdot X + b_2 X^2$$

beschreibt eine Parabel, deren Scheitelpunkt auf der Y-Achse liegt. Wir würden also die Hypothese testen, dass der Scheitelpunkt der Parabel bei $X=0$ liegt.

Die Logik, die wir hier für quadratische Zusammenhänge erläutert haben, lässt sich auch für andere Arten nichtlinearer Zusammenhänge nutzen. Neben polynomialen Zusammenhängen höherer als quadratischer Ordnung, lassen sich hier insbesondere auch Zusammenhänge nennen, die durch Logarithmieren linear testbar werden. Zum Beispiel wird der Zusammenhang zwischen Reizempfindung und objektiver Reizstärke in der Wahrnehmungspsychologie durch das Stevens-Potenzgesetz beschrieben (Goldstein, 2008):

$$W = k \cdot S^n$$

mit W als subjektiver Empfindung, S als objektiver Reizstärke und k und n als modalitätsspezifischen Konstanten. Zum Beispiel gilt für das subjektive Helligkeitsempfinden eine Konstante von $n = .33$: wenn sich die objektive Lichtstärke verzehnfacht, hat sich das subjektive Empfinden nur ein wenig mehr als verdoppelt. Logarithmiert man auf beiden Seiten, erhält man die Hypothese eines linearen Zusammenhangs:

$$log(W) = k' + n \cdot log(S)$$

In einer Studie, in der S und W gemessen werden, bilden wir zwei neue Variablen $logS$ und $logW$ und nutzen die lineare Regression zur Testung dieser Hypothese.

4.2 Analyse von Veränderung

In Längsschnittstudien kommt der multiplen Regression ebenfalls eine wichtige Rolle zu. Wir erheben ein Merkmal Y zu zwei Zeitpunkten T_1 und T_2 und möchten wissen, ob wir die Veränderung in Y von T_1 zu T_2 durch eine andere Variable X, die ebenfalls zu T_1 gemessen wurde, vorhersagen können. Wir rechnen hier eine multiple Regression mit Y_2 (d. h. Y gemessen zu T_2) als Kriterium und Y_1 sowie X als Prädiktoren. Die gedankliche Logik ist folgende: wenn wir Y_2 auf Y_1 regredieren, so wird die Vorhersage nicht perfekt sein, das heißt, das Beta-Gewicht wird nicht Eins sein. Die Residuenvarianz ist möglicherweise nur Fehlervarianz. Es kann sich aber auch um systematische Veränderungen handeln, die dazu beigetragen haben, dass die Korrelation nicht perfekt ist. Wenn nun die Variable X über Y_1 hinaus einen Beitrag zur Vorhersage von Y_2 leistet, so kann man sagen: X sagt in gewissem Maße die Veränderung von Y voraus. Das soll an einem Beispiel aus der Literatur erläutert werden.

Seigneuric und Ehrlich (2005) untersuchten das Leseverständnis in der Grundschule in einem längsschnittlichen Design. Neben dem Leseverständnis maßen sie die Arbeitsgedächtniskapazität der Kinder. Das Leseverständnis in der zweiten Klasse korrelierte mit dem Leseverständnis in der dritten Klasse zu $r = .78$. Das ist eine sehr hohe Korrelation, die zunächst einmal anzeigt, dass die Unterschiede zwischen den Kindern recht stabil sind. Die Arbeitsgedächtniskapazität, die in der zweiten Klasse gemessen wurde, korrelierte mit dem Leseverständnis (dritte Klasse) zu $r = .29$. Allerdings korrelierte die Kapazität mit dem Leseverständnis, dass zur selben Zeit gemessen wurde (also in der zweiten Klasse), zu $r = .33$. Es bleibt also offen, in welcher Weise Leseverständnis und Arbeitsgedächtniskapazität voneinander abhängen: Ist die Arbeitsgedächtniskapazität kausal in der weiteren Entwicklung des Leseverständnisses? Oder bedingt die Varianz im Leseverständnis Varianz in der Arbeitsgedächtniskapazität? Oder sind beide Variablen nur Ausdruck von Intelligenzunterschieden? Eine multiple Regression leistete einen Beitrag zur Klärung: Die Autoren regredierten das Leseverständnis, das in der dritten Klasse gemessen wurde, auf das Leseverständnis, das in der zweiten Klasse gemessen wurde, und die Arbeitsgedächtniskapazität, die in der zweiten Klasse gemessen wurde. In der Tat leistete Arbeitsgedächtniskapazität einen eigenständigen Varianzaufklärungsbeitrag. Wir können das so interpretieren, dass Arbeitsgedächtniskapazität zur Entwicklung des Leseverständnisses beiträgt.

Differenzwerte als abhängige Variable enthalten ein Risiko

Wenn zwei Variablen genau in derselben Art und Weise zu zwei Zeitpunkten gemessen werden, scheint es nahezuliegen, vom späteren Messwert den früheren Messwert für jede Person abzuziehen, um dann zu schauen, ob sich diese Differenzvariable durch eine zum frühen Zeitpunkt gemessene weitere Variable vorhersagen lässt. Dieses Vorgehen enthält ein Risiko, wie sich leicht zeigen lässt.

Wie wir wissen, sind Residuen perfekt unkorreliert mit der Prädiktorvariable. Residuen sind das Ergebnis der folgenden Rechnung:

$$Res_{Y_2} = Y_2 - (b_0 + b_1 \cdot Y_1)$$

Wir vergleichen das mit der Bildung der Differenzvariable:

$$Diff_{Y_2 - Y_1} = Y_2 - Y_1 = Y_2 - (0 + 1 \cdot Y_1)$$

Solange Y_1 und Y_2 nicht perfekt korreliert sind, wird b_1 nicht den Wert Eins annehmen und b_0 nicht den Wert Null. Wenn die Residuumsvariable also perfekt unkorreliert ist mit Y_1, dann kann die Differenzvariable nicht unkorreliert sein mit Y_1; tatsächlich wird sie negativ korrelieren.

Abb. 4.4 zeigt das Streudiagramm zweier gleich skalierter Variablen, die Regressionsgerade und die Gerade, die der Differenzbildung entspricht. Wie man

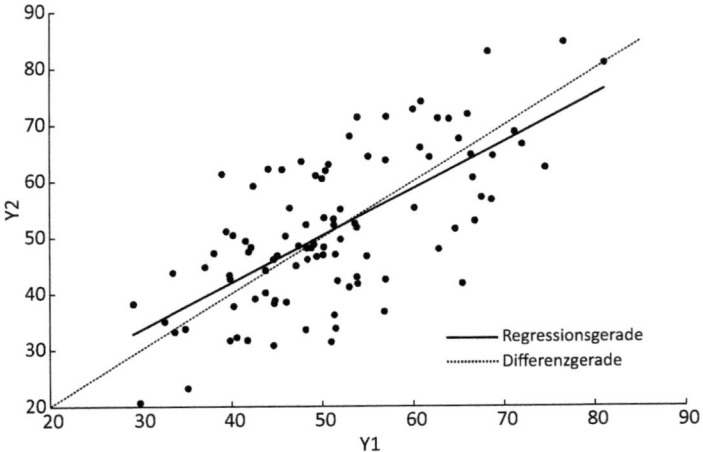

Abb. 4.4 Regressionsgerade und Differenzgerade in der Veränderungsmessung

sehen kann, liegt die Differenzgerade im linken Bereich unterhalb der Regressionsgerade – Differenzwerte sind also in diesem Bereich im Mittel größer als die entsprechenden Residuen – im rechten Bereich aber oberhalb der Regressionsgerade – Differenzwerte sind also in diesem Bereich im Mittel niedriger als die entsprechenden Residuen. Oder anders gesagt: Je kleiner Y_1, desto größer die Differenz; Y_1 und die Differenzvariable korrelieren negativ! Wenn nun eine Drittvariable X, die ebenfalls zum ersten Zeitpunkt gemessen wurde, die Differenz in einem gewissen Maße vorhersagt, hat das unter Umständen lediglich den Grund, dass diese Drittvariable mit Y_1 korreliert und daher – wegen der artifiziellen Korrelation von Y_1 und Differenzvariable – auch mit der Differenzvariable.

4.3 Analyse dichotomer Kriteriumsvariablen (binär logistische Regression)

Die multiple Regression ist geeignet, die Varianz einer intervallskalierten abhängigen Variablen vorherzusagen. In durchaus nicht wenigen Fällen haben wir jedoch eine dichotome abhängige Variable: Wir möchten vorhersagen, welche von zwei alternativen Wahlmöglichkeiten Probanden auswählen; wir möchten mit Prädiktorvariablen vorhersagen, zu welcher von zwei diagnostischen Gruppen Probanden gehören (zum Beispiel Kinder mit Lese-/Rechtschreibschwäche vs. Kinder ohne diese Schwäche). Statistikprogramme werden ohne Fehlermeldung eine multiple Regression rechnen, auch wenn die abhängige Variable mit 0 und 1 kodiert ist. Das Ergebnis ist auch nicht sinnfrei (wie wir vor allem in Kap. 10 sehen werden); aber dennoch wenden wir nicht das geeignete Verfahren an. Insbesondere sind die vorhergesagten Werte nicht gut zu interpretieren, da sie nicht auf den Wertebereich 0 bis 1 festgelegt sind.

Wünschenswert wäre ein Verfahren, dessen vorhergesagte Werte sich als bedingte Wahrscheinlichkeiten interpretieren lassen, in der Art: „Wenn der Prädiktor vom Mittelwert auf einen Wert eine Standardabweichung über den Mittelwert steigt, so steigt die Wahrscheinlichkeit, dass ein Proband zur Gruppe eins gehört, von .4 auf .6." Im Wesentlichen leistet dies die *logistische Regression*. In umfangreicheren Lehrbüchern zur multivariaten Statistik (z. B. Tabachnick & Fidell, 2019) wird der logistischen Regression in der Regel (und zu Recht) ein ganzes Kapitel gewidmet, da es ein eigenes Verfahren mit eigenen statistischen Algorithmen ist. Wir werden es hier aus Platzgründen kürzer fassen. Der Schwerpunkt der Darstellung liegt auf der Parallelität zur multiplen Regression: Welche Kennwerte liefert die logistische Regression und zu welchen Kennwerten der multiplen Regression kann ich sie in Beziehung setzen?

Wie schon gesagt, wäre es wünschenswert, den Wertebereich der vorhergesagten Werte asymptotisch auf Null als untere Grenze und Eins als obere Grenze begrenzt zu haben: Bestimmte Ausprägungen der Prädiktoren legen dann nahe, dass die Wahrscheinlichkeit zur Gruppe Eins zu gehören, gegen Null geht (und damit die Wahrscheinlichkeit zur anderen Gruppe zu gehören gegen Eins tendiert); andere Ausprägungen der Prädiktoren legen nahe, dass die Wahrscheinlichkeit zur Gruppe Eins zu gehören gegen Eins tendiert (und damit die Wahrscheinlichkeit zur alternativen Gruppe zu gehören gegen Null geht). Die Lösung, die gefunden wurde, ist die Integration einer Linearkombination von Prädiktoren, wie wir sie aus der multiplen Regression kennen, in eine Grundgleichung, die diese Begrenzungen leistet.

Die bedingte Wahrscheinlichkeit, auf der abhängigen Variable Y den Wert 1 statt 0 zu haben (z. B. Biden gewählt statt Trump, Mercedes gekauft statt BMW usw.) unter der Bedingung einer bestimmten Prädiktorenkombination x_1, x_2 bis x_n kann so wie in der folgenden Formel reformuliert werden:

$$P(Y=1|x_1, x_2 \ldots x_n) = \frac{1}{1 + e^{-(b_0 + b_1 \cdot x_1 + b_2 \cdot x_2 + \ldots + b_n \cdot x_n)}}$$

Wie leicht zu sehen ist, besteht diese Gleichung aus zwei ineinander geschachtelten Ausdrücken: Zum einen dem Ausdruck $1/(1+e^{-z})$, zum anderen einer Linearkombination der Prädiktoren. Der Ausdruck $1/(1+e^{-z})$ hat genau die gewünschte Eigenschaft, wie Abb. 4.5 zeigt.

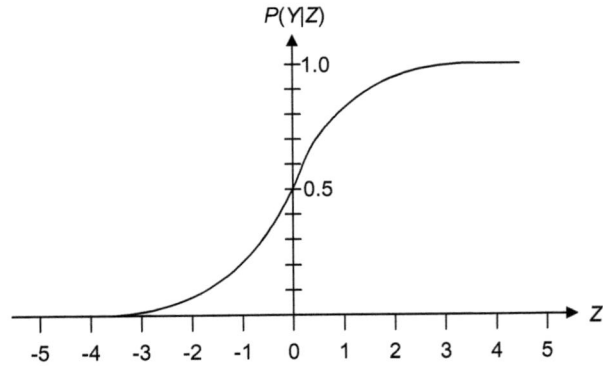

Abb. 4.5 Die logistische Funktion

4.3 Analyse dichotomer Kriteriumsvariablen (binär logistische Regression)

Eine Umformung der obigen Gleichung ist die sogenannte Logit-Gleichung:

$$\ln\left(\frac{P(Y=1|x_1, x_2 \ldots x_n)}{P(Y=0|x_1, x_2 \ldots x_n)}\right) = b_0 + b_1 \cdot x_1 + b_2 \cdot x_2 + \ldots + b_n \cdot x_n$$

Auf der rechten Seite steht wieder unsere übliche Linearkombination; auf der linken Seite das (logarithmierte) Verhältnis zweier bedingter Wahrscheinlichkeiten, die sogenannten *odds*. Wenn wir für einen Moment von der Logarithmierung absehen, so sind die durch die Linearkombination vorhergesagten Werte hier also Wahrscheinlichkeitsverhältnisse: Unter einer bestimmten Ausprägung von Prädiktorwerten (z. B. niedriges Alter; Geschlecht = Frau) war die Wahrscheinlichkeit, Biden bei der US-Wahl 2020 gewählt zu haben, 1.5-mal höher, als Trump gewählt zu haben (z. B. 60 % zu 40 %).

Im Folgenden soll die logistische Regression an einem Beispiel gezeigt werden. Frings und Wentura (2003) wollten testen, inwieweit man mit einem indirekten Einstellungsmaß (Wittenbrink & Schwarz, 2007) Verhalten vorhersagen kann. Sie baten eine Stichprobe von Studierenden für eine Woche ihren Fernsehkonsum (Welche Sendungen wurden wie lange geschaut?) zu dokumentieren. Von Interesse war, ob und wie lange die Teilnehmer die (zum Zeitpunkt der Erhebung neue und hoch umstrittene) Sendung *Big Brother* geschaut hatten. Tatsächlich hatte über die Hälfte der Stichprobe die Sendung gar nicht angeschaut, sodass sich aufdrängte, eine dichotome Variable (0 = *Big Brother* nicht geschaut; 1 = ... geschaut; Variable *BB*) zu bilden. Nach der Woche bearbeiteten die Teilnehmer eine Computeraufgabe, bei der das Logo der Sendung *Big Brother* wiederholt kurz (und nicht bewusst sichtbar) vor positiven und negativen Begriffen eingeblendet wurde; diese Begriffe mussten als positiv und negativ klassifiziert werden). Es wurde gemessen inwieweit dieses Logo (im Vergleich zu einem Kontrolllogo) die Entscheidung auf positive Begriffe erleichterte und auf negative Begriffe erschwerte. Ein entsprechender Index (Variable *IMPLIZIT*) kann als „implizite" positive Bewertung des Logo (und damit ggf. auch der Sendung) interpretiert werden. Darüber hinaus wurde die explizite Einstellung zu Big Brother mit einem Fragebogen erfasst (Variable *EXPLIZIT*). Beide Indikatoren korrelieren positiv mit der Fernseh-Variable; das heißt, wer indirekt (implizit) oder direkt (explizit) die Sendung positiv bewertete, hatte diese auch mit einer höheren Wahrscheinlichkeit geschaut. Natürlich interessierte auch hier wieder, ob die beiden Prädiktoren jeweils eigenständige Varianzanteile haben.

Für die folgende Analyse wurden die beiden Prädiktoren z-standardisiert (Variablen ZIMP und ZEXP); wie wir gleich sehen werden, erleichtert das ein wenig die Interpretation.

Abb. 4.6 zeigt den Teil der Ausgabe, der sich auf die Prädiktoren bezieht. Analog zur normalen multiplen Regression erhalten wir Regressionsgewichte und Schätzungen für deren Standardfehler. Während der Quotient aus Gewicht und Standardfehler bei der normalen Regression t-verteilt ist, wird hier eine Normalverteilung angenommen; daher ein z-Wert als Test-Statistik (Wald-Test).[1] Der Wahrscheinlichkeitswert (letzte Spalte) ist wie gewohnt zu interpretieren: hier würde man feststellen, dass der explizite Test einen eigenständigen signifikanten Beitrag leistet, der implizite Test aber nicht. (Er hat in diesem Fall keine „inkrementelle Validität".)

Wie interpretiert man die Regressionsgewichte? Zunächst können wir die Logit-Gleichung heranziehen:

$$\ln\left(\frac{P(Y=1|x_1, x_2 \ldots x_n)}{P(Y=0|x_1, x_2 \ldots x_n)}\right) = -0.6162 + 1.0956 \cdot ZEXP + 0.4748 \cdot ZIMP$$

```
> log_reg <- glm(formula = bb ~ zimp + zexp,
            family = 'binomial', data = bigbrother)
> summary(log_reg)

Coefficients:
            Estimate Std. Error z value Pr(>|z|)
(Intercept)  -0.6162     0.3990  -1.544   0.1225
zimp          0.4748     0.4516   1.051   0.2931
zexp          1.0956     0.5286   2.073   0.0382 *

> exp(coefficients(log_reg))
(Intercept)       zimp       zexp
  0.5400168  1.6076739  2.9908425
```

Abb. 4.6 Ergebnisprotokoll (Auszug) der logistischen Regression

---

[1] Andere Statistikprogramme, wie z. B. SPSS, geben hier die sogenannte Wald-Statistik an; dabei handelt es sich um den quadrierten z-Wert, bei dem dann eine χ^2-Verteilung angenommen wird. Wir sprechen im Folgenden ganz allgemein vom Wald-Test, egal ob z- oder χ^2-Wert genutzt wird.

4.3 Analyse dichotomer Kriteriumsvariablen (binär logistische Regression)

Setzen wir die beiden Mittelwerte ein (also: *ZEXP* = *ZIMP* = 0), so sind die logarithmierten *odds* = −0.6162; durch Exponenzieren erhält man: *odds* = 0.540. Da die beiden Wahrscheinlichkeiten, die ins Verhältnis gesetzt werden, sich immer zu eins ergänzen, gilt:[2]

$$P(Y=1) = \frac{odds}{odds+1}$$

In unserem Fall ist also die Wahrscheinlichkeit, *Big Brother* geschaut zu haben, für Teilnehmer mit mittleren Werten auf den Einstellungsmaßen *P(Y=1)* = .330.

Derselbe Rechenvorgang für Teilnehmer mit einer expliziten Einstellung, die eine Standardabweichung über dem Mittelwert liegt (*ZEXP* = 1), ergibt (*ZIMP* lassen wir weiterhin auf 0): Die logarithmierten *odds* = −0.6162 + 1.0956 = 0.4794; durch Exponenzieren erhält man *odds* = 1.6151 und *P(Y=1)* = .618. Die Wahrscheinlichkeit, *Big Brother* geschaut zu haben, ist also deutlich gestiegen.

Im unteren Teil der Ausgabe wurden mit einem weiteren R-Kommando die sogenannten *odds ratios* angefordert. Rechnerisch handelt es einfach um die exponenzierten Regressionsgewichte, zum Beispiel für *ZEXP*:

$$EXP(B) = 2.991 = e^{1.0956}$$

Dieser Wert gibt an, um welchen Faktor sich die *odds* verändern, wenn der jeweilige Prädiktor um eins steigt. Während für Personen, deren explizite Einstellung genau dem Mittelwert der Stichprobe entspricht (ZEXP = 0, da z-standardisiert) die *odds* 0.540 (s. oben). betragen, steigen diese um den Faktor 2.991 auf 1.6151 (vgl. diesen Wert oben) für Personen, deren explizite Einstellung eine Standardabweichung über dem Mittelwert der Stichprobe liegt (ZEXP = 1).

In gewisser Weise analog zum globalen *F*-Test in der multiplen Regression („Wird signifikant Varianz erklärt?") ist der χ^2-Test in der logistischen Regression (Abb. 4.7, ganz unten). Hier soll nur die Grundidee erläutert werden (vgl. Tabachnick & Fidell, 2019, für ein einfaches Zahlenbeispiel). Wenn ich keine Prädiktoren nutze, ist die Vorhersage für jede Versuchsperson die gleiche: Wenn 14 von 37 Personen *Big Brother* geschaut haben, ist die Schätzung der Basiswahrscheinlichkeit 14/37 = 0.38. Weiß ich also nichts über die Einstellungen einer Person, kann ich nur vorhersagen, dass sie mit *p* = .38 die Sendung schaut. Da eine perfekte Vorhersage für alle, die tatsächlich *Big Brother* geschaut haben, *p* = 1 und für alle,

---

[2] Dies wird evident, wenn Sie von *odds* = P/(1−P) ausgehen (wobei P für P(Y=1)) steht und nach P auflösen.

```
> summary(log_reg)
...
Null deviance: 49.082  on 36  degrees of freedom
Residual deviance: 38.857  on 34  degrees of freedom
AIC: 44.857

Number of Fisher Scoring iterations: 4
> nagelkerke(log_reg)
$Models

Model: "glm, bb ~ zimp + zexp, binomial, bigbrother"
Null:  "glm, bb ~ 1, binomial, bigbrother"

$Pseudo.R.squared.for.model.vs.null
                              Pseudo.R.squared
McFadden                              0.208317
Cox and Snell (ML)                    0.241444
Nagelkerke (Cragg and Uhler)          0.328673

$Likelihood.ratio.test
 Df.diff LogLik.diff  Chisq   p.value
      -2     -5.1123 10.225 0.0060224
```

Abb. 4.7 Ergebnisprotokoll (Auszug) der logistischen Regression

die die Sendung nicht geschaut haben, $p = 0$ wäre, mache ich also für 14 Teilnehmer einen Fehler von $1 - .38$ und für 23 Teilnehmer einen Fehler von $.38 - 0$. Diese Fehlerterme lassen sich zu einem Gesamtfehlerindex (genannt „−2 Log-Likelihood") verrechnen. Dieser Fehlerindex wird in der Standardausgabe – also in unserem Fall mit summary(log_reg) – nach dem Stichwort *null deviance* mit ausgegeben (Abb. 4.7, oben). Aufgrund unseres Vorhersagemodells werden wir für die 14 Teilnehmer, die *Big Brother* geschaut haben, im Mittel aber Wahrscheinlichkeiten von $p > .38$ schätzen, und für die anderen $p < .38$. Die Fehler vermindern sich also und damit auch der Gesamtfehlerindex (im oberen Teil von Abb. 4.7 nach dem Stichwort *residual deviance* ausgegeben). Die Differenz der beiden Fehlerindizes ist χ^2-verteilt. Der Test, wie er in Abb. 4.7 (unten) abgebildet ist, sagt also aus, dass sich der Vorhersagefehler durch die Prädiktion (durch zwei Prädiktoren, daher *df*=2) so deutlich vermindert hat, wie es bei Gültigkeit der Nullhypothese nur mit $p = .006$ zu erwarten wäre.

Die Werte in der Mitte der Abb. 4.7 sind als Analoga zum R^2 der multiplen Regression zu betrachten. Das soll bedeuten, dass diese Indizes prinzipiell im Wertebereich von 0 bis 1 liegen (siehe dazu aber unten) und einen Hinweis auf die Güte der Vorhersage geben; es sind aber keine Indizes der „Varianzaufklärung" (da es hier nicht um Varianzen geht). In allen drei Fällen werden die Diskrepanz

4.3 Analyse dichotomer Kriteriumsvariablen (binär logistische Regression)

zwischen den Fehlerindizes („Log-Likelihoods") für das Null-Modell und das Prädiktormodell in geeigneter Weise miteinander verrechnet, sodass bei Gleichheit der Fehlerindizes auf jeden Fall ein Wert von Null herauskommt. Der Index von Cox und Snell hat folgende Fundierung (vgl. z. B. Allison, 2013): Man kann auch bei der normalen multiplen Regression Log-Likelihoods berechnen; in diesem Fall korrespondiert der Index von Cox und Snell mit dem R^2 der üblichen Analyse. Insofern hat dieser Index ein klares Rationale. Leider kann er im Fall der logistischen Regression nicht das Maximum von 1 erreichen; das erreichbare Maximum hängt zudem von der Basiswahrscheinlichkeit des Auftretens des fraglichen Ereignisses ab (in unserem Beispiel: *Big Brother* geschaut zu haben). Daher hat Nagelkerke vorgeschlagen, den empirisch erreichten Wert auf den jeweils maximal möglichen Wert zu relativieren, sodass wieder 1 erreicht werden kann. Der Index von McFadden ist eine Alternative zu Cox und Snell (und Nagelkerke). Dieser Index kann maximal den Wert 1 annehmen (zwangsläufig um den Preis, dass er im Fall der normalen multiplen Regression nicht äquivalent zum R^2 ist). Wichtig ist, dass man bei einem Bericht immer angibt, welchen Index man verwendet.

Wir können die logistische Regression auch hierarchisch rechnen. Dabei wird ein wichtiges Merkmal deutlich werden. Zum Beispiel könnten wir zunächst eine logistische Regression mit dem Prädiktor *ZIMP*, gefolgt von einer Regression mit den Prädiktoren *ZIMP* und *ZEXP* rechnen. Ein Teil der Ausgabe ist in Abb. 4.8 wiedergegeben.

Man erhält dann durch die Anweisung anova(), der die beiden Regressionsergebnisse übergeben werden, einen Modellvergleichstest. Dieser χ^2-Test bewertet die Fehlerverminderung von Schritt 1 zu Schritt 2; er beantwortet also die Frage, ob *ZEXP* signifikant einen Vorhersagebeitrag über *ZIMP* hinaus leistet. Man kann dann

```
> log_reg_nur_zimp <- glm(formula = bb ~ zimp,
                          family = 'binomial', data = bigbrother)
> log_reg <- glm(formula = bb ~ zimp + zexp,
                 family = 'binomial', data = bigbrother)
> anova(log_reg_nur_zimp, log_reg, test = 'Chisq')

Analysis of Deviance Table

Model 1: bb ~ zimp
Model 2: bb ~ zimp + zexp
  Resid. Df Resid. Dev Df Deviance Pr(>Chi)
1        35     44.338
2        34     38.857  1   5.4807   0.01923 *
```

Abb. 4.8 Ergebnis der *hierarchischen logistischen Regression* (Auszug)

sehr schön sehen, dass die Differenz des „-2 log Likelihood"-Wertes aus Schritt 1 (44.338) und demjenigen aus Schritt 2 (38.857) dem χ^2 (5.481) entspricht. Man kann diesen χ^2-Test also analog zum Test des ΔR^2 in der multiplen Regression interpretieren.

Wir stoßen bei diesem Vorgehen aber auch auf eine Diskrepanz, die wir aus der multiplen Regression nicht kennen. Während dort der *F*-Test für das ΔR^2 äquivalent zum *t*-Test für das Regressionsgewicht des hinzugenommenen Prädiktors ist, gibt es – vergleichen Sie den *Wald*-Test für ZEXP in Abb. 4.6 mit dem χ^2-Test der Abb. 4.8 – keine Äquivalenz zwischen dem *Wald*-Test und dem $\Delta\chi^2$-Test bei der logistischen Regression! Die beiden werden sicherlich in der Regel qualitativ denselben Schluss nahelegen; aber natürlich kann es zu Diskrepanzen kommen. Der *Wald*-Test gilt als (zu) konservativ; Tabachnick und Fidell (2019) empfehlen daher in der Tat, den Beitrag eines Prädiktors durch den $\Delta\chi^2$-Test zu beurteilen.

Als letzten zu besprechenden Teil des Protokolls schauen wir uns die Klassifizierungstabelle an (Abb. 4.9). Sie zeigt, wie viele Versuchsteilnehmer aufgrund der Vorhersage richtig und wie viele falsch klassifiziert würden. Die Klassifizierung erfolgt hier einfach aufgrund des Kriteriums, dass die aufgrund der Regressionsgleichung vorhergesagte Wahrscheinlichkeit, die Sendung gesehen zu haben, größer oder kleiner $p = .5$ ist. Wir sehen, dass 27 von 37 Personen korrekt zugeordnet würden.

Zum Abschluss sei noch darauf hingewiesen, dass es eine *multinomiale logistische Regression* gibt, die für abhängige nominalskalierte Variablen mit mehr als zwei Stufen gilt. Wir werden darauf im Kap. 10 eingehen.

```
> class_probabilities <- predict(object = log_reg,
                                 type = 'response')
> predicted_classes <- as.numeric(class_probabilities > 0.5)
> actual_classes <- bigbrother$bb
> table(actual_classes, predicted_classes)
               predicted_classes
actual_classes  0  1
             0 20  3
             1  7  7
```

Abb. 4.9 Ergebnisprotokoll (Auszug) der *logistischen Regression*

4.3 Analyse dichotomer Kriteriumsvariablen (binär logistische Regression)

Literatur

Eingehende Betrachtungen zum Test nichtlinearer Zusammenhänge und zur Analyse von Veränderung finden sich in Cohen et al. (2003). Ausführliche Kapitel zur logistischen Regression finden sich in allen Lehrbüchern zur multivariaten Datenanalyse (z. B. Tabachnick & Fidell, 2019), aber auch in den umfassenden Lehrbüchern zur Statistik (z. B. Bortz & Schuster, 2010; Eid et al., 2017; Field, 2018; Field et al., 2012). Weiterführende Literatur zur logistischen Regression: Hilbe (2011); Hosmer et al. (2013); Kleinbaum und Klein (2010); Osborne (2014).

Mediator- und Moderatoranalysen 5

Zwei besonders wichtige Spezialfälle der Anwendung der multiplen Regression sind *Mediator-* und *Moderatoranalysen*. Von *Mediatoranalysen* sprechen wir, wenn wir prüfen wollen, ob die Vorhersage eines Kriteriums durch einen Prädiktor durch eine dritte Variable, die *Mediatorvariable*, vermittelt ist: Theoretisch unterstellt man hier also einen Kausalpfad. Von *Moderatoranalysen* sprechen wir, wenn die Vorhersage eines Kriteriums durch einen Prädiktor in ihrem Ausmaß von einer dritten Variable, der *Moderatorvariable*, abhängt: Zum Beispiel könnte man vermuten, dass ein positiver Zusammenhang zwischen Kriterium und Prädiktor nur bei hohen Werten des Moderators vorliegt. Die Unterscheidung von Mediator und Moderator wird durch die Beispiele in den folgenden Abschnitten deutlicher.

5.1 Mediatoranalysen

Neville (2012) untersuchte, inwieweit das Erleben ökonomischer Ungleichheit (d. h. großer Einkommensdifferenzen) im eigenen Umfeld die „akademische Integrität" von Studierenden beeinflusst: Ist die Bereitschaft, im Studium zu mogeln, dort größer, wo höhere Ungleichheit erlebt wird? Falls dem so wäre: Wie kann man diesen Zusammenhang psychologisch plausibel machen? Neville postuliert, dass das Erleben von Ungleichheit zu einer Senkung von „Interpersonalem Vertrauen" führt. Dieses Misstrauen führe, so Neville, zu der Annahme, dass andere Studierende auch zu unerlaubten Hilfsmitteln greifen und dass somit das eigene Mogeln wieder Balance herstelle. Nicht wesentlich für die folgenden Betrachtungen, aber doch bemerkenswert ist die Art der Daten, die Neville nutzte: Als Indikator der Bereitschaft zum Mogeln nutzte er Statistiken des Internetsuchprogramms *Google* zu Begriffen, die die Suche nach studentischen Hausarbeiten im Internet implizierten

(z. B. „free term paper"; „buy term papers"). Diese Statistiken gibt *Google* für die Staaten der USA getrennt aus, sodass es möglich war, diese Daten zu objektiven Ungleichheitsindices der Staaten und den mittleren Werten des Interpersonalen Vertrauens aus großen Meinungsumfragen in Beziehung zu setzen.

Die Mediatorhypothese sowie das Ergebnis der entsprechenden Analysen werden durch die Abb. 5.1 veranschaulicht. Die Mediatoranalyse hat drei Schritte (Baron & Kenny, 1986; Hayes, 2013). Zwei der drei Schritte sind Standardanwendungen der Korrelations- bzw. Regressionsrechnung. Zunächst wird festgestellt, dass die vermuteten bivariaten Zusammenhänge vorhanden sind. Dies gilt im vorliegenden Fall: Je höher die Einkommensungleichheit, desto höher war der „Mogelindikator" ($r = \beta = 0.47$; Abb. 5.1a); je höher die Einkommensungleichheit, desto niedriger war das Interpersonale Vertrauen ($r = \beta = -0.61$; Abb. 5.1b); je niedriger das Interpersonale Vertrauen, desto höher war der „Mogelindikator" ($r = -0.56$; nicht abgebildet). Alle drei Korrelationen (bzw. Regressionsgewichte) waren signifikant.

Es wird, zweitens, eine multiple Regression gerechnet, bei der die abhängige Variable (hier: der „Mogelindikator") auf den Prädiktor (hier: Einkommensungleichheit) und den Mediator (hier: Interpersonales Vertrauen) regrediert wird.

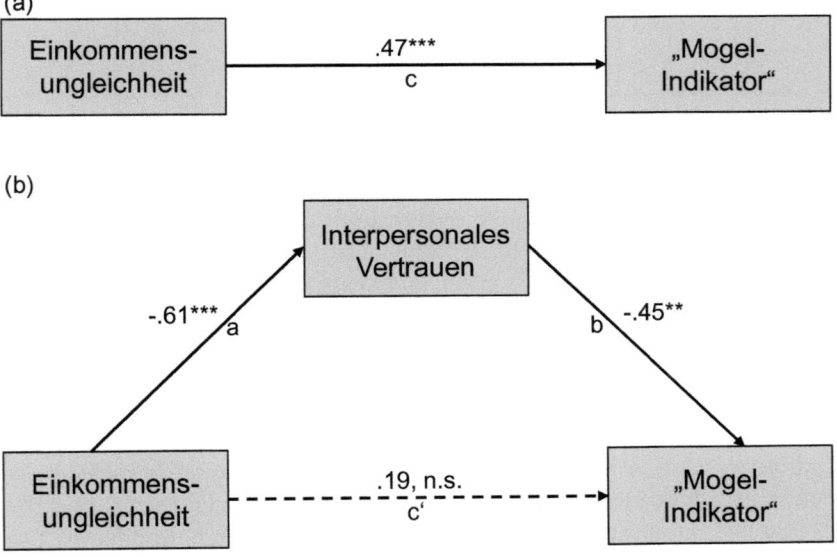

Abb. 5.1 Mediatoranalyse (Neville 2012; ** $p < .01$; *** $p < .001$)

Der Mediator muss hierbei einen signifikanten Beitrag leisten. Für den Prädiktor gilt: Ist sein Beitrag insignifikant, sprechen wir von einer *vollständigen Mediation*; ist er gegenüber dem bivariaten Zusammenhang lediglich signifikant gemindert, sprechen wir von einer *unvollständigen Mediation*. Der vorliegende Fall ist in diesem Sinne vollständig: Interpersonales Vertrauen prädiziert „Mogeln" über Einkommensungleichheit hinaus, $\beta = -0.45$); umgekehrt gilt dies nicht ($\beta = 0.19$; nicht signifikant; vgl. Abb. 5.1b).

Der dritte Schritt ist der Test des indirekten Pfades (hier: des Pfades von Einkommensungleichheit über Interpersonales Vertrauen zum „Mogelindikator"). Getestet wird hier also, ob das Produkt der Pfade a und b als von Null verschieden angekommen werden kann. Es gibt verschiedene Vorschläge, um diese Frage zu beantworten (Hayes & Scharkow, 2013). Traditionell wird der sogenannte *Sobel-Test* gerechnet; hierbei wird unter Nutzung der Gewichte a, b, ihrer Standardfehler und der Annahme der Normalverteilung von $a \cdot b$ der Standardfehler des indirekten Pfades hergeleitet (Aroian, 1947; Sobel, 1982). Dieser Test gilt aber als unnötig konservativ, da $a \cdot b$ in der Regel nicht normalverteilt ist.

Empfohlen wird daher (Fritz et al., 2012; Hayes & Scharkow, 2013; Preacher & Hayes, 2008) ein *Bootstrapping*-Verfahren. Generell meint man mit *Bootstrapping* in der Statistik Verfahren, Verteilungscharakteristiken aufgrund der einen Stichprobe, die zur Verfügung steht, zu schätzen.[1] Hier bedeutet es, dass man durch den Computer mehrere tausendmal eine Zufallsstichprobe der Größe n aus den n Datenpunkten der vorhandenen Stichprobe (mit Zurücklegen!) ziehen lässt, jedes Mal das Produkt a·b bestimmt und das Intervall zwischen 2.5tem und 97.5tem Perzentil als 95-%-Vertrauensintervall nimmt. Liegt der Wert Null nicht im Vertrauensintervall, wird der indirekte Pfad als signifikant gewertet

Abb. 5.2 zeigt das Ergebnis einer solchen *Bootstrapping*-Analyse. Die beiden obersten Zeilen spezifizieren die beiden Regressionsanalysen, die gerechnet werden müssen: Zum einen wird der Mediator (*IntVertr*) auf den Prädiktor (*EinkommUn*) regrediert; zum anderen wird das Kriterium (*mogeln*) auf Mediator und Prädiktor regrediert. Die Funktion mediate() übernimmt das Ergebnis dieser beiden Regressionen. Als Voreinstellung werden 1000 Ziehungen durchgeführt und wir erhalten das Ergebnis, dass der indirekte Pfad (ACME; *average causal mediation effect*) mit einem Vertrauensintervall von 95 % CI = [2.61,18.27] assoziiert ist. Das heißt, 25 von 1000 Ziehungen endeten mit einem indirekten Pfad – also dem Produkt $a \cdot b$ – kleiner 2.61; weitere 25 endeten mit einem indirekten Pfad größer als 18.27.

---

[1] Der englische Ausdruck „to pull oneself up by one's own bootstraps" ist das Pendant zum „sich an den eigenen Haaren aus dem Sumpf ziehen" des Baron Münchhausen.

```
> biv_praed_med <- lm(formula = IntVertr ~ EinkommUn,
                      data = Mediator)
> mult_reg <- lm(formula = mogeln ~ EinkommUn + IntVertr,
                 data = Mediator)
> mediation_results <- mediate(model.m = biv_praed_med,
                               model.y = mult_reg,
                               treat = 'EinkommUn',
                               mediator = 'IntVertr', boot = TRUE)
> summary(mediation_results)
Causal Mediation Analysis
Nonparametric Bootstrap Confidence Intervals with the Percentile Me
thod
              Estimate  95 % CI Lower  95 % CI Upper   p-value
ACME            9.239         2.605          18.27      0.004 **
ADE             6.442        -2.884          17.57      0.166
Total Effect   15.681         9.344          26.63    < 0.001 ***
Prop. Mediated  0.589         0.180           1.24      0.004 **

Sample Size Used: 49

Simulations: 1000
```

Abb. 5.2 Ausgabe des *Bootstrapping*-Verfahren

Der *p*-Wert von .004 bedeutet, dass 2 von 1000 Ziehungen einen indirekten Pfad kleiner Null aufwiesen. (Der *p*-Wert korrespondiert mit einer zweiseitigen Testung; daher wird zur Ermittlung dieses Wertes die Zahl der „Kleiner-Null-Ziehungen" verdoppelt).

Der Vollständigkeit halber: Die Abkürzung ADE steht für *average direct effect*. Dies ist also ein *Bootstrapping*-Test für den direkten Pfad von Einkommensungleichheit auf den „Mogelindikator"; das Ergebnis korrespondiert mit dem Ergebnis der konventionellen Analyse (s. oben). Der *Total Effect* ist der *Bootstrapping*-Test für die bivariate Analyse „Mogelindikator" auf Einkommensungleichheit. Die letzte Zeile der Tabelle in Abb. 5.2 („Prop. Mediated") bezieht sich auf den Quotienten ACME/Total.

Abschließend muss noch darauf hingewiesen werden, dass folgende Asymmetrie gilt (Fiedler et al., 2011): Wenn die Mediationshypothese zutrifft, führt dies – genügende Testpower vorausgesetzt – zu dem erläuterten Ergebnismuster. Falls wir also eine theoretisch gut begründete Mediationshypothese haben und wir das entsprechende Ergebnismuster finden, können wir die Hypothese als vorläufig bewährt beibehalten. Das Umgekehrte gilt nicht: Falls wir ein Ergebnismuster für die Zusammenhänge dreier Variablen finden, die mit dem Mediationsmuster korrespondieren, können wir nicht daraus schließen, dass hier eine Mediation vorliegt. Es gibt andere Kausalzusammenhänge, die für die drei Variablen gelten können, die ein ebensolches Muster erzeugen. Zum Beispiel kann der vermeintliche Mediator eine alternative Messung der (latenten) abhängigen Variable sein. (Gemessene) abhängige Variable und vermeintlicher Mediator korrelieren dann sehr hoch, und es ist anzunehmen, dass der vermeintliche Mediator den Prädiktor in der multiplen Regression verzichtbar macht. Fiedler und Kollegen (2011) führen dies weiter aus.

5.2 Moderatoranalysen

Konzeptuell klar zu trennen von Mediatoranalysen sind die Moderatoranalysen. Was damit gemeint ist, soll an folgendem Beispiel deutlich gemacht werden. Brandtstädter, Wentura und Greve (1993) berichten über Moderatoreffekte im Rahmen einer gerontopsychologischen Untersuchung. Ihre Stichprobe von Menschen im höheren Erwachsenenalter wurde unter anderem zu chronischen Gesundheitsbelastungen und depressiven Verstimmungen gefragt. Die Angaben zu den Gesundheitsbelastungen wurden mithilfe von Expertenratings zu einem Index der Gesundheitsbelastung (*GB*) verrechnet; die depressive Verstimmung wurde mit einer Standardskala gemessen (*D*). Es wurde angenommen (und auch gefunden), dass Gesundheitsbelastung mit Depressivität korreliert (im Sinne von: je höher die Gesundheitsbelastung durch chronische Krankheiten, desto höher der Depressivitätswert).

Der Variable *Flexibilität der Zielanpassung (FZ)* wurde hierbei aber die Rolle einer „Puffervariable" zugeschrieben. Das heißt, es wurde angenommen, dass Probanden mit hohen Werten auf dieser Eigenschaftsskala ihre Gesundheitsbelastungen besser bewältigen können; sie sollten keine (oder nur geringere) depressive Tendenzen entwickeln. Man kann also die Hypothese formulieren: Je höher die Werte auf der *FZ*-Skala, desto niedriger sollte die Prädiktion von Depressivität durch die Gesundheitsbelastung ausfallen.

Das heißt also, die Regressionsgewichte für die Variable *GB* sollten davon abhängen, welchen Wert *FZ* annimmt; sie sind eine Funktion von *FZ*. Dies kann man auch so ausdrücken:

$$\widehat{D} = b_0 + b_1 \cdot GB \text{ mit } b_1 = f(FZ) \text{ und } b_0 = f(FZ)$$

Nehmen wir wiederum an, dass diese Funktionen *f*(FZ) linear seien:

$$b_1 = b_{10} + b_{11} \cdot FZ$$

$$b_0 = b_{00} + b_{01} \cdot FZ$$

Setzen wir diese beiden Gleichungen in die Gleichung für D ein, erhalten wir:

$$\widehat{D} = (b_{00} + b_{01} \cdot FZ) + (b_{10} + b_{11} \cdot FZ) \cdot GB$$

bzw.

$$\widehat{D} = b_{00} + b_{01} \cdot FZ + b_{10} \cdot GB + b_{11} \cdot FZ \cdot GB$$

Die letzte Gleichung ist aber nichts anderes als eine multiple Regressionsgleichung, bei der D auf FZ, GB und deren Produkt FZ×GB zurückgeführt wird.

Um die Bewältigungshypothese zu testen, wird also zunächst das Produkt aus FZ und GB gebildet, um dieses dann in einer multiplen Regression zusätzlich zu FZ und GB eingehen zu lassen. Die Funktion lm() macht es uns hier einfach: Wir können die beiden Variablen GB und FZ als Prädiktoren eingeben und durch das Multiplikationssymbol (statt des Additionssymbols) anfordern, dass zusätzlich der Produktterm von GB und FZ als Prädiktor aufgenommen wird (vgl. die Syntax in Abb. 5.3).

Die Ausgabe ist in Abb. 5.3 zu sehen. Das Regressionsgewicht für die Produktvariable (GB:FZ) ist tatsächlich von Null verschieden. Wir können also von einem interaktiven Einfluss von Gesundheitsbelastung und FZ auf die Depression ausgehen.

Interaktionen können allerdings vielfältiger Art sein; wie können wir uns verdeutlichen, ob das Muster der Gewichte zu der spezifischen Hypothese passt? Zunächst überlegen wir, ob das Vorzeichen des Regressionsgewichtes mit der Hypothese übereinstimmt. Da ein positiver Zusammenhang zwischen D und GB besteht, der durch FZ gemindert werden soll, muss das Gewicht für den Produktterm negativ sein („Je höher FZ, desto niedriger der Zusammenhang zwischen

```
> reg_moderat <- lm(formula = D ~ GB * FZ, data = Moderat)
> summary(reg_moderat)

Coefficients:
             Estimate Std. Error t value  Pr(>|t|)
(Intercept) 12.318903   3.753990   3.282  0.001068 **
GB           0.335116   0.073750   4.544  < 0.001 ***
FZ           0.053995   0.081429   0.663  0.507423
GB:FZ       -0.005322   0.001610  -3.306  < 0.001 ***
```

Abb. 5.3 Ausgabe der Moderatoranalyse

5.2 Moderatoranalysen

D und *GB*"). Das ist der Fall. Im zweiten Schritt wird die Moderation durch eine Graphik veranschaulicht, in dem für zwei Werte der Moderatorvariable (also hier *FZ*) die Regressionsgeraden für die Kriterium-Prädiktor-Beziehung gezeichnet werden. Sinnvoll ist es, zum Beispiel die Werte zu nehmen, die ein oder zwei Standardabweichungen über und unter dem Mittelwert des Moderators liegen. Das einfachste Verfahren ist hierbei, die Analyse mit z-standardisierten Variablen zu wiederholen. Wir machen dies mit den Variablen *GB* und *FZ*; die *z*-standardisierten Varianten heißen *zFZ* und *zGB* (vgl. die Syntax in Abb. 5.4). Rechnen wir jetzt die gleiche Analyse wie oben, erhalten wir die Ausgabe der Abb. 5.4.

Zunächst sind zwei Dinge festzuhalten: Erstens ist der Test für den Produktterm identisch zu dem Test der ersten Analyse (Abb. 5.3). Das hätten wir natürlich erwartet: Dieser sollte nicht von der Skalierung der Variablen abhängen. Zweitens gilt genau diese Aussage – Invarianz des Tests – *nicht* für die Haupteffekte (d. h. die Tests der Gewichte von *FZ* und *GB* bzw. *zFZ* und *zGB*). Darauf wird noch einzugehen sein.

Zunächst aber zurück zu der Frage, wie wir uns den Moderatoreffekt veranschaulichen können. Wir bilden zwei Regressionsgleichungen, eine für den Fall, dass der Moderator eine Standardabweichung über dem Mittelwert liegt, eine für den Fall, dass der Moderator eine Standardabweichung unter dem Mittelwert liegt.

Für zFZ = −1 : $\widehat{D}$ = (19.389 + 1.638) + (1.401 + .625) · zGB
            = 21.027 + 2.026 · zGB
Für zFZ = +1 : $\widehat{D}$ = (19.389 − 1.638) + (1.401 − .625) · zGB
            = 17.751 + 0.776 · zGB

Setzt man in diese beiden Gleichungen Werte für *GB* ein, die in etwa dem Range der Stichprobenwerte korrespondiert (z. B. ±2 SD), so erhalten wir jeweils zwei Punkte,

```
> Moderat$zGB <- scale(Moderat$GB)
> Moderat$zFZ <- scale(Moderat$FZ)
> reg_zmoderat <- lm(formula = D ~ zGB * zFZ, data = Moderat)
> summary(reg_zmoderat)

Coefficients:
            Estimate Std. Error t value  Pr(>|t|)
(Intercept) 19.3888     0.1967   98.581   < 0.001 ***
zGB          1.4009     0.1968    7.118   < 0.001 ***
zFZ         -1.6382     0.1969   -8.320   < 0.001 ***
zGB:zFZ     -0.6253     0.1891   -3.306   < 0.001 ***
```

Abb. 5.4 Ausgabe der Moderatoranalyse (z-standardisierte Prädiktoren)

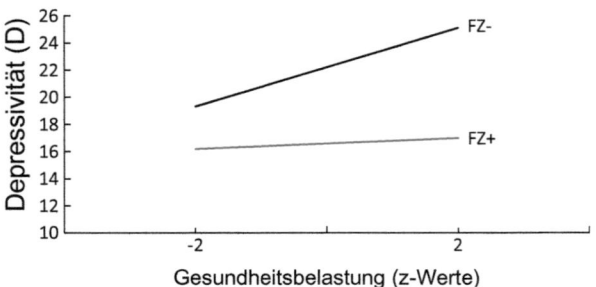

Abb. 5.5 Moderatoreffekt einer kontinuierlichen Variable auf die Regression zweier kontinuierlicher Variablen. (Moderatorwerte eine Standardabweichung über [FZ+] und unter dem Mittelwert [FZ-])

sodass diese Daten mit einem Standardgrafikprogramm leicht in eine Abbildung wie die Abb. 5.5 verwandelt werden können. Es ist deutlich zu sehen, dass, erstens, die Steigung der Geraden für hohe Werte von FZ geringer ist und, zweitens, bei hohen Werten von FZ generell ein niedrigeres Niveau der Depressionsvariable zu beobachten ist.

Kommen wir nun zu dem noch offenen Punkt, wie die Tests für die beiden Basisvariablen – im Beispiel also GB und FZ – zu interpretieren sind. Die Ergebnisse der beiden Regressionsrechnungen – einmal diejenige mit den Originalvariablen, Abb. 5.3, einmal diejenige mit den z-standardisierten Variablen, Abb. 5.4 – divergieren hier; die Tests sind also offensichtlich nicht invariant gegenüber Transformationen. Sollte man diese Tests also ignorieren?

In der Tat wurde häufig empfohlen, eine moderierte Regression hierarchisch zu rechnen, das heißt, in Schritt 1 den Prädiktor und den Moderator aufzunehmen und in Schritt 2 die Produktvariable; die Tests aus Schritt 1 werden als Tests der Haupteffekte genommen – hier: haben *GB* und *FZ* für sich genommen einen Vorhersagewert? – und aus Schritt 2 wird nur der Test für die Produktvariable im Sinne des Vorliegens oder Nicht-Vorliegens einer Moderation interpretiert. Gängiger ist heute die Empfehlung, generell mit *z*-standardisierten Basisvariablen zu arbeiten und dann alle drei Tests aus der simultanen Regression zu interpretieren (Aiken & West 1991). Für unser Beispiel bedeutet das also, dass uns die Abb. 5.4 das vollständige Ergebnis liefert, bei dem alle drei Tests sinnvoll interpretiert werden können. Was ist die Begründung hierfür?

Diese Frage lässt sich einfach beantworten. Welche Regressionsgleichung bleibt übrig, wenn der Moderator den Wert Null annimmt? Zwei Terme der Gleichung fallen „unter den Tisch" – im Beispiel $b_{01} \cdot FZ$ und $b_{11} \cdot FZ \times GB$. Es bleibt lediglich eine bivariate Regressionsgleichung zurück: $b_{00} + b_{10} \cdot GB$. Folglich bedeutet der Test, ob b_{10} als von Null verschieden anzunehmen ist, eine Antwort auf die Frage, ob bei Vorliegen des Moderatorwertes Null noch eine Prädiktion durch *GB* vorliegt oder nicht. Diese Frage *kann* völlig sinnlos sein; am deutlichsten wird das – wie in unserem Beispiel –, wenn Null gar kein möglicher Wert des Moderators ist: *FZ* ist der Summenwert von 15 Fragebogenitems, die auf einer Ratingskala von 1 bis 5 beantwortet werden. Die Frage kann aber auch genau diejenige sein, die wir beantwortet wissen wollen: Gibt es bei durchschnittlichen Werten des Moderators eine Prädiktionsbeziehung zwischen abhängiger Variable und Prädiktor? Null ist aber genau der Mittelwert von *z*-standardisierten Variablen. Genau die gleiche Überlegung gilt natürlich im Fall, dass der Prädiktor den Wert Null annimmt, für den Haupteffekt des Moderators.

Hiervon unbenommen ist selbstverständlich die generelle Regel, die man aus den Lehrbuchkapiteln zu mehrfaktoriellen Varianzanalysen kennt: Falls eine Interaktion (Moderation) vorliegt, sollten die Haupteffekte nur mit Vorsicht interpretiert werden (da sie ja – so sagt die signifikante Interaktion – nicht uneingeschränkt gelten).

Verdeckte quadratische Zusammenhänge

Zum Schluss soll auf ein Problem hingewiesen werden, das zumindest für den Anfänger nicht auf der Hand liegt: Je mehr ein Prädiktor *P* mit dem Moderator *M* korreliert, umso deutlicher wird der Produktterm $P \cdot M$ ein Äquivalent von P^2 sein. Falls also der „wahre" Zusammenhang zwischen dem Kriterium und dem Prädiktor *P* ein quadratischer ist (Abschn. 4.1), kann es passieren, dass der Produktterm $P \cdot M$ signifikant wird, obwohl keine Moderation vorliegt. Die Empfehlung ist also, als Alternative zur Moderation zu testen, ob ein quadratischer Effekt vorliegt (MacCallum & Mar, 1995).

Literatur

Hayes (2013) hat ein ganzes Lehrbuch über Mediation und Moderation geschrieben. Im Lehrbuch von Field (2018) gibt es ein eigenes Kapitel zu diesen Themen.

Varianzanalyse, regressionsstatistisch betrachtet

6

In diesem Kapitel werden einige Zusammenhänge zwischen varianz- und regressionsanalytischen Verfahren in Grafiken und Berechnungsbeispielen erläutert. Letztlich wird gezeigt, dass varianzanalytische Methoden vollständig in regressionsanalytischen Verfahren aufgehen. Damit soll nicht nahegelegt werden, auf die Varianzanalyseprozeduren gänzlich zu verzichten. Es geht hier vielmehr darum, Verständnis für die Zusammenhänge dieser Methoden aufzubauen.

Warum ist das wichtig? Wir sehen vor allem zwei Gründe: (1) Die Regressionsanalyse macht keinen Unterschied bezüglich dichotomer und kontinuierlicher Prädiktoren. Wenn wir auch mehrfaktorielle Pläne durch geeignete Kodiervariablen abbilden können, muss man bei der Analyse keinen Unterschied zwischen den Gruppenvariablen und weiteren kontinuierlichen Prädiktoren machen. Die *Kovarianzanalyse* ist ein solcher Fall: Man möchte zum Beispiel (um den einfachsten Fall zu nehmen) den Effekt eines Gedächtnistrainings im Alter testen und vergleicht eine Trainingsgruppe mit einer Kontrollgruppe in einem Gedächtnistest. Man unterstellt aber, dass *a priori* vorhandene Unterschiede in der Gedächtnisfähigkeit auch nach dem Training (bzw. der Kontrolltätigkeit) noch vorhanden sind und dementsprechend die Fehlervarianz des abschließenden Tests erhöhen. Eine Regression auf *Gruppe* (*Training* vs. *Kontrolle*) und einen vorab erhobenen Gedächtnistest führt hier zu einem stärkeren statistischen Test des Trainingseffektes. (2) In der klassischen Varianzanalyse wird stets als Problem diskutiert, die Zellen des Versuchsplans nicht gleichmäßig mit Fällen besetzt zu haben. Ungleichmäßige Besetzungen der Zellen in einem mehrfaktoriellen Plan führen dazu, dass die Faktoren nicht mehr unabhängig sind und daher die erklärten Varianzanteile nicht mehr eindeutig zuordenbar sind. Dagegen ist es der große Vorteil der Regressionsanalyse, die Abhängigkeit von Prädiktoren angemessen zu behandeln.

6.1 Der Mittelwertsvergleichs zweier Stichproben

Die Anpassung einer linearen Regression an Gruppenunterschiede ist bei zwei Gruppen immer möglich. Die Steigung der Gerade reflektiert dabei die Mittelwertsunterschiede zwischen den Gruppen. Das soll an einem Datenbeispiel mit zwei Gruppen von jeweils $n = 10$ Teilnehmern aufgezeigt werden. Patienten mit einer Depression wurden entweder einer Therapie- oder Wartekontrollgruppe zugeteilt. Es wird nach Abschluss der Therapie unter anderem ein Selbstwert-Fragebogen (*SW*) ausgefüllt. Die übliche Methode zur Analyse dieser Daten ist der *t*-Test (Abb. 6.1).

Der Mittelwertsunterschied ($M_{\text{Therapie}} = 9.320$ vs. $M_{\text{Kontrolle}} = 6.049$) ist nach dem üblichen Kriterium als signifikant anzusehen.

In der Abb. 6.2 sind dieselben Datenpunkte in ein Koordinatensystem übertragen worden. Die Regressionsgerade geht genau durch die beiden Gruppenmittelwerte, da das arithmetische Mittel stets die beste Vorhersage im Sinne einer Minimierung von Abweichungsquadraten ist. Die Abb. 6.2 legt nahe, dass alternativ eine Regressionsanalyse berechnet werden kann.

Wie berechnet man in diesem Fall die Regression? Genau wie bei den Beispielen oben; wir müssen lediglich die kategoriale Zuordnung (*Therapiegruppe, Kontrollgruppe*) in Zahlenwerte kodieren. Dies können beliebige Werte sein, aus einem bestimmten Grund, der weiter unten erläutert wird, bietet es sich jedoch an, die Werte „−1" und „1" zu nehmen. Wir erhalten die Ausgabe der Abb. 6.3.

Der Signifikanztest für das Regressionsgewicht liefert also genau dasselbe Ergebnis wie der *t*-Test. Setzen wir die Werte für Gruppe in die Gleichung ein, erhalten wir die beiden Gruppenmittelwerte (für die Kontrollgruppe, G = −1: 7.685 − 1.635 = 6.05; für die Therapiegruppe, G = 1: 7.685 + 1.635 = 9.32:

```
> t.test(formula = SW ~ gruppe, data = ttest, var.equal = TRUE)

    Two Sample t-test

data: SW by gruppe
t = -3.2627, df = 18, p-value = 0.004323
alternative hypothesis: true difference in means between group Kont
rollgruppe and group Therapiegruppe is not equal to 0
95 percent confidence interval:
 -5.377292 -1.164708
sample estimates:
mean in group Kontrollgruppe mean in group Therapiegruppe
                       6.049                        9.320
```

Abb. 6.1 Ausgabe der Prozedur *t-Test für Unabhängige Stichproben*

6.2 Kodierung von einfaktoriellen Plänen mit mehr als zwei Gruppen

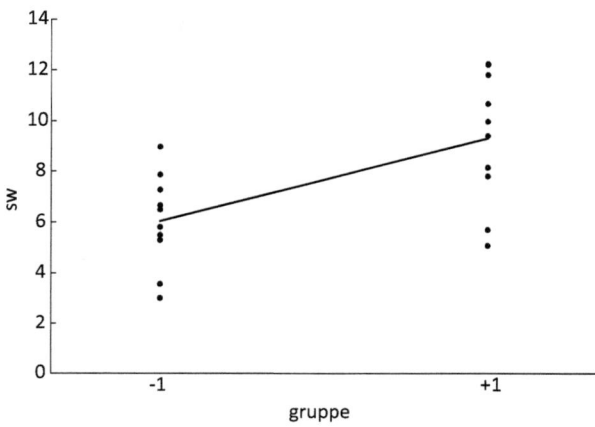

Abb. 6.2 *Lineare Regression* im Zwei-Gruppen-Fall

```
> ttest$gruppe_num <- recode(ttest$gruppe, 'Kontrollgruppe' = -1,
                                           'Therapiegruppe' = 1)
> ttest_reg_kodiert <- lm(formula = SW ~ gruppe_num, data = ttest)
> summary(ttest_reg_kodiert)

Coefficients:
            Estimate Std. Error t value  Pr(>|t|)
(Intercept)   7.6845     0.5013  15.330  < 0.001 ***
gruppe_num    1.6355     0.5013   3.263  0.00432 **
```

Abb. 6.3 *Lineare Regression* im Zwei-Gruppen-Fall

vgl. Abb. 6.1). Dadurch, dass wir die Kodierwerte „1" und „−1" gewählt haben (und die Gruppen gleich groß sind), ist das b_0-Gewicht gleich dem globalen Mittelwert.

6.2 Kodierung von einfaktoriellen Plänen mit mehr als zwei Gruppen

Es ist leicht einsehbar, dass das Verfahren der Kodierung von Gruppen durch *eine* Kodiervariable im Falle von mehr als zwei Gruppen nicht mehr funktionieren kann. Nehmen wir zu unserem Beispiel eine Placebo-Kontrollgruppe hinzu. (Die Patienten bekamen ebenfalls keine Therapie, aber ein Placebo-Medikament). Die

```
> tapply(X = dreigr$SW, INDEX = dreigr$gruppe, FUN = mean)

Therapie   Warte-KG   Placebo-KG
9.320000   6.049000   5.967743

> anova_results <- aov(formula = SW ~ gruppe, data = dreigr)
> summary (anova_results)

          Df  Sum Sq  Mean Sq  F value  Pr(>F)
gruppe     2   73.15    36.57     8.42  0.00144 **
Residuals 27  117.28     4.34
```

Abb. 6.4 Ausgabe der Varianzanalyse

```
> dreigr$gruppe_num <- recode(dreigr$gruppe, 'Warte-KG' = -1,
                                             'Therapie' = 0,
                                             'Placebo-KG' = 1)
> bad_idea_reg <- lm(formula = SW ~ gruppe_num, data = dreigr)
> summary(bad_idea_reg)

Coefficients:
             Estimate  Std. Error  t value  Pr(>|t|)
(Intercept)   7.11225     0.47608    14.94  < 0.001 ***
gruppe_num   -0.04063     0.58308    -0.07    0.945
```

Abb. 6.5 Ausgabe der Regression mit dem Prädiktor *Gruppe_num* (Auszug)

einfachste Hypothese in diesem Fall lautet: „Es gibt (irgendwelche) Mittelwertsunterschiede zwischen den drei Gruppen." Die übliche Methode zur Analyse dieser Daten ist die Varianzanalyse. Die Ausgabe ist in Abb. 6.4 zu sehen. Wie dem Protokoll zu entnehmen ist, gibt es einen signifikanten Gruppeneffekt, $F(2,27) = 8.42$, $p = .001$.

Wie können wir nun eine Regression mit einer dreigestuften unabhängigen Variable rechnen? Man könnte nun auf die Idee kommen – es sei gleich vorweggenommen, dass es sich um eine schlechte Idee handelt –, einfach die nominalskalierte Variable nach folgendem Schema in eine numerische Variable umzukodieren: Warte-KG $= -1$, Therapiegruppe $= 0$, Placebo-KG $= 1$. Eine naiverweise mit diesem Prädiktor *Gruppe_num* durchgeführte Regression ergibt jedoch ein anderes Ergebnis als die Varianzanalyse (Abb. 6.5). Was hier passiert ist, wird sehr schnell klar, wenn man sich die Abb. 6.6 anschaut. Die Regressionsgerade wird wie immer so angepasst, dass die Summe der Residuenquadrate minimiert wird.

Da die beiden Gruppen, die willkürlich den niedrigsten bzw. den höchsten Kodierwert (die beiden Kontrollgruppen) erhalten haben, einen weitgehend gleichen Mittelwert haben, kann die Gerade selbstverständlich keine von Null

6.2 Kodierung von einfaktoriellen Plänen mit mehr als zwei Gruppen

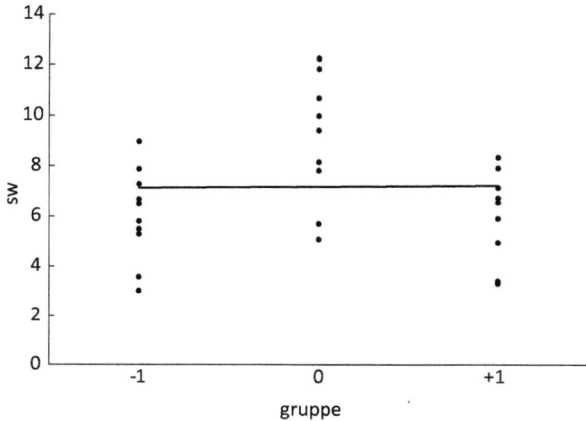

Abb. 6.6 Falsche Anwendung der *Linearen Regression* (Warte-KG = −1; Therapie-Gr. = 0; Placebo-KG = 1)

Tab. 6.1 Dummy-Kodierung für einen einfaktoriellen dreigestuften Plan

	Dummy-Variable	
	D1	D2
Therapiegruppe	0	0
Warte-Kontrollgruppe	1	0
Placebo-Kontrollgruppe	0	1

abweichende Steigung haben. Das Ergebnis ist somit Unsinn. Hier liegt eine Verwechslung von Nominal- und Intervallskalierung vor.

Wir können uns der Inkonsistenz auch auf einem anderen Weg nähern: Der Signifikanztest der Varianzanalyse hat zwei Zählerfreiheitsgrade (s. oben; Anzahl der Gruppen minus eins) im Gegensatz zum *F*-Test der Regression, der bei nur einem Prädiktor nur einen Zählerfreiheitsgrad hat. Hierin liegt auch die Lösung: Da bei drei Gruppen (bei gegebenem Gesamtmittelwert) *zwei* Mittelwerte frei variieren können, müssen wir versuchen, die Gruppenunterschiede durch *zwei* Prädiktoren vorherzusagen. Die einfachste Variante, dies zu tun, ist die sogenannte *Dummy-Kodierung*. In Tab. 6.1 ist sie für den vorliegenden Fall wiedergegeben. Bei der Dummy-Kodierung wird eine Referenzgruppe ausgewählt, die mit Nullwerten kodiert wird (hier die Therapiegruppe); die anderen Gruppen erhalten jeweils auf einer Dummy-Variable den Wert Eins, sonst Null.

```
> dreigr$D1 <- recode(dreigr$gruppe,
       'Therapie' = 0, 'warte-KG' = 1, 'Placebo-KG' = 0)
> dreigr$D2 <- recode(dreigr$gruppe,
       'Therapie' = 0, 'warte-KG' = 0, 'Placebo-KG' = 1)
> dummy_reg <- lm(formula = SW ~ D1 + D2, data = dreigr)
> summary(dummy_reg)

Coefficients:
            Estimate Std. Error t value    Pr(>|t|)
(Intercept)   9.3200     0.6591  14.141   < 0.001 ***
D1           -3.2710     0.9320  -3.509    0.00159 **
D2           -3.3523     0.9320  -3.597    0.00127 **

Residual standard error: 2.084 on 27 degrees of freedom
Multiple R-squared:  0.3841, Adjusted R-squared:  0.3385
F-statistic:  8.42 on 2 and 27 DF,  p-value: 0.001439
```

Abb. 6.7 Ergebnis der Regression mit zwei *Dummy*-Kodiervariablen

Wir bilden die Dummy-Variablen und rechnen nun eine Regression der abhängigen Variable auf D_1 und D_2 mit dem Ergebnis der Abb. 6.7.

Zunächst können wir feststellen, dass wir für den globalen Test exakt dasselbe Ergebnis erhalten wie bei der Varianzanalyse, $F(2,27) = 8.42$, $p = .001$. Darüber hinaus können wir durch die Regressionsgleichung die Mittelwerte der drei Gruppen rekonstruieren. Die Regressionsgleichung lautet:

$$\widehat{X} = 9.320 - 3.271 \cdot D_1 - 3.352 \cdot D_2$$

Für die Therapiegruppe ergibt sich ein Mittelwert von $M = 9.320$, da hier für D_1 und D_2 der Wert 0 einzusetzen ist. Für die Warte-KG resultiert eine Mittelwertsschätzung von $M = 6.049$ durch Einsetzen von 1 für D_1 und 0 für D_2, für die Placebo-KG ergibt sich der Wert $M = 5.968$, durch Einsetzen von 0 für D_1 und 1 für D_2. Die Werte entsprechen somit genau den tatsächlichen Mittelwerten, wie sie bei der Varianzanalyse ausgegeben wurden (Abb. 6.4).

Das heißt, jede Dummy-Variable steht für den Unterschied zwischen der mit Eins kodierten Gruppe zu der Referenzgruppe. Eine Signifikanz kann auch in diesem Sinne interpretiert werden. In unserem Beispielfall macht dies durchaus Sinn, da die beiden Dummy-Variablen den Kontrast jeweils zu einer Kontrollgruppe kodieren. Allerdings ist die Kodierung häufig willkürlich: Vergleicht man zum Beispiel fünf europäische Länder, ist nicht evident, welches das Referenzland sein sollte. Wichtig ist also, dass insbesondere bei der Dummy-Kodierung vor allem der globale *F*-Test zu interpretieren ist. Man kann leicht Datenbeispiele konstruieren,

6.2 Kodierung von einfaktoriellen Plänen mit mehr als zwei Gruppen

bei denen globale F-Test signifikant ist, aber keine der beiden Dummy-Variablen. Letzteres ändert aber nichts an der Feststellung, dass es signifikante Mittelwertsunterschiede zwischen den Gruppen gibt.

Falls im Übrigen die Faktorvariable im R-Datensatz als nominale Variable gekennzeichnet ist, wird hier Funktion lm() korrekt damit umgehen und von sich aus eine Dummy-Kodierung wählen, bei der die zuerst im Datensatz auftretende Gruppe die Referenzgruppe bildet (die also auf allen Dummy-Variablen den Wert Null annimmt). Tatsächlich ist es bei unserem Datensatz so, dass in der Spalte *gruppe* die Label *Therapie, Warte-KG, Placebo-KG* statt numerischer Werte eingetragen sind. Diese Spalte kann also nur als Nominalvariable erkannt werden.

In Abb. 6.8 ist die Regressionsausgabe für den Fall zu sehen, dass diese Variable als Prädiktor eingesetzt wird. Durch den Vergleich von Abb. 6.7 und 6.8 können Sie erkennen, dass R genau die Dummy-Kodierung realisiert, die wir oben „per Hand" eingestellt haben.

Ein Problem der *Dummy*-Variablen ist, dass sie stets korreliert sind, da die Referenzgruppe immer denselben Wert hat. Es werden also nicht zwei voneinander unabhängige Anteile der Unterschiede kodiert.

Diesem Problem kann man durch eine sogenannte Kontrastkodierung abhelfen (Tab. 6.2). Betrachten wir zunächst die Variable K_1. Bei dieser Variable haben die Kontrollgruppen denselben Wert. Man kann diese Variable daher so betrachten, dass sie den Unterschied zwischen diesen beiden Gruppen (zusammengenommen) und der Therapiegruppe kodiert. Ähnlich hätte man natürlich auch für die beiden

```
> dummy_reg <- lm(formula = SW ~ gruppe, data = dreigr)
> summary (dummy_reg)

Coefficients:
                 Estimate Std. Error t value  Pr(>|t|)
(Intercept)        9.3200     0.6591  14.141  < 0.001 ***
gruppeWarte-KG    -3.2710     0.9320  -3.509   0.00159 **
gruppePlacebo-KG  -3.3523     0.9320  -3.597   0.00127 **
```

Abb. 6.8 Ergebnis der Regression mit zwei automatisch generierten Dummy-Kodiervariablen

Tab. 6.2 Kontrastkodierung für einen einfaktoriellen dreigestuften Plan

	Kontrastvariable	
	K1	K2
Therapiegruppe	1	0
Warte-Kontrollgruppe	−0.5	1
Placebo-Kontrollgruppe	−0.5	−1

Variablen D_1 und D_2 argumentieren können; auch sie kodieren – wenn man sie isoliert betrachtet – jeweils genau den Unterschied zwischen einer Gruppe und dem Rest ab.

Der Unterschied zwischen den beiden Kodierungsarten liegt aber darin, dass bei der Kontrastkodierung streng darauf geachtet wird, dass die zweite Variable orthogonal zur ersten ist. Dies wurde in der Tab. 6.2 erreicht, wie sich leicht überprüfen lässt: Es sei daran erinnert, dass der Zähler der Korrelationsformel durch die Kovarianz gegeben ist, also durch die Summe der Produkte der jeweils korrespondierenden Mittelwertsabweichungen (Kap. 1). Die Werte in der Tab. 6.2 wurden so gewählt, dass die Mittelwerte von K_1 und K_2 Null betragen (bei gleichen Stichprobengrößen der Gruppen). Das bedeutet aber, dass wir lediglich die Zeilenprodukte aufsummieren müssen: $(1 \cdot 0) + (-0.5 \cdot 1) + (-0.5 \cdot -1)$. Diese Summe ist nun genau Null; K_1 und K_2 sind somit unkorreliert. Da K_1 und K_2 also keine überlappenden Varianzanteile haben, bildet K_1 also genau den Kontrast der Therapiegruppe zum Rest der Stichprobe ab und kann auch so interpretiert werden.

Was kodiert aber K_2? K_2 hat drei verschiedene Werte, die von Placebo-KG über Therapiegruppe bis Warte-KG linear anwachsen. Heißt das, dass K_2 die Hypothese testet, ob die Mittelwerte von der ersten bis zur dritten Gruppe linear ansteigen? Jein! In gewisser Weise lässt sich K_2 so interpretieren. Allerdings muss man hier in zweierlei Weise aufpassen: Erstens sollte von einem linearen Anstieg nur dann geredet werden, wenn die Gruppen sich konzeptuell als eine Rangfolge darstellen lassen (etwa: Kontrollgruppe ohne Therapie vs. Gruppe mit Kurzzeittherapie vs. Gruppe mit Langzeittherapie). Zweitens darf die mittlere Gruppe (also hier die Therapiegruppe) jeden beliebigen Mittelwert annehmen, da der Unterschied dieser Gruppe zum Rest immer durch K_1 „aufgefangen" wird. Also generell: Falls wir zwei Gruppen A und C haben, die sich signifikant unterscheiden bei Mittelwerten von $M_A = 3.00$ und $M_C = 5.00$ und dann eine dritte Gruppe B mit $M_B = 12.00$ als „mittlere" Gruppe einfügen, dann wird eine Regressionsanalyse mit Kodiervariablen K_1 und K_2, die nach dem obigen Muster gebildet wurden (also K_1 kodiert B gegen A und C, K_2 kodiert die lineare Sequenz A,B,C), immer noch für K_2 einen signifikanten Effekt ausweisen, obwohl die Mittelwertsequenz 3.00, 12.00, 5.00 nicht dem entspricht, was wir natürlicherweise einen linearen Anstieg nennen würden. Aus diesen Erörterungen wird schon deutlich, wie sich die Variable K_2 einfacher interpretieren lässt: Sie bildet den Unterschied zwischen den beiden Kontrollgruppen ab. In der Tat wird die Steigung der Regressionsgerade (d. h. das Regressionsgewicht für K_2) bei der gewählten Kodierung immer exakt dem halben Mittelwertsabstand der beiden Gruppen entsprechen. Einen adäquaten Test des Unterschiedes erhält man aber erst dann, wenn K_1 zusätzlicher Prädiktor in der Regressionsanalyse ist.

6.2 Kodierung von einfaktoriellen Plänen mit mehr als zwei Gruppen

```
> dreigr$K1 <- recode(dreigr$gruppe,
          'Therapie' = 1, 'Warte-KG' = -0.5, 'Placebo-KG' = -0.5)
> dreigr$K2 <- recode(dreigr$gruppe,
          'Therapie' = 0, 'Warte-KG' = 1, 'Placebo-KG' = -1)
> kontrast_reg <- lm(formula = SW ~ K1 + K2, data = dreigr)
> summary(kontrast_reg)

Coefficients:
            Estimate Std. Error t value    Pr(>|t|)
(Intercept)  7.11225    0.38051  18.692    < 0.001 ***
K1           2.20775    0.53812   4.103    < 0.001 ***
K2           0.04063    0.46602   0.087    0.931170

Residual standard error: 2.084 on 27 degrees of freedom
Multiple R-squared:  0.3841, Adjusted R-squared:  0.3385
F-statistic:  8.42 on 2 and 27 DF,  p-value: 0.001439
```

Abb. 6.9 Ergebnis der Regression mit zwei Kontrastkodiervariablen

Nachdem wir die Kontrastkodiervariablen K_1 und K_2 gebildet haben, ergibt eine Regression das Ergebnis der Abb. 6.9. Wie erwartet, zeigt sich – durch das signifikante Ergebnis für K_1 – ein deutlicher Unterschied zwischen der Therapiegruppe und den Kontrollgruppen. Das Regressionsgewicht für K_2 ist demgegenüber fast Null, da die Warte-KG und die Placebo-KG in etwa dieselben Mittelwerte haben.

Auf diese Art lassen sich Mehrgruppen-Pläne immer durch $p-1$ (p = Anzahl der Gruppen) Kodiervariablen repräsentieren. Es gibt verschiedenste Kodierschemata; hierüber informieren zum Beispiel Bortz und Schuster (2010). Bevor wir uns der Kodierung von mehrfaktoriellen Plänen zuwenden, sei noch gesagt, dass die Orthogonalität der Kodiervariablen nur dann gilt, wenn die Gruppen gleich besetzt sind. (Machen Sie sich klar warum!) Wir können hier aber unterscheiden zwischen der „artifiziellen" Nicht-Orthogonalität, die durch die Wahl der Kodierung erzeugt wird und der empirischen Nicht-Orthogonalität, die durch ungleiche Zellenbesetzungen erzeugt wird. Die Interpretation der Kontrastkodiervariablen bleibt im Wesentlichen erhalten, wenn die Stichproben nicht gleich groß sind.

In der Abbildungsfolge Abb. 6.10 soll die Logik des Kontrastkodierschemas noch einmal an einem anderen Zahlenbeispiel erläutert werden. Insbesondere sollte deutlich werden, wieso die *drei*stufige Variable K_2, *wenn sie zusammen mit K_1* als Prädiktor in die Regression eingeht, letztlich nur den Unterschied zwischen der mit ,−1' und der mit „+1" kodierten Gruppe repräsentiert. In der Abb. 6.10a sind die Mittelwerte dreier Gruppen A, B und C eingetragen.

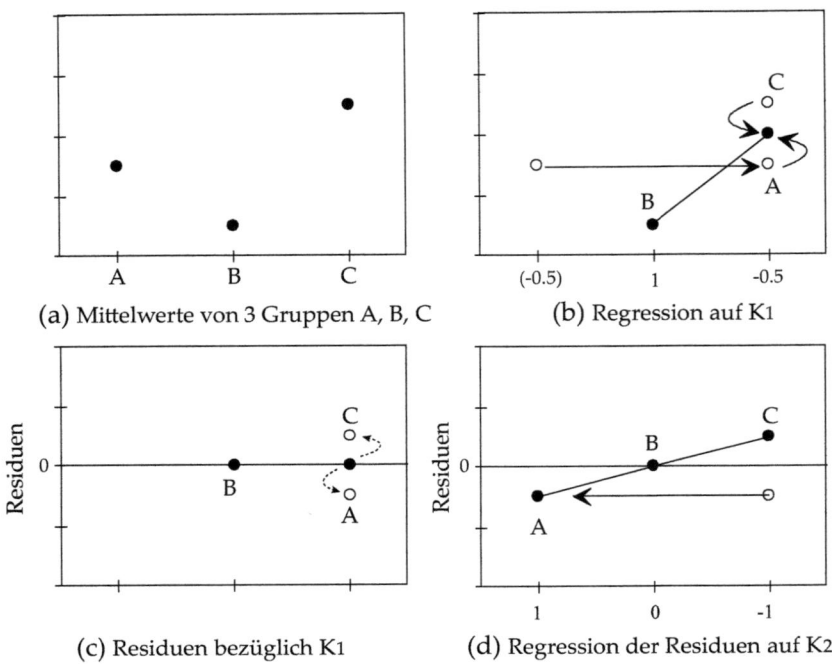

Abb. 6.10 Logik des Kontrastkodierschemas

Gehen wir zunächst davon aus, dass eine Regression der abhängigen Variablen Y auf K_1 gebildet wird. K_1 hat nur zwei Werte; zwischen der Gruppe A und C wird nicht differenziert, sodass die Regressionsgerade durch den Mittelwert der Gruppe B und dem gemeinsamen Mittelwert von A und C geht. Dies wurde in der Abb. 6.10b durch die angedeuteten „virtuellen Bewegungen" veranschaulicht. Bei gleich großen Stichproben A und C liegt der neue Mittelwert (Abb. 6.10b; *rechter schwarzer Punkt*) exakt in der Mitte zwischen den beiden alten Mittelwerten (die *weißen Punkte*).

Die Hinzunahme eines weiteren *orthogonalen* Prädiktors ist identisch dazu, das Residuum von Y (bezüglich K_1) auf diesen weiteren Prädiktor zu regredieren. Die Residualisierung wurde in Abb. 6.10c durch die Verschiebung der beiden (*schwarzen*) *Gruppenmittelwerte* auf die Null-Linie veranschaulicht. (Residuen sind um Null verteilt; das gilt für Gruppe B und die kombinierte Gruppe A/C, da deren Unterschied durch K_1 gebunden wurde). Die (*weißen*) *Mittelwerte* der beiden Originalgruppen verschieben sich entsprechend mit. Man beachte, dass der Mittelwert des Residuums der Gruppe B exakt zwischen diesen beiden „weißen" Mittelwerten liegt.

Dieses Residuum wird nun auf K_2 – eine dreigestufte Variable – regrediert. Veranschaulicht wird dies hier (Abb. 6.10d) zunächst durch die Rückverschiebung des einen Residualmittelwertes auf den seiner K_2-Kodierung entsprechenden Platz. Die Regressionsgerade verbindet alle drei Punkte. Dies ist aber kein *empirischer* Sachverhalt mehr: Der mittlere Punkt liegt *immer* auf der direkten Verbindungslinie zwischen dem linken und dem rechten Punkt. Das heißt, diese Regressionsgerade wird ausschließlich durch den Mittelwertsunterschied der linken und der rechten Gruppe bestimmt — oder anders gesagt: Wird K_2 zusammen mit K_1 zur Vorhersage von Y eingesetzt, testet der Signifikanztest für K_2 die Hypothese, ob sich die linke und die rechte Gruppe signifikant in ihrem Mittelwert unterscheiden.

6.3 Mehrfaktorielle Varianzanalyse via multipler Regression

Im Folgenden soll diese Anwendung der Regressionsanalyse auf mehrfaktorielle experimentelle Pläne erweitert werden. Ein Beispiel: Corr, Pickering und Gray (1997) nahmen an, dass eine einfache Form des Lernens (sog. prozedurales Lernen; d. h. das implizite Lernen von sich wiederholenden Reiz-Reaktions-Folgen) in komplexer Weise von Persönlichkeit einerseits und Rückmeldung während der Aufgabe anderseits anhängt: Hoch-ängstliche Personen lernten besser als niedrig-ängstliche, wenn schlechte Leistung während der Aufgabe bestraft wurde (Abzug kleiner Geldbeträge); in der Kontrollbedingung war es umgekehrt. Die folgenden Daten sind dem Beispiel nachkonstruiert. PL ist der Index für das Ausmaß prozeduralen Lernens. Rechnen wir zunächst eine Varianzanalyse (Abb. 6.11).

Das Ausgabeprotokoll gliedert sich in zwei Teile. Das Mittelwertsmuster (*im unteren Teil*) entspricht einer disordinalen Interaktion. Der *obere Teil* der Abb. 6.11 gibt die eigentlichen varianzanalytischen Ergebnisse wieder. Die Zeile zu *Ängstlichkeit* enthält alle Informationen über den Haupteffekt dieses Faktors; er ist nicht signifikant, ebenso wie der Haupteffekt *Rückmeldung*. Die Zeile *Ängstlichkeit: Rückmeldung* enthält die Bewertung der Interaktion, die in diesem Fall signifikant ist.

Es gibt nun eine recht elegante Möglichkeit, dasselbe Ergebnis mittels der Regressionsanalyse zu rechnen. Wir kodieren dazu den Versuchsplan in Kodiervariablen

```
> anova_zweifaktor <- aov(formula =
            pl ~ Aengstlichkeit * Rueckmeldung,
            data = varianzanalyse)
> summary (anova_zweifaktor)
                        Df Sum Sq Mean Sq F value  Pr(>F)
Aengstlichkeit           1    462   461.7   2.061  0.1553
Rueckmeldung             1     32    32.0   0.143  0.7065
Aengstlichkeit:Rueckmeldung 1  1319  1318.8   5.886  0.0176 *
Residuals               76  17028   224.1

> print(model.tables(anova_zweifaktor,'means'))

Tables of means
               Rueckmeldung
Aengstlichkeit Kontrolle Bestrafung
    niedrig    38.19     31.34
    hoch       34.88     44.26
```

Abb. 6.11 Ausgabe der mehrfaktoriellen Varianzanalyse

Tab. 6.3 Kodiervariablen für einen 2×2-Plan

Faktor		Kodiervariable		
Ängstlichkeit	Rückmeldung	K1	K2	K3
Niedrig	Kontrolle	−1	−1	1
Niedrig	Bestrafung	−1	1	−1
Hoch	Kontrolle	1	−1	−1
Hoch	Bestrafung	1	1	1

nach dem Muster der Tab. 6.3 und rechnen eine multiple Regression „PL auf K1, K2, K3".

Wie kann man sich diese Kodierung erklären? Dazu gibt es verschiedene Zugangswege:

(1) Jede der vier Gruppen hat eine spezifische Wertekombination auf den drei Kodiervariablen. Diese Eigenschaft macht es möglich, dass die Regressionsgewichte so geschätzt werden, dass durch Einsetzen der Kodiervariablenwerte die Mittelwerte der Gruppen reproduziert werden. Dieser Zugangsweg erklärt aber noch nicht, dass die drei Kodiervariablen jeweils einen spezifischen Effekt kodieren.

(2) K1 kodiert offenbar den Faktor *Ängstlichkeit*. Für die K2 gilt das entsprechende den Faktor *Rückmeldung* betreffend. Und K3? Sie kodiert die Interaktion der beiden Faktoren, wie man sich leicht klarmachen kann: „Interaktion zweier

6.3 Mehrfaktorielle Varianzanalyse via multipler Regression

Faktoren" bedeutet, dass der Mittelwertsunterschied zwischen den Faktorstufen des einen Faktors für die Stufen des anderen Faktors nicht gleich ist (also z. B.: der Unterschied *Kontrolle* vs. *Bestrafung* ist unter der Stufe *niedrig ängstlich* anders als unter der Stufe *hoch ängstlich*). Die Null-Hypothese lautet also:

$$(\mu_{nÄ,K} - \mu_{nÄ,B}) = (\mu_{hÄ,K} - \mu_{hÄ,B})$$

Durch Umformungen erhält man:

$$(\mu_{nÄ,K} + \mu_{hÄ,B}) - (\mu_{nÄ,B} + \mu_{hÄ,K}) = 0$$

Ein Vergleich mit der K3 zeigt, dass dies genau der kodierte Kontrast ist!

(3) Eine dritte Möglichkeit zur Erklärung der Variablen ergibt sich aufgrund unseres Wissens zur Moderatoranalyse (Kap. 5): K3 ist das Produkt von K1 und K2!

Für die Regressionsberechnung vergewissern wir uns zunächst, dass *Ängstlichkeit* und *Bestrafung* im Datensatz korrekt mit K1 und K2 (gemäß Tab. 6.3) kodiert sind; K3 muss nicht eigens gebildet werden, wenn wir als Prädiktoranweisung K1 · K2 angeben. Abb. 6.12 zeigt die Ausgabe.

```
> Varianzanalyse$K1 <- recode(Varianzanalyse$Aengstlichkeit,
                              'niedrig' = -1, 'hoch' = 1)
> Varianzanalyse$K2 <- recode(Varianzanalyse$Rueckmeldung,
                              'Kontrolle' = -1, 'Bestrafung' = 1)
> reg_zweifaktor_kodiert <- lm(formula = p1 ~ K1 * K2,
                               data = Varianzanalyse)
> summary(reg_zweifaktor_kodiert)

Coefficients:
            Estimate Std. Error t value  Pr(>|t|)
(Intercept)  37.1690     1.6735  22.210  < 0.001 ***
K1            2.4023     1.6735   1.435    0.1553
K2            0.6325     1.6735   0.378    0.7065
K1:K2         4.0602     1.6735   2.426    0.0176 *

Residual standard error: 14.97 on 76 degrees of freedom
Multiple R-squared:  0.0962, Adjusted R-squared:  0.06052
F-statistic: 2.696 on 3 and 76 DF,  p-value: 0.05177
```

Abb. 6.12 Ausgabe der Prozedur *Regression*

Es zeigt sich für die Prädiktoren exakt dasselbe Ergebnis wie bei der ANOVA (vgl. Abb. 6.11 mit $t = $ Wurzel(F)). Die Mittelwerte der Gruppen erhalten wir, indem wir die Kodiervariablenwerte in die Regressionsgleichung einsetzen, zum Beispiel für die Gruppe *niedrig ängstlich, Kontrolle*: PL= 37.169 − 2.402 − 0.633 + 4.060 = 38.194.

Hier haben wir im Übrigen einen Fall, bei dem der globale F-Test („Wird durch die Prädiktoren signifikant Varianz erklärt?"; Abb. 6.12 *unten*) in der Regression ignoriert werden kann: Die Hypothese war, eine disordinale Interaktion zu finden; im Extremfall (wie hier) bedeutet dies, dass nur der Prädiktor K3 (bzw. K1:K2) Varianz aufklären sollte. Würden wir die Analyse hierarchisch rechnen (also das Produkt von K1 und K2 erst in einer zweiten Regression zusätzlich zu K1 und K2 eingehen lassen), würde, wie wir wissen (Kap. 3), der F-Test für das ΔR^2 dem dritten, signifikanten t-Test der Abb. 6.12 entsprechen. Die zusätzlich durch den Produktterm erklärte Quadratsumme wäre für diesen F-Test durch Eins geteilt worden, um den Nenner des F-Wertes zu bilden. Die − wegen der insignifikanten Haupteffekte − nur geringfügig höhere Gesamt-Quadratsumme wird aber für den globalen F-Test (Abb. 6.12 *unten*) durch Drei geteilt.

Abschließend sei noch mal darauf hingewiesen, dass der Vorteil der regressionsanalytischen Berechnung darin liegt, dass wir uns keine Gedanken mehr über „Nicht-Orthogonalität" der Prädiktoren machen müssen (d. h. darüber, dass die Zellen ungleich besetzt sind, sodass die Kodiervariablen nicht mehr unkorreliert sind). Wir wissen, dass die Regressionsanalyse dieses Problem löst, indem sie nur den spezifischen Beitrag der Prädiktoren testet.

Literatur

Die Kodierung von Gruppenvariablen wird in allen Büchern, die die Regression behandeln, erläutert. Der „Klassiker" ist hier Cohen et al. (2003).

Hierarchische lineare Modelle 7

In den letzten Jahren sind statistische Verfahren bedeutsam geworden, die unter den Namen *hierarchische lineare Modelle* (HLM), *multi-level modeling* oder *mixed models* eingeführt wurden. Obschon diese Verfahren einige neue Komplexitäten mit sich bringen, so ist der Grundgedanke recht einfach. Es geht um folgendes Problem: Angenommen, Sie suchen nach Prädiktoren für Schulerfolg in Mathematik. Sie erheben bei einer großen Stichprobe von Schülern aus vielen Schulklassen eine Reihe von Variablen (z. B. Intelligenz, Motivation). Es wäre unangemessen, einfach eine multiple Regression zu rechnen, bei der die Mathematikleistung auf die Prädiktoren regrediert würde, da die Schüler nicht unabhängige Zufallsziehungen darstellen: Die Schüler sind jeweils Teil einer Klasse mit den dazugehörigen Merkmalen (z. B. der Lehrer, die Unterrichtsmethode). Zudem können Niveauunterschiede zwischen den Klassen bestehen, die nichts mit der Fragestellung und der mutmaßlichen Prädiktorvariable zu tun haben. Das kann zum Beispiel darauf beruhen, dass die Schulklassen unterschiedlich weit im Lehrstoff sind und ein einheitlicher Mathematikleistungstest daher an manchen Orten in Teilen zu voraussetzungsreich ist.

Hieraus folgt zweierlei: Erstens, ein angemessener Test der Prädiktoren würde die Frage einbeziehen, wie homogen ein Prädiktor (auf Schülerebene) über die beteiligten Klassen hinweg die Leistung vorhersagt. Zweitens, man kann prüfen, ob eventuell ein Merkmal des höheren Levels – also hier der Klasse – die Prädiktorbeziehung auf der unteren Ebene moderiert. Zum Beispiel wäre es denkbar, dass es Lehrereigenschaften gibt, die dazu führen, dass die Beziehung zwischen Mathematikleistung und mathematikspezifischer Motivation ausgeprägter oder eben weniger ausgeprägter ist.

Dieselbe Struktur finden wir auch in anderen Bereichen der Psychologie: Wenn zum Beispiel in der Arbeits-, Wirtschafts- und Organisationspsychologie nach

Prädiktoren für die Arbeitszufriedenheit gesucht wird, so sind die einzelnen Arbeitnehmer (Ebene 1) Teil von Arbeitsgruppen (Ebene 2) und Firmen (Ebene 3). Wird in der Klinischen Psychologie eine neue Therapieform evaluiert, so wird der Erfolg zunächst auf der Ebene der Patienten (Ebene 1) gemessen; in der Regel werden aber mehrere Therapeuten (Ebene 2) in der Studie beteiligt sein, die jeweils eine Teilstichprobe von Patienten betreuen. Ein ganz wichtiger Anwendungsfall für *hierarchische lineare Modelle* ist zudem die experimentelle Grundlagenforschung, insbesondere in der Kognitiven Psychologie. Der Unterschied zu den bislang erwähnten Beispielen ist lediglich der, dass die Versuchsteilnehmer nun die obere Ebene darstellen, während die einzelnen Durchgänge eines Experiments mit ihren Merkmalen die untere Ebene darstellen. Wir wollen im Folgenden das Grundprinzip zunächst an dem Mathematikbeispiel erläutern.

7.1 Eine Heranführung an HLM

An einer Studie nahmen 400 Schüler teil, die sich auf 20 Klassen verteilen. Alle nahmen an einem Mathematikleistungstest teil; bei allen wurden die Intelligenz und die mathematikspezifische Motivation erfasst. In diesen fiktiven Datensatz wurde „eingebaut", dass Intelligenz innerhalb der Klassen ein Prädiktor für die Mathematikleistung ist; das Gewicht schwankt etwas, ist aber fast durchgängig numerisch positiv. Die mathematikspezifische Motivation ist ebenfalls durchschnittlich ein positiver Prädiktor für die Mathematikleistung.

Wir rechnen – trotz besseren Wissens – zunächst einfach eine multiple Regression, bei der die Leistung im Mathematiktest auf Intelligenz und Motivation regrediert wird; Abb. 7.1 zeigt das Ergebnis. Das Ergebnis ist enttäuschend; es scheint so, als wenn die Prädiktoren nichts zur Vorhersage beitragen.

```
> mathe.reg <- lm(m1 ~ int + mot, data= mathe)
> summary(mathe.reg)

Coefficients:
             Estimate Std. Error t value Pr(>|t|)
(Intercept) 12.49583   10.79227   1.158    0.248
int          0.14394    0.09235   1.559    0.120
mot         -0.02390    0.33164  -0.072    0.943
```

Abb. 7.1 Ergebnis der multiplen Regression (ohne Berücksichtigung der Mehrebenenstruktur)

7.1 Eine Heranführung an HLM

Tab. 7.1 Regressionsgewichte für die einzelnen Schulklassen

Klasse	Konstante	b_{int}	b_{mot}
1	3.265	0.299	0.002
2	0.342	0.116	0.197
3	3.092	0.381	0.229
4	0.643	0.213	−0.003
5	3.478	0.298	0.021
6	−2.070	−0.123	0.361
7	2.243	0.207	−0.040
...			
18	0.075	0.272	0.291
19	8.933	0.223	0.057
20	1.585	0.315	0.127
Mittelwert	−0.656	0.243	0.152
SD	4.256	0.147	0.136
$t(19)$	−0.689	7.407	5.008
p	.499	< .001	< .001

Ein ganz anderes Ergebnis erhalten wir, wenn wir für jede einzelne Schulklasse dieselbe multiple Regression rechnen. Tab. 7.1 zeigt uns (auszugsweise) die Regressionsgewichte für die einzelnen Schulklassen.

Wir sehen, dass für Intelligenz und Motivation die Gewichte fast durchgängig positiv sind. Diese Homogenität des Zusammenhangs wird auch dadurch bestätigt, dass wir den Mittelwert der Gewichte mit dem Einstichproben-t-Test gegen Null testen (vgl. den unteren Teil der Tab. 7.1).

Diese t-Tests zu berichten, ist nicht falsch und wurde vor einiger Zeit noch empfohlen (Lorch & Myers, 1990) und durchgeführt (z. B. Kliegl et al., 2004; Notebaert & Verguts, 2007; Otten & Wentura, 2001). Es ist aber in gewisser Weise umständlich und die statistische Behandlung durch hierarchische linear Modelle ist angemessener (van den Noortgate & Onghena, 2006).

Wir sehen in der Tab. 7.1 auch eine Ursache dafür, dass die multiple Regression über den kompletten Datensatz (ohne Berücksichtigung der Klassenstruktur, vgl. Abb. 7.1) scheitern musste: der Niveauunterschied zwischen den Klassen ist sehr groß, wie man an der starken Variabilität der Regressionskonstante sehen kann. Wie oben geschrieben, kann dies darauf beruhen, dass die Schulklassen unterschiedlich weit im Lehrstoff sind und der einheitliche Leistungstest daher mancherorts in Teilen zu voraussetzungsreich war.

Die Standardgleichung der multiplen Regression, so wie sie in Kap. 3 eingeführt wurde, lautet:

$$Y = b_0 + b_1 X_1 + b_2 X_2 + \ldots + b_p X_p + e$$

Überträgt man dies auf die *hierarchischen linearen Modelle*, so sind die X-Variablen die Prädiktoren auf der unteren Ebene (im Beispiel Intelligenz und Motivation); bei den *hierarchischen linearen Modellen* werden die Regressionsgewichte dieser Ebene als Funktion der Variablen der zweiten Ebene verstanden:[1]

$$Y = b_{0j} + b_{1j} X_{1j} + b_{2j} X_{2j} + \ldots + b_{pj} X_{pj} + e_j$$

mit

$$b_{0j} = g_{00} + g_{01} Z_{1j} + g_{02} Z_{2j} + \ldots + g_{0m} Z_{mj} + u_{0j}$$
$$b_{1j} = g_{10} + g_{11} Z_{1j} + g_{12} Z_{2j} + \ldots + g_{1m} Z_{mj} + u_{1j}$$
$$\ldots$$
$$b_{pj} = g_{p0} + g_{p1} Z_{1j} + g_{p2} Z_{2j} + \ldots + g_{pm} Z_{mj} + u_{pj}$$

p = Anzahl der Prädiktorvariablen auf der ersten Ebene
m = Anzahl der Prädiktorvariablen auf der zweiten Ebene
j = Indizierung der Einheiten der zweiten Ebene

Im Wesentlichen ist das hier derselbe Gedanke wie bei der Moderatoranalyse (Abschn. 5.2): Die Regressionsgewichte der Prädiktoren sind eine lineare Funktion anderer Variablen (hier der Z-Variablen).

Aber schauen wir uns die Formeln genauer an: Ignorieren wir für einen Moment den mittleren Teil der Formeln, das heißt, den Teil mit den Z-Variablen, dann bleibt zum Beispiel für die Regressionskonstante stehen:

$$b_{0j} = g_{00} + u_{0j}$$

---

[1] In einschlägigen Einführungen (z. B. Raudenbush & Bryk, 2002; van den Noortgate & Onghena, 2006) werden die Gewichte mit $\beta_0 \ldots \beta_p$ statt $b_0 \ldots b_p$ bezeichnet. Das hat auch einen Grund. (Populationsparameter werden mit griechischen Buchstaben bezeichnet.) Da wir im Kontext der Regressionsrechnung βs für die standardisierten Gewichte genutzt haben, wollten wir hier Verwirrung vermeiden.

7.1 Eine Heranführung an HLM

Hierbei ist g_{00} die mittlere Konstante und die u_{0j} sind die personenspezifischen Abweichungen (um Null zentriert) bei dieser Konstante. Hiermit wird also für Mittelwertsunterschiede der Schulkassen in der abhängigen Variable Rechnung getragen. Ähnliches gilt für die Regressionsgewichte der Prädiktoren:

$$b_{1j} = g_{10} + u_{1j}$$

Hier ist g_{10} das mittlere Gewicht für den ersten Prädiktor und die u_{1j} sind die personenspezifischen Abweichungen (um Null zentriert) bei diesem Gewicht. Hiermit wird also dafür Rechnung getragen, dass das Regressionsgewicht zwischen den Klassen variieren kann.

Im Grunde korrespondiert diese formale Logik im Wesentlichen unserem Vorgehen bei den schulklassenspezifischen Regressionsanalysen, die wir oben gemacht haben; ein wesentlicher Vorteil der HLM-Analysen ist natürlich, dass die mittleren Gewichte in einer Analyse geschätzt werden. Zudem werden die klassenspezifischen Abweichungen angemessener geschätzt, da sie nicht isoliert, sondern im Kontext aller Klassen bestimmt werden.

Die Z-Variablen sind inhaltlich bedeutungsvolle Variablen der zweiten Ebene (z. B. die oben eingeführte Lehrstil-Variable). Mit ihnen können wir Haupteffekte dieser Prädiktoren (via der g_{01}, g_{02} usw.) und Moderationen der Ebene-1-Prädiktionen (z. B. via g_{11}, g_{12} usw. für den Prädiktor X_1) in das Modell einbauen. Darauf kommen wir noch.

Wir möchten die Z-Variablen hier in einem weiteren Heranführungsgedanken zweckentfremden. Wenn die u-Parameter (also die klassenspezifischen Abweichungen) aus den Formeln herausgenommen werden, kann das Ziel klassenspezifischer Anpassungen sowohl im b_0-Gewicht als auch in den Prädiktorgewichten auch dadurch erreicht werden, dass die Z-Variablen die Zugehörigkeit der Ebene-1-Einheiten (hier: die Schüler) zu Ebene-2-Einheiten (hier: die Klassen) kodieren, zum Beispiel über m-1 *Dummy*-Variablen (Kap. 6).

Es ist somit kein falscher Gedanke, statt der 20 Regressionen, die zu den Werten in Tab. 7.1 geführt haben, eine einzige hierarchische multiple Regression über den kompletten Datensatz zu rechnen, bei der im ersten Schritt diese *Dummy*-Variablen und die Prädiktoren Intelligenz und Motivation eingehen und im zweiten Schritt die Produktterme der *Dummy*-Variablen mit Intelligenz und Motivation. Diese „Vorform" von *hierarchischer linearer Analyse* wurde von Lorch und Myers (1990) vorgeschlagen. Auch wenn diese Analysemethode heute nicht mehr „up-to date" ist (van den Noortgate & Onghena, 2006), kann sie demjenigen helfen, der (a) die Moderatoranalyse und (b) die Kodierung von Nominalvariablen verstanden hat, um ein Grundverständnis der *hierarchischen linearen Modelle zu erlangen*. Die

```
> mathe$Klasse_d <- as.factor(mathe$Klasse)
> mathe.reg2 <- lm(m1 ~ Klasse_d + int + mot, data= mathe)
> summary(mathe.reg2)

Coefficients:
             Estimate  Std. Error  t value              Pr(>|t|)
(Intercept)   8.922736   1.215169    7.343   < 0.001 ***
Klasse_d2   -20.801145   0.519060  -40.075   < 0.001 ***
Klasse_d3    11.271941   0.535417   21.053   < 0.001 ***
...
Klasse_d19   -2.025210   0.518383   -3.907   < 0.001 ***
Klasse_d20    1.313013   0.532143    2.467     0.014 *
int           0.231416   0.009945   23.270   < 0.001 ***
mot           0.163913   0.037783    4.338     0.001 ***
```

Abb. 7.2 Ergebnis einer Regressionsanalyse mit 19 *Dummy*-Variablen für Klasse (Klasse_d_2 bis Klasse_d_{20}), Intelligenz (int) und Motivation (mot)

Dummy-Variablen für die Kodierung von Klasse im ersten Schritt sorgen dafür, dass die Niveauunterschiede der Klassen gebunden werden, sodass die Regressionsgewichte für Intelligenz und Motivation hiervon unbelastet geschätzt werden können. Abb. 7.2 zeigt die Ausgabe dieses Schrittes.

Nebenbei bemerkt: Sie sehen, dass die erste Zeile in der Abb. 7.2 genügt, um aus der Variable *Klasse* 19 *Dummy*-Variablen – *Klasse_d2* bis *Klasse_d20* – zu bilden. Die Regressionsgewichte für Intelligenz und Motivation entsprechen weitgehend – da die Klassen sich in ihrer Größe nicht allzu sehr unterscheiden – den Mittelwerten der Tab. 7.1 (d. h. für Intelligenz entspricht der Wert von 0.231 weitgehend dem obigen Wert von 0.243; für Motivation 0.164 weitgehend dem obigen Wert von 0.152).

Die *t*-Tests für die Regressionsgewichte von Intelligenz und Motivation in der Abb. 7.2 sind allerdings nicht (ohne weiteres) gültig, da hierbei wieder unberücksichtigt bleibt, dass die Prädiktorgewichte zwischen den Klassen schwanken können. (Um ein wenig vorzugreifen: Diese *t*-Tests korrespondieren in der HLM-Welt mit den Tests in sogenannten *random-intercepts*-Modellen, in denen nur Schwankungen der Konstanten via der u_{0j}-Parameter, aber keine Schwankungen der Prädiktorgewichte zugelassen werden. Wir kommen ausführlich darauf zurück, wann diese interpretiert werden dürfen.)[2]

---

[2]In der Syntax von Abb. 7.3 wird die Funktion Anova() und nicht die Funktion anova() genutzt. Vgl. hierzu die Anmerkungen im Anhang I.

7.1 Eine Heranführung an HLM

```
> mathe.reg2 <- lm(ml ~ Klasse_d + int + mot, data=mathe)
> mathe.reg3 <- lm(ml ~ Klasse_d*int + Klasse_d*mot, data=mathe)
> Anova(mathe.reg2,type=3)
             Sum Sq  Df   F value   Pr(>F)
(Intercept)    129    1     53.917  < 0.001 ***
Klasse_d     83441   19   1829.279  < 0.001 ***
int           1300    1    541.472  < 0.001 ***
mot             45    1     18.821  < 0.001 ***
Residuals      907  378

> Anova(mathe.reg3,type=3)
                Sum Sq   Df   F value   Pr(>F)
...
Klasse_d:int    498.72   19   24.3739  < 0.001 ***
Klasse_d:mot     28.21   19    1.3789    0.1341
Residuals       366.15  340
```

Abb. 7.3 Die Quadratsummen der Prädiktoren

Um den Prädiktionsbeitrag von Intelligenz und Motivation unter Berücksichtigung dieser Variabilität zu bewerten, werden in einem weiteren Schritt alle Produktterme von Intelligenz (*int*) bzw. Motivation (*mot*) und den 19 *Dummy*-Variablen als zusätzliche Prädiktoren aufgenommen; von Interesse sind jetzt lediglich die Quadratsummen. Abb. 7.3 zeigt die entsprechende Syntax und die Ausgaben.

Um die Beiträge von Intelligenz und Motivation zu testen, werden nun *F*-Werte gebildet, in denen ihr Beitrag (= Quadratsumme Intelligenz bzw. Motivation) gegen die Variabilität der Beiträge über die Klassen hinweg (= Quadratsumme der Produktterme) ins Verhältnis gesetzt werden.

Konkret heißt das: Der Zähler des *F*-Wertes ist die mittlere Quadratsumme, die mit dem einzigartigen Beitrag von Intelligenz bzw. Motivation verbunden ist (Tab. 7.2; 1300 bzw. 45). Der Nenner wird durch die auf die Freiheitsgrade relativierte Quadratsumme gebildet, die mit dem einzigartigen Beitrag der Produktterme von Intelligenz bzw. Motivation und Klassen-*Dummies* verbunden ist (26.25 bzw. 1.48); die Anzahl der Freiheitsgrade ist gleich der Anzahl der *Dummy*-Variablen, also gleich der Anzahl der Klassen minus eins (Lorch & Myers, 1990). Wie man sieht, korrespondieren die *t*-Werte der Tab. 7.1 weitgehend mit den Quadratwurzeln der *F*-Werte aus Tab. 7.2.

Tab. 7.2 Quadratsummen für die einzelnen Prädiktoren

Quelle der Varianz	QS	df	MQS	F	p
Schritt 1					
Intelligenz (int)	1300	1	1300	49.52	< .001
Motivation (mot)	45	1	45	30.41	< .001
Schritt 2					
Klasse * int	498.72	19	26.25		
Klasse * mot	28.21	19	1.48		

Anmerkung: Die QS für int/mot ergeben sich durch den Zuwachs an QS (Regression), wenn int (bzw. mot) nach den *Dummy*-Variablen und mot (bzw. int) in die Regression eingeht, analog gilt dies für Schritt 2

7.2 Hierarchische lineare Modelle in R

Auch diese Art der Analyse ist nicht falsch, wurde aber durch die *hierarchischen linearen Modelle* aus guten Gründen abgelöst. Auch diese Variante ist recht umständlich. Wichtiger aber ist, dass die bisher vorgestellten Varianten (d. h. der Einstichproben-*t*-Test der Regressionsgewichte, Tab. 7.1, und die hierarchische Regression mit den *Dummy*-Variablen) immer zweischrittig sind: Die Parameter der unteren Ebene (die b-Gewichte in den Formeln oben) werden als Funktion der oberen Ebene geschätzt (z. B. die b-Gewichte für die einzelnen Klassen für den Prädiktor Intelligenz) und diese Schätzungen werden als „wahre" Parameter in der Analyse ihrer Variabilität angenommen. Bei den *hierarchischen linearen Modellen* werden in einem Schritt lediglich die g-Gewichte in den Formeln oben und ihre Variabilität geschätzt. Dadurch wird korrekterweise angenommen, dass die (implizit bleibenden) b-Gewichte aus „wahrem" Anteil und Stichprobenfehler bestehen (van den Noortgate & Onghena, 2006).

Die *hierarchischen linearen Modelle* sind zudem sehr viel flexibler: Es könnte sich zum Beispiel herausstellen, dass es ausreicht, unterschiedliche Niveaus für die Ebene 2 (hier: die Schulklassen) anzunehmen (*random intercepts*), es aber nicht nötig ist, unterschiedliche Steigungsgewichte für die Ebene 2 (in unserem Fall: klassenspezifische Gewichte für Intelligenz und Motivation) anzunehmen (*random slopes*). Dazu später mehr.

Wir rechnen in R mit der Funktion lmer() aus dem Paket *lme4* (Bates et al., 2015), laden aber aus einem Grund, der gleich deutlich wird, noch das Paket *lmerTest* (Kuznetsova et al., 2016) hinzu.

7.2 Hierarchische lineare Modelle in R

```
> rs <- lmer(ml ~ 1 + intcwc + motcwc +
             (1 + intcwc + motcwc|Klasse), data= mathe)
> summary(rs)

Random effects:
 Groups   Name        Variance   Std.Dev. Corr
 Klasse   (Intercept) 247.331198 15.7268
          intcwc        0.021583  0.1469  1.00
          motcwc        0.005141  0.0717 -0.54 -0.46
 Residual               1.081670  1.0400
Number of obs: 400, groups: Klasse, 20

Fixed effects:
            Estimate Std. Error       df t value  Pr(>|t|)
(Intercept) 27.83777    3.51700 19.03092   7.915  < 0.001 ***
intcwc       0.24497    0.03353 19.01152   7.306  < 0.001 ***
motcwc       0.14982    0.03021 17.97800   4.959  < 0.001 ***
```

Abb. 7.4 Ergebnis einer HLM-Analyse (Auszug einer *random-slopes*-Analyse)

Abb. 7.4 zeigt die Ausgabe der Analyse, in der die Mathematikleistung (*ml*) auf Intelligenz (*intcwc*) und Motivation (*motcwc*) regrediert wird. Die Endung *cwc* steht hierbei für eine bestimmte Form der Zentrierung der Variablen, deren Bedeutung später erläutert wird. Hier reicht es zu wissen, dass der Mittelwert von *intcwc* und *motcwc* bei Null liegt. Die „1" hinter der Tilde steht dafür, dass die Regression ein b_0-Gewicht enthalten soll. Natürlich ist das unsere Voreinstellung und tatsächlich ist es auch die Voreinstellung in R (d. h. das Weglassen der „1" würde dasselbe Ergebnis bringen).[3] Es wird im nächsten Abschnitt deutlich, warum wir die „1" dennoch explizit nennen.

Neu ist, dass das Prädiktorenmodell (also *1 + intcwc + motcwc*) noch einen Appendix hat: den Klammerausdruck *(1 + intcwc + motcwc|Klasse)*. Mit dieser Anweisung wird angefordert, dass sowohl das b_0-Gewicht als auch die Gewichte für Intelligenz und Motivation klassenspezifisch variieren dürfen.

Wir schauen zunächst auf den unteren Teil der Ausgabe („Fixed effects"). Diese Ausgabe ist ganz analog zu den Ausgaben multipler Regressionen zu interpretieren: Intelligenz und Motivation tragen jeweils über den anderen Prädiktor hinaus zur Vorhersage der Mathematikleistung bei. Dabei sind Niveauunterschiede in der Leistung zwischen den Klassen berücksichtigt; zudem geht die Variabilität in den

---

[3] Gibt es überhaupt eine Alternative? Ja, man könnte ‚0' an dieser Stelle schreiben. Dann würde das sehr restriktive Modell gerechnet, in dem ein mittleres b_0 von Null angenommen wird. Das ist selten sinnvoll, kann aber als Annahme vorkommen.

Regressionsgewichten angemessen in die Analyse ein. Wir sehen, dass die *t*-Werte in etwa mit den *t*-Werten der Tab. 7.1 und den Quadratwurzeln der *F*-Werte der Tab. 7.2 korrespondieren. (Es sind aber keine mathematisch äquivalenten Verfahren.)

Die Tatsache, dass wir Freiheitsgradwerte und damit *p*-Werte zu den *t*-Werten erhalten, verdanken wir dem zusätzlich zu *lme4* geladenen Paket *lmerTest*. Die Freiheitsgrade ergeben sich nicht nach einem einfachen Kalkül wie bei der einfachen multiplen Regression, sondern werden durch eine komplexere Rechnung abgeschätzt („Satterthwaite Approximation"). Die Autoren des Pakets *lme4* hatten bewusst darauf verzichtet (Bates, 2006; s. zu der Problematik auch Baayen et al., 2008). Was bedeutet das? Erstens sollte man einfach wissen, dass man sich mit den Werten, die *lmerTest* liefert, auf eine nicht unumstrittene Lösung einlässt. Zweitens öffnet dieses Wissen den Blick für mögliche andere Lösungen. Zum Beispiel argumentieren einige Autoren (z. B. Kliegl et al., 2010), dass die Anzahl der Freiheitsgrade in der Regel so hoch sei, dass man mit der Faustregel „*t*-Werte > 2 werden als signifikant interpretiert" arbeiten kann.[4] Andere Autoren plädieren für Monte-Carlo-Simulationen, um die Wahrscheinlichkeiten abzuschätzen (Baayen et al., 2008). Letztlich kann man den Beitrag eines Prädiktors auch über Modellvergleiche bewerten, indem das Modell mit dem Prädiktor mit dem Modell ohne den Prädiktor verglichen wird. (Dazu, wie man Modellvergleiche innerhalb des HLM-Ansatzes rechnet, kommen wir gleich.)

Im oberen Teil der Abb. 7.4 („Random effects") finden wir die Varianzen (und Standardabweichungen) der geschätzten Parameter (also der u-Parameter, s. oben) sowie deren Korrelationen. Dies können wichtige Zusatzinformationen sein. Zum Beispiel könnte eine hohe Varianz eines Prädiktorgewichtes darauf hindeuten, dass es eine Moderatorvariable geben könnte. (Aber natürlich muss man dabei die Skalierung der Variable in Rechnung stellen.) Die Korrelationstabelle ist so zu lesen, dass die beiden Werte direkt unter der Überschrift „Corr" die Korrelationen der b_0-Gewichte (*intercepts*) mit den Gewichten für *int* bzw. *mot* angegeben sind. Der recht hohe Wert von $r = -0.75$ bedeutet, dass das Gewicht für *mot* umso kleiner ist, je höher das b_0-Gewicht ist (d. h. je höher die durchschnittliche Mathematikleistung in der Klasse ist). Dies wird in der Literatur auch als *fading in* bezeichnet. (Entsprechend gibt es auch das umgekehrte Phänomen des *fading out*.) Der ganz rechtsstehende Wert gibt die Korrelation zwischen den Gewichten

---

[4]Ein *t*-Wert von 2.00 ist bei df = 60 der kritische Wert, der 2.5 % der Verteilung abtrennt und damit einer Testung mit α = 0.05 (zweiseitig) korrespondiert.

7.2 Hierarchische lineare Modelle in R

von *int* und *mot*; hier gibt es also die Tendenz, dass je höher der Beitrag von *int* ist, umso geringer der Beitrag von *mot* ausfällt.

Ein typisches Vorgehen ist, eine zweite Analyse zu rechnen, bei der nur *random intercepts*, aber keine *random slopes* zugelassen sind. In unserem Fall würde das bedeuten, dass wir zwar annehmen, dass es Niveauunterschiede in der Mathematikleistung zwischen den Klassen gibt, dass der Zusammenhang zwischen *int/mot* und Mathematikleistung in allen Klassen jedoch gleich ausfällt. Falls dieses Modell nicht schlechter im Fit ist als das *random-slopes*-Modell, kann man – so eine gängige Empfehlung – das *random-intercepts*-Modell interpretieren. Um diese Analyse zu erhalten, werden im Klammerausdruck der Modellspezifikation die Prädiktoren weggelassen (d. h. „(1 + int + mot|Klasse)" verkürzt sich zu „(1|Klasse)"; vgl. Abb. 7.5). Jetzt wird auch deutlich, warum die „1" für die Anforderung eines b_0-Gewichtes stets explizit aufgeführt wird: In dem Klammerausdruck kann man sie nicht weglassen. Abb. 7.5 zeigt das Resultat.

Wie leicht zu sehen ist, verändert sich in den Zeilen, die sich auf die Prädiktoren beziehen, nicht allzu viel, außer einem Detail: Während die Freiheitsgrade in der *random slopes*-Analyse in der Größenordnung der Anzahl der Klassen liegen, sind sie in der *random-intercepts*-Analyse auf dem Niveau des Gesamt-N.

In der Tat korrespondiert die *random-intercepts*-Analyse in wesentlichen Aspekten (auf Unterschiede kommen wir gleich zu sprechen) der traditionellen multiplen Regression mit den Prädiktoren, bei der lediglich durch *Dummy*-Variablen die Unterschiede der abhängigen Variable in der Level-2-Variable (hier: Klassen)

```
> ri <- lmer(ml ~ 1 + intcwc + motcwc + (1|Klasse),
            data= mathe)
> summary(ri)

Random effects:
 Groups   Name        Variance Std.Dev.
 Klasse   (Intercept) 247.520  15.733
 Residual             2.401    1.549
Number of obs: 400, groups: Klasse, 20

Fixed effects:
             Estimate Std. Error       df  t value Pr(>|t|)
(Intercept) 27.838383   3.518824 18.997696    7.911 < 0.001 ***
intcwc       0.231416   0.009945 377.997699   23.270 < 0.001 ***
motcwc       0.163913   0.037783 377.997699    4.338 < 0.001 ***
```

Abb. 7.5 Ergebnis einer HLM-Analyse (Auszug einer *random-intercepts*-Analyse)

```
> anova(ri,rs, refit=FALSE)

Data: mathe
Models:
ri: m1 ~ 1 + intcwc + motcwc + (1 | Klasse)
rs: m1 ~ 1 + intcwc + motcwc + (1 + intcwc + motcwc | Klasse)
   npar  AIC    BIC    logLik  deviance Chisq  Df  Pr(>Chisq)
ri  5   1652.6 1672.6 -821.31  1642.6
rs 10   1369.1 1409.0 -674.56  1349.1   293.51  5  < 0.001 ***
```

Abb. 7.6 Ergebnis des Modellvergleichs *random slopes* (rs) mit *random intercepts* (ri)

gebunden werden. Vergleichen Sie einmal die Zeilen, die sich auf *int* und *mot* beziehen, in der Abb. 7.5 mit den entsprechenden Zeilen in der Abb. 7.2!

Welches Modell sollte man interpretieren, das *random-slopes-* oder das *random-intercepts*-Modell? Eine gängige Empfehlung ist es, einen Modellvergleichstest zu rechnen. Die Idee dahinter ist, dass das *random-intercepts*-Modell weniger Parameter enthält, somit das restriktivere Modell ist. Man kann nun testen, ob dies zu einer signifikanten Zunahme eines globalen Fehlerindex („–2 Log-Likelihood") führt (oder umgekehrt: ... die zusätzlichen Parameter des *random-slopes*-Modells zu einer signifikanten Abnahme führen). Diese Art der Argumentation haben wir schon bei der logistischen Regression kennengelernt (Kap. 4). Abb. 7.6 zeigt diesen Modellvergleich.

Wir sehen hier die *Log-Likelihood*-Werte (logLik) und die *–2 Log-Likelihood*-Werte (Spaltenüberschrift: *deviance*). Deren Differenz ist χ^2-verteilt; die Freiheitsgrade ergeben sich durch die Anzahl der zusätzlichen Parameter im *random-slopes*-Modell (s. nächsten Absatz). Die Antwort auf die Frage, welches Modell hier interpretiert werden ist, ist sehr deutlich: der Modell-Fit verschlechtert sich signifikant, wenn wir auf *random slopes* verzichten; wir sollten also das *random-slopes*-Modell interpretieren.

Kurz noch ein Wort zu den Freiheitsgraden: Wenn wir den *random-effects*-Part der Abb. 7.6 mit dem entsprechenden Part der Abb. 7.4 vergleichen, können wir erschließen, welche Parameter hier gemeint sind. Es kommen beim *random-slopes* die Varianzen der Gewichte für *int* und *mot* sowie die Korrelationen dieser Gewichte untereinander und mit den b_0-Gewichten (*intercepts*) hinzu.

Der Einbezug von Level-2-Variablen

Bislang haben wir lediglich die beiden Level-1-Prädiktoren Intelligenz und Motivation betrachtet. Nehmen wir weiterhin an, dass das Prädiktionsgewicht für Motivation eine Funktion einer Lehrervariablen sei. Das heißt, bei einer niedrigen

7.2 Hierarchische lineare Modelle in R

Ausprägung der Variable Lehrstil (*lstil*) trägt die Schülermotivation wenig zur Vorhersage der Mathematikleistung bei. Man kann sich das so vorstellen, dass dieser Lehrertypus zwar keinen der Schüler für Mathematik begeistert, aber über ein „strenges Regime" dafür sorgt, dass auch gänzlich unmotivierte Schüler ihre Leistung bringen. Eine hohe Ausprägung der Variable Lehrstil führt dazu, dass die Mathematikleistung auch durch die Schülermotivation determiniert wird. Dieser Typus von Lehrer motiviert einen guten Teil der Schüler; diejenigen, die er nicht erreicht, bleiben aber in ihren Leistungen zurück.

Abb. 7.7 zeigt das entsprechende Modell. Im Aufruf der *lmer*-Funktion wird statt ... + *motcwc* der Ausdruck ... + *motcwc*lstil* angegeben. Die Lehrstilvariable *lstil* soll als zusätzlicher Prädiktor mit aufgenommen werden und es soll überprüft werden, ob diese Lehrstilvariable die Wirkung des Prädiktors Motivation (*motcwc*) moderiert. Diese Variable liegt – das muss man zum Verständnis hinzufügen – nur in den Ausprägungen 1, 2 und 3 vor.

Jedwede Interpretation kann nun ganz analog zu dem, was wir generell zu Moderatorbeziehungen besprochen haben (Kap. 5), vorgenommen werden. Da der Produktterm (*motcwc:lstil*) ein signifikantes Regressionsgewicht hat, können wir bei der Moderationshypothese bleiben. Bei geringer Ausprägung der Lehrstilvariable (*lstil* = 1) hat der Prädiktor Motivation kaum Einfluss; das Gewicht beträgt

```
> rs2 <- lmer(m1 ~ 1 + intcwc + motcwc*lstil +
              (1 + intcwc + motcwc|Klasse), data= mathe)
> summary(rs2)

Random effects:
 Groups   Name        Variance   Std.Dev. Corr
 Klasse   (Intercept) 246.022038 15.68509
          intcwc        0.021329  0.14604  0.99
          motcwc        0.001757  0.04192 -0.90 -0.84
 Residual              1.059729  1.02943
Number of obs: 400, groups: Klasse, 20

Fixed effects:
              Estimate Std. Error      df t value Pr(>|t|)
(Intercept)   27.89250    4.22077 31.54205   6.608  < 0.001 ***
intcwc         0.24482    0.03334 19.25140   7.344  < 0.001 ***
motcwc        -0.07871    0.07172 85.88616  -1.097    0.275533
lstil         -0.02875    1.23554 17.32274  -0.023    0.981699
motcwc:lstil   0.12010    0.03514 85.23798   3.418  < 0.001 ***
```

Abb. 7.7 Einbezug einer Level-2-Variable

lediglich $(-0.07871 + 0.12010 \cdot 1 =) 0.04$. Bei der höchsten Ausprägung $(lstil = 3)$ ist das Gewicht für Motivation substanzieller $(-0.07871 + 0.12010 \cdot 3 =) 0.28$.

Die Anwendung in der experimentellen Grundlagenforschung
Wie oben schon angedeutet, kommt den hierarchischen linearen Modellen nicht nur bei den Fragestellungen eine wichtige Rolle zu, bei denen Studienteilnehmer mit ihren Eigenschaften die niedrigste Analyseebene einnehmen (eingebettet in Klassen, Arbeitsgruppen, Therapiegruppen etc.) sondern auch bei Fragestellungen, bei denen Studienteilnehmer die obere Ebene sind; dies ist in der experimentellen Grundlagenforschung, insbesondere in der Kognitiven Psychologie der Fall: Ein typisches Experiment sieht hier so aus, dass Teilnehmer eine einfache Aufgabenstellung erhalten und sich durch viele (oft hunderte) von einzelnen Durchgängen (*trials*) hindurcharbeiten. Die abhängige Variable ist sehr häufig die Reaktionszeit (der korrekt bearbeiteten *trials*).

Nehmen wir ein einfaches Experiment zum semantischen Priming (McNamara, 2005): Probanden werden instruiert, in jedem Durchgang möglichst schnell ein präsentiertes Wort vorzulesen (z. B. Banane). Kurz vor dem Stimulus wird ein Wort eingeblendet, dass entweder mit dem Stimulus assoziiert ist (z. B. Affe) oder nicht (z. B. Tisch). In der Regel werden Probanden im Mittel etwas schneller beginnen, das Wort vorzulesen, wenn ein assoziiertes Wort voranging. Wie analysieren wir diese Daten? Wir bilden für jede Versuchsperson die Differenz zwischen dem Mittelwert der Latenzzeiten für assoziiert geprimte Wörter und dem Mittelwert der Latenzzeiten für nicht assoziiert geprimte Wörter. Dann testen wir mit einem *Einstichproben-t-Test*, ob der Mittelwert diese Differenz von Null verschieden ist. Das ist einfach und klar.

Wir können dies Beispiel (auf den ersten Blick unnötigerweise) „verkomplizieren": Stellen wir uns vor, wir würden für jeden Versuchsteilnehmer eine Regression (mit *trials* als Dateneinheit) der Latenzzeiten auf eine Kodiervariable *trialtyp* mit den Ausprägungen „assoziiert" (-0.5) und „nicht assoziiert" $(+0.5)$ rechnen. Die Regressionsgewichte würden genau den Differenzen entsprechen. Die Betrachtung ist jetzt aber eine andere: Wir können – ganz wie wir das oben eingeführt haben – eine hierarchische lineare Analyse rechnen; natürlich wird dabei im Wesentlichen dasselbe herauskommen wie bei dem *t*-Test; wir gewinnen aber eine große Flexibilität bei dieser Betrachtung. Was ist zum Beispiel mit der Fragestellung, ob selten vorkommende Wörter einen größeren Primingeffekt zeigen als häufige? In einem hierarchischen Regressionsansatz können wir einfach die Worthäufigkeit[5] und das

---

[5] ... in einer sinnvoll transformierten Version; Worthäufigkeiten sind nicht normal verteilt.

Produkt aus Worthäufigkeit und der Kodiervariable als zusätzliche Prädiktoren aufnehmen und testen, ob das Regressionsgewicht des Produktterms als homogen über die Versuchspersonen hinweg angenommen werden kann. Ganz offenkundig ist dies ein Vorteil für die psycholinguistische Forschung, die stets damit zu tun hat, dass komplexe Sprachstimuli genutzt werden. So sei als zweites Beispiel die Vorhersage von Lesezeiten genannt (van den Noortgate & Onghena, 2006). Die hierarchische lineare Regression bietet sich an, da die Verarbeitung beliebiger Texte analysiert werden kann. Die Texte werden Satz-für-Satz auf dem Computerbildschirm präsentiert, sodass die Lesezeit pro Satz registriert wird. Die Sätze können hinsichtlich formaler Eigenschaften (Anzahl Wörter, Anzahl Silben usw.), aber auch psychologisch gehaltvollerer Variablen kodiert werden (z. B. Bildhaftigkeit, Einführung neuer Charaktere usw.). Es ist dabei nicht notwendig, dass die Prädiktorvariablen unabhängig voneinander sind; die Regression liefert uns den eigenständigen Beitrag jedes Prädiktors.

7.3 Zentrierungen

Im Gegensatz zur normalen multiplen Regression spielen bei der HLM Transformationen der Variablen, insbesondere verschiedene Zentrierungstypen eine wichtige Rolle. Das bedarf einer etwas länglichen Erläuterung, die aber für das Verständnis wichtig ist. Wir folgen hier einer Diskussion dieser Aspekte bei Enders und Tofighi (2007).

Grand-mean centering „Grand-mean centering" heißt, den Mittelwert einer Prädiktorvariable über alle *Level-1*-Einheiten (in unserem Beispiel: die Schüler) ohne Berücksichtigung von Unterschieden der *Level-2*-Einheiten (hier: die Schulen) zu bestimmen und für die Bildung der zentrierten Variable von jedem Messwert abzuziehen. Dabei kann man allerdings noch unterscheiden, ob man (a) den Mittelwert der *Level-2*-Mittelwerte nimmt oder (b) den Mittelwert über alle *Level-1*-Einheiten ohne Beachtung der *Level-2*-Einteilung. Beide Verfahren laufen auf dasselbe hinaus, falls alle *Level-2*-Einheiten gleich besetzt sind (in unserem Fall: alle Klassen mit gleich viel Schülern vertreten sind). Falls das nicht der Fall ist, liefert Verfahren (a) den ungewichteten Mittelwert, Verfahren (b) den gewichteten Mittelwert. Verfahren (a) ist in der Regel vorzuziehen, insbesondere dann, wenn die Level-2-Gruppengrößen nur aufgrund von Zufälligkeiten bei der Rekrutierung entstanden sind (und nicht irgendeine Repräsentativität beanspruchen können).

Tab. 7.3 Ein einfaches Zahlenbeispiel zur Erläuterung der Zentriertypen

P	Gr	x	M_{Gr}	M_u	M_g	xGM_u	xGM_g	xCWC
1	A	2				−2	−2.25	−1
2	A	3	3			−1	−1.25	0
3	A	4				0	−0.25	1
4	B	3				−1	−1.25	−1
5	B	4	4	4	4.25	0	−0.25	0
6	B	5				1	0.75	1
7	C	4				0	−0.25	−1
8	C	4				0	−0.25	−1
9	C	5	5			1	0.75	0
10	C	5				1	0.75	0
11	C	6				2	1.75	1
12	C	6				2	1.75	1

Anmerkung: P = Person, Gr = Gruppe, x = Variable, M_{Gr} = gruppenspez. Mittelwert, M_u = ungewichteter Mittelwert, Mg = gewichteter Mittelwert, xGM_u = *grand-mean*-Zentrierung (ungewichtet), xGM_g = *grand-mean*-Zentrierung (gewichtet), xCWC = Zentrierung *centered within clusters*.

Centering within clusters „Centering within clusters" (CWC) heißt, den Mittelwert einer Prädiktorvariable in den *Level-2*-Einheiten (in unserem Beispiel: in den Klassen) zu bestimmen und für die Bildung der zentrierten Variable den jeweils für eine *Level-1*-Einheit (die Schüler) geltenden Gruppenmittelwert von jedem Messwert abzuziehen. Wir haben bei unserem Schülerdatensatz diese Zentrierung für die Variablen Motivation und Intelligenz genutzt. An dem einfachen Zahlenbeispiel der Tab. 7.3 können die Zentriertypen nachvollzogen werden.

Enders und Tofighi (2007) geben folgendes Beispiel, um die Problematik zu erläutern, die mit der Zentrierung verbunden ist: In drei Arbeitsgruppen wird die wöchentliche Arbeitszeit und die Lebenszufriedenheit erfasst. Abb. 7.8a zeigt das Ergebnis.

Sowohl innerhalb der Arbeitsgruppen als auch zwischen den Arbeitsgruppen gibt es einen negativen Zusammenhang zwischen Wohlbefinden und wöchentlicher Arbeitszeit. Den „Innerhalb-Zusammenhang" sehen wir an den drei gruppenbezogenen Regressionsgeraden der Abb. 7.8a; den „Zwischen-Zusammenhang" sehen wir an der *gestrichelten* Regressionsgerade, die für die drei durch *kleine Kreise* angedeuteten Mittelwertspunkte gilt.

Wir sollten uns nicht durch diese Homogenität täuschen lassen: Die Ursachen der beiden negativen Zusammenhänge – desjenigen zwischen den Gruppen und

7.3 Zentrierungen

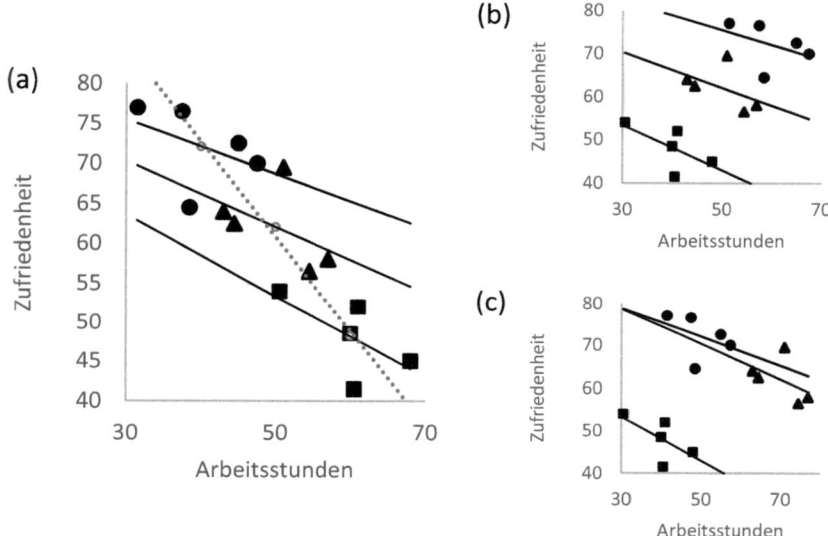

Abb. 7.8 (a) Das Datenbeispiel von Enders und Tofighi (2007): Drei Gruppen (*Kreis, Dreieck, Quadrat*) à fünf Teilnehmern; Innerhalb-Gruppen- und Zwischen-Gruppen-Regressionsgeraden; (b) und (c) Variationen des Datensatzes, bei denen die Innerhalb-Gruppen-Verhältnisse identisch zu (a) sind.

desjenigen innerhalb der Gruppen – können ganz unterschiedlich sein. Nehmen wir also an, dass das Forschungsinteresse auf dem Zusammenhang auf *Level 1* liegt: Innerhalb von Arbeitsgruppen gibt es den Befund, dass die Anzahl der Arbeitsstunden in einem gewissen Maße die Zufriedenheit bestimmt. Zum Beispiel könnte es sein, dass sich ganz typisch in Arbeitsgruppen eine ungleiche Arbeitsbelastung ergibt, die dazu führt, dass einige Arbeitnehmer aufgrund ihrer Verantwortungsbereiche nicht umhin kommen, häufiger Überstunden machen zu müssen als andere und dass dies Unzufriedenheit fördert. Als arbiträr nehmen wir dagegen an, dass ausgerechnet die Gruppe mit der durchschnittlich geringsten Arbeitszeit die höchste Zufriedenheit, die mit der durchschnittlich höchsten Arbeitszeit die niedrigste Zufriedenheit aufweisen. (Die drei Arbeitsgruppen mögen zum Beispiel ganz unterschiedlichen Branchen angehören mit ganz unterschiedlichen Persönlichkeiten, die sich für diese Branchen entscheiden.) Wir wollen also den Zusammenhang auf *Level 2* aus der Analyse heraushalten.

Tab. 7.4 Das Regressionsgewicht für den Prädiktor Arbeitsstunden als Funktion der Analysemethode und des Datenbeispiels

Analyse	Datenbeispiel		
	(a)	(b)	(c)
Mittleres Regressionsgewicht	−.423	−.423	−.423
Multiple Regression	−.422	−.422	−.422
HLM mit xcwc	−.422	−.422	−.422
HLM mit x, xgm	−.549	−.366	−.362

Anmerkung: Für die Datenbeispiele siehe *Abbildung 7.8. Mittleres Regressionsgewicht* der drei Gruppen; *Multiple Regression* von Zufriedenheit auf Arbeitsstunden und zwei *Dummy*-Kodiervariablen für Gruppe; *HLM mit xcwc*: HLM-Analyse mit der *centered-within-cluster*-Version des Prädiktors, HLM mit x, xgm: HLM-Analyse mit der nicht zentrierten oder der *grand-mean-centered*-Version des Prädiktors.

In diesem Sinne sind die Datenbeispiele (b) und (c) der Abb. 7.8 äquivalent zum Beispiel (a): Die Verhältnisse innerhalb der Gruppen (also auf *Level 1*) sind identisch; wir haben die Gruppen lediglich auf der x-Achse gegeneinander verschoben. Beispiel (b) ist dabei im Hinblick auf den Zusammenhang zwischen Zufriedenheit und Arbeitsstunden auf *Level 2* das genaue Gegenteil des Beispiels (a): Auf dieser Ebene zeigt sich hier ein positiver Zusammenhang. Beispiel (c) ist eine Variante mit eher unklarem Zusammenhang auf Level 2.

In Tab. 7.4 sind die Regressionsgewichte der verschiedenen Analysemöglichkeiten für die Datenbeispiele wiedergegeben. Die *beiden oberen Zeilen* beziehen sich auf die traditionellen Analyseverfahren, das heißt, das mittlere Regressionsgewicht zu bilden bzw. eine multiple Regressionsanalyse mit dem Prädiktor und *dummy*-kodierter Gruppenzugehörigkeit zu rechnen. Wir sehen hoch vergleichbare Ergebnisse zwischen den Zeilen und vor allem identische Ergebnisse innerhalb der Zeilen: Gruppenunterschiede spielen keine Rolle; wir erhalten eine Schätzung des reinen Innerhalb-Gruppen-Zusammenhangs.

Dasselbe Ergebnis bekommen wir mit einem hierarchisch linearen Modell, bei dem der Prädiktor *centered within cluster* ist (Abb. 7.9 für die Syntax). Offenbar führt erst das Vorab-Herausrechnen der Mittelwertsunterschiede der Gruppen in der Prädiktorvariable zu dem erwünschten Ergebnis.

Nutzen wir die Prädiktorvariable unzentriert oder *grand-mean*-zentriert, sehen wir deutliche Unterschiede zu den Zeilen darüber und innerhalb der Zeile. Offensichtlich gehen Gruppenunterschiede (also *Level-2*-Unterschiede) in die Bestimmung des Regressionsgewichtes für den *Level-1*-Prädiktor ein. Wie kommt das? Was ist bei der HLM-Analyse mit unzentrierter (bzw. *grand-mean*-zentrierter)

7.3 Zentrierungen

```
> group.means <- aggregate(x = ETdat$x, by=list (ETdat$g), FUN = mean)
> colnames(group.means) <- c('g','groupm')
> ETdat <- merge(ETdat, group.means)
> ETdat$xcwc <- ETdat$x - ETdat$groupm
> ri.cwc <- lmer(y ~ 1 + xcwc + (1|g),data=ETdat)
> summary(ri.cwc)

Random effects:
 Groups   Name        Variance Std.Dev.
 g        (Intercept) 139.85   11.826
 Residual              21.13    4.596
Number of obs: 15, groups: g, 3
Fixed effects:
            Estimate Std. Error      df t value Pr(>|t|)
(Intercept)  60.8000     6.9299  2.0000   8.774   0.0127 *
xcwc         -0.4224     0.2127 11.0000  -1.986   0.0725 .
```

Abb. 7.9 HLM-Analyse des Datenbeispiels mit CWC-Zentrierung

Prädiktorvariable anders als bei der CWC-basierten Analyse und der traditionellen Rechnung?

Die Parameterschätzmethode, die in HLM verwendet wird („empirical Bayes estimates"), führt zu einer „Schrumpfung" (*shrinkage*) der Parameter in Richtung Populationsmittelwert. Dies ist im Prinzip ein aus zwei Gründen erwünschtes Verhalten: Erstens wird damit dem wohlbekannten Phänomen der „Regression zur Mitte" Rechnung getragen: Die extremen Werte einer Messreihe sind in ihrer Extremität durch Messfehler überschätzt und werden zum Beispiel bei einer Wiederholungsmessung weniger extrem sein. Zweitens wird für Variationen in der Gruppengröße der *Level-2*-Variable besser Rechnung getragen: Die Mittelwerte kleiner Gruppen sind natürlich nicht so reliabel wie die der größeren Gruppen. In dem traditionellen Analyseansatz bestimmt die kleine Gruppe jedoch genauso das Geschehen wie die größere Gruppe.

Faktisch ist also zum Beispiel der *Intercept*-Wert einer Gruppe in einer HLM-Analyse ein gewichtetes Mittel aus dem Schätzwert, der sich in der traditionellen Analyse ergeben würde und dem Gesamtmittelwert. Wir können das an dem Datenbeispiel von Enders und Tofighi (2007) nachvollziehen. Abb. 7.10 stellt die traditionelle Analyse und die HLM-Analyse *ohne* Zentrierung gegenüber. Wir stellen zunächst fest, dass der Prädiktor (x; d. h. die Arbeitsstunden) mit den unterschiedlichen Regressionsgewichten (−0.4224 vs. −0.5493) assoziiert ist, wie wir das schon in Tab. 7.4 notiert hatten. Uns interessieren jetzt aber die Schätzungen der Gruppenwerte. Bei der traditionellen Analyse wird dies über zwei *Dummy-*

```
> ETdat$g_d <- as.factor(ETdat$g)
> oldschool <- lm(y ~ 1 + x + g_d, data=ETdat)
> summary(oldschool)
            Estimate Std. Error t value  Pr(>|t|)
(Intercept)  88.9951     8.7525  10.168  < 0.001 ***
x            -0.4224     0.2127  -1.986    0.0725 .
g_d2         -5.7762     3.6020  -1.604    0.1371
g_d3        -15.4525     5.1522  -2.999    0.0121 *

> ri.uncentered <- lmer(y ~ 1 + x + (1|g),data=ETdat)
> summary(ri.uncentered)
            Estimate Std. Error      df t value  Pr(>|t|)
(Intercept)  88.2672    10.5705 10.6106   8.350  < 0.001 ***
x            -0.5493     0.1961 12.9204  -2.801    0.0151 *
> ranef(ri.uncentered)
$g
  (Intercept)
1    5.273314
2    1.180615
3   -6.453929
```

Abb. 7.10 Die traditionelle Analyse und die HLM-Analyse (*ohne* Zentrierung) gegenübergestellt. Die letzte Befehlszeile fordert die geschätzten gruppenspezifischen *Intercepts* (u_{0j}) an.

Variablen (Kap. 6) realisiert: *g_d2* hat den Wert 1 für die Gruppe 2, sonst 0; *g_d3* hat den Wert 1 für die Gruppe 3, sonst 0. Machen wir uns noch einmal Folgendes klar: Wenn wir zum Beispiel den Wert 1 für *g_d2* einsetzen und für x den Mittelwert der Arbeitsstunden der Gruppe 2 (50), dann erhalten wir (89.00 − 5.78 · 1 − 0.4224 · 50 =) 62.1; das ist genau der Mittelwert der Zufriedenheit in dieser Gruppe. Sinngemäß ergibt sich das gleiche, falls wir die Parameter für Gruppe 1 oder Gruppe 3 einsetzen; wir erhalten immer eine exakte Rekonstruktion der Mittelwerte der abhängigen Variable. Dabei ergeben sich die Gewichte der *Dummy*-Variablen so, dass für die Bestimmung des Gewichtes von x alle Gruppenunterschiede herausadjustiert sind.

Bei unseren Datenbeispielen (b) und (c) (Abb. 7.8 und Tab. 7.4) würden selbstverständlich aufgrund der veränderten Gruppenmittelwerte in den Arbeitsstunden andere Gewichte für die *Dummy*-Variablen geschätzt, aber dabei bleibt das Gewicht für x invariant.

Da in der HLM-Analyse die gruppenspezifischen *Intercepts* immer als Abweichung vom Gesamtmittelwert ausgegeben werden (Abb. 7.10 *unten*), müssen wir, um Vergleichbarkeit herzustellen, einen Umweg machen. In Abb. 7.11b wurden aus den Regressionsgewichten der traditionellen Analyse gruppenspezifische *Intercepts*

7.3 Zentrierungen

(a) HLM-Analyse (ohne Zentrierung)

Gruppe	g_{00}	u_{0j}	b_x	$MW(x_j)$ $MW(Y_j)$
1		88.27 +	*5.27* +	(-0.55 * 40) = 71.54
2		88.27 +	*1.18* +	(-0.55 * 50) = 61.95
3		88.27 -	*6.45* +	(-0.55 * 60) = 48.82

(b) Traditionelle Analyse

Gr.	b_0		b_{Gr}				
1	89.00			= 89.00 →	81.92 +	*7.08* +	(-0.42 * 40) = 72.20
2	89.00	- 5.78		= 83.22 →	81.92 +	*1.30* +	(-0.42 * 50) = 62.22
3	89.00	-15.45		= 73.54 →	81.92 -	*8.38* +	(-0.42 * 60) = 48.34
	Mittelwert			= 81.92			

Abb. 7.11 Intercepts (kursiv) der (a) der HLM-Analyse (ohne Zentr.) und (b) der traditionellen Analyse (vgl. Abb. 7.10 für die Werte); der Unterschied der *oberen* zu den *unteren kursiven Werten* verdeutlicht das „Schrumpfungsphänomen" (*shrinkage*)

errechnet (kursiv gesetzt; z. B. 7.08 = 89.00 − 81.92), aus denen dann mithilfe des Gewichtes für x und den gruppenspezifischen Mittelwerten von x (40, 50, 60) die gruppenspezifischen Mittelwerte der abhängigen Variable y bestimmt werden (*ganz rechts*).

In Abb. 7.11a ist die vergleichbare Rechnung für die HLM-Analyse zu sehen. Wir sehen vor allem, dass die geschätzten *Intercepts* weniger extrem sind (z. B. 5.27 statt 7.08); das ist das sogenannte *shrinkage*. Wie gesagt, steckt dahinter ein im Prinzip begrüßenswertes Rational, dass extreme Werte, die als besonders fehlerbelastet anzusehen sind, konservativer (d. h. mehr in Richtung des Gesamtmittelwertes geschätzt werden).

Das Problem ist dann nur, dass auch diese Analyse (weitgehend) die Gruppenmittelwerte der abhängigen Variable bei Einsetzen der entsprechenden Werte ergeben muss. Wir sehen ganz *rechts unten* in der Abb. 7.11, dass dies (weitgehend) tatsächlich der Fall ist. (Die leichten Abweichungen – also z. B.: 71.54 statt 72.20 – sind ebenfalls demselben *shrinkage*-Korrekturprinzip geschuldet, aber hier weitgehend nebensächlich.) Um dies zu gewährleisten, muss aber das Gewicht für x logischerweise bei den „geschrumpften" *Intercepts* ein anderes sein als bei der traditionellen Analyse und kann damit nicht mehr invariant in Bezug auf die Gruppenunterschiede im Prädiktor sein.

Das Gewicht der Prädiktorvariable ist im HLM offenbar nicht nur durch die Innerhalb-Gruppen-Kovarianz von Wohlbefinden und Arbeitsstunden, sondern auch durch Zwischen-Gruppen-Kovarianz von Wohlbefinden und Arbeitsstunden determiniert. Dieses unerwünschte Verhalten (unerwünscht, sofern man an dem „reinen" Level-1-Beitrag der Prädiktorvariable interessiert ist) verschwindet erst, wenn die Prädiktorvariable innerhalb der Gruppen zentriert wird (*centered within cluster*).

7.4 Was man noch wissen sollte

Es gibt einige weitere Punkte, die man in Bezug auf die HLM kennen sollte.

Wie testet man das komplette Modell?
Oder anders formuliert: Gibt es ein Pendant zum globalen *F*-Test der multiplen Regression? Ja, man macht einen Modellvergleich des zu testenden Modells mit dem sogenannten Null-Modell, das ausschließlich *Intercepts* enthält.

Abb. 7.12 zeigt das sogenannte Null-Modell, das heißt, das Modell ohne Prädiktor, in dem lediglich die *random intercepts* geschätzt werden, und den Modellvergleich zum *random-slopes*-Modell (Abb. 7.4). Die Interpretation dieses Modellvergleichs ist ganz analog zu dem Modellvergleich, den wir weiter oben (Abb. 7.6) erläutert hatten. Die beiden Modelle unterscheiden sich durch sieben Parameter;

```
> r0 <- lmer(ml ~ 1 + (1|Klasse), data= mathe)
> summary(r0)

Random effects:
 Groups   Name        Variance Std.Dev.
 Klasse   (Intercept) 247.289  15.725
 Residual              6.027   2.455
Number of obs: 400, groups: Klasse, 20

Fixed effects:
            Estimate Std. Error     df t value Pr(>|t|)
(Intercept)   27.839      3.519 18.994   7.912 < .001 ***

> anova(r0,rs)

Models:
r0: ml ~ 1 + (1 | Klasse)
rs: ml ~ 1 + intcwc + motcwc + (1 + intcwc + motcwc | Klasse)
   npar    AIC    BIC  logLik deviance  Chisq Df Pr(>Chisq)
r0    3 1992.6 2004.6 -993.32   1986.6
rs   10 1361.1 1401.0 -670.56   1341.1 645.52  7    < .001 ***
```

Abb. 7.12 Das Null-Modell und der Modellvergleich von Null-Modell zum *random-slopes*-Modell (vgl. für das *random-slopes*-Modell Abb. 7.4)

7.4 Was man noch wissen sollte

daher hat der χ^2-Wert sieben Freiheitsgrade: Die beiden Regressionsgewichte für *intcwc* und *motcwc*, deren Varianzen und die drei Korrelationen. Der globale Fehlerindex reduziert sich um 645,52; ein solcher oder höherer χ^2-Wert ist unter der Zufallsannahme nicht mehr zu erwarten ($p < .001$). Wir können also bei unserer Ausgangsvermutung bleiben, dass *intcwc* und *motcwc* bedeutsam Varianz erklären.

Das Quasi-R^2

Ein Pendant zum R^2 der traditionellen Analyse ergibt sich für *Level-1*-Prädiktoren durch die Reduktion der Residualvarianz des Null-Modells (hier: 6.027; vgl. Abb. 7.12) zur Residualvarianz des zu testenden Modells (hier: 1.082 für das *random-slopes*-Modell; vgl. Abb. 7.4). Diese Differenz wird auf die Residualvarianz des Null-Modells relativiert:

$$Quasi\text{-}R^2 = (6.027 - 1.082)/6.027 = 0.82$$

Das heißt in diesem Fall, dass 82 % der *zu erklärenden* Varianz durch die Prädiktoren aufgeklärt wird. Die Varianz, die auf die *Level-2*-Variable (hier: Schulklassen) zurückgeht, bleibt dabei außen vor.

Für den Beitrag eines *Level-2*-Prädiktors wird das *Quasi-R^2* analog durch die Reduktion der *Intercept*-Varianz vom Modell ohne den *Level-2*-Prädiktor zum Modell mit dem *Level-2*-Prädiktor bestimmt. Dazu ein Beispiel: Nehmen wir an, dass unser Schülerdatensatz noch eine Variable enthält, die kodiert, ob die jeweilige Klasse eine mathematisch-naturwissenschaftliche Orientierung hat ($nw = 1$) oder nicht ($nw = 0$). Abb. 7.13 (*unten*) zeigt das Modell, dass nur diesen *Level-2*-Prädiktor beinhaltet.

```
> rs_mit <- lmer(m1 ~ 1 + nw + (1|Klasse), data= mathe)
> summary(rs_mit)

Random effects:
 Groups   Name         Variance Std.Dev.
 Klasse   (Intercept)  212.722  14.585
 Residual                6.027   2.455

Fixed effects:
             Estimate Std. Error     df t value Pr(>|t|)
(Intercept)    20.547      4.865 17.996   4.223 < 0.001 ***
nw             13.257      6.560 17.996   2.021 0.058431 .
```

Abb. 7.13 Ein Modell mit einem *Level-2*-Prädiktor

Für die Berechnung des *Quasi-R²* nutzen wir die Differenz in der Varianz der *Intercepts* des Modells mit dem *Level-2*-Prädiktor (212.7; vgl. Abb. 7.13) zur Varianz der *Intercepts* des Null-Modells (247.3; vgl. Abb. 7.12); es berechnet sich hier somit:

$$Quasi - R^2 = (247.3 - 212.7)/247.3 = 0.14$$

Das heißt in diesem Fall, dass 14 % der *zu erklärenden* Varianz durch die Prädiktoren aufgeklärt wird. Die zu erklärende Varianz ist hier aber genau diejenige, die oben in der Berechnung des *Quasi-R²* für den *Level-1*-Prädiktor außen vor blieb.

Die Intraklassenkorrelation (ICC)

Ein wichtiges Konzept im Bereich der HLM ist der Begriff der Intraklassenkorrelation. Sie ist ein Index dafür, wie stark der Datensatz von der Annahme unabhängiger *Level-1*-Einheiten abweicht, oder umgekehrt formuliert: wie sehr der Datensatz eine HLM-Analyse verlangt. In der Abb. 7.12 hatten wir das Null-Modell wiedergegeben. Dort gab es unter der Überschrift *Random effects* die Angabe der Varianzen der *Intercepts* und die verbleibende Residual-Varianz. Die Intraklassenkorrelation ist dann einfach so definiert:

$$ICC = \frac{V_{\text{Intercept}}}{V_{\text{Intercept}} + V_{\text{Residual}}}$$

Welcher Anteil der Gesamtvarianz der abhängigen Variable geht auf Unterschiede der *Level-2*-Cluster zurück? Der Wert korrespondiert in etwa mit dem R^2 einer traditionellen Analyse, bei der nur die *Dummy*-Variablen, die die *Level-2*-Cluster kodieren, als Prädiktoren eingehen. Machen Sie sich klar, warum dieser Wert die oben genannte Index-Funktion erfüllt: Hätten wir tatsächlich N = 400 unabhängige Dateneinheiten und würden sie per Zufall in p = 20 etwa gleich große Cluster aufteilen, wäre nur eine numerisch kleine und unbedeutsame ICC zu erwarten.

In unserem Fall kommt der extrem hohe Wert von ICC = 0.976 (= 247.3/ [247.3+6.0]) heraus. Das ist sehr unrealistisch. (Wir haben es da bei der Konstruktion des Datensatzes ein wenig „zu gut gemeint", da wir unbedingt einen Fall haben wollten, bei dem die Vorhersage durch die Prädiktoren erst durch die Berücksichtigung der *Level-2*-Struktur deutlich werden sollte; vgl. Abschn. 7.1). Zur Orientierung: Ein Schülerdatensatz von Bickel (2007) mit N = 7185 Schülern und p = 160 Schulen hat bezüglich der Mathematik-Leistung eine Intraklassenkorrelation von ICC = 0.18.

7.4 Was man noch wissen sollte

Es könnte jetzt die Frage entstehen, ab welchem Niveau von ICC die Analyse mit HLM notwendig ist. Vermutlich wird diese Frage in der Realität nur in Grenzfällen des Designs bzw. der Stichprobenrekrutierung entstehen. Das heißt, man kann mitunter Datensätze haben, bei denen *per se* nur die *Level-1*-Variablen interessieren. Bei der Rekrutierung wurde aber in Clustern gezogen, sodass die Frage der Unabhängigkeit spätestens von Kritikern aufgeworfen werden wird. Hier kann man zum Beispiel die Nichtsignifikanz der ICC als Argument heranziehen. Bei Studien, bei denen von vorneherein eine hierarchische Struktur zur Planung gehört (d. h. bei all unseren Beispiele) wird man kaum zu einer nichthierarchischen Analyse zurückkehren, selbst wenn die ICC recht klein ist. Bei diesen Datensätzen stellt sich allenfalls die Frage, ob ein *random-intercept*-Modell ausreicht (also auf *random slopes* verzichtet werden kann).

Gibt es eine logistische HLM?

Ja, es gibt ein HLM-Pendant zur „normalen" logistischen Regression. Wir wollen nicht detailliert darauf eingehen, aber geben ein einfaches Beispiel. Wir unterstellen, dass unser Schülerdatensatz eine weitere Variable enthält, die festhält, ob ein Schüler nach der Schulzeit ein naturwissenschaftliches Studium aufgenommen hat (*nwstud*=1) oder nicht (*nwstud*=0). Abb. 7.14 enthält die (gekürzte) Ausgabe einer logistischen Regression mit den beiden Prädiktoren, die wir schon kennen. (Ein Wort zur Syntax: Die letzte Zeile des *glmer*-Befehls – beginnend mit *control* – ist nicht zwingend notwendig; wir werden sie im nächsten Abschnitt erläutern.)

```
> logreg <- glmer(nwstud ~ 1 + intcwc + motcwc +
                  (1 + intcwc + motcwc|Klasse),
         data= mathe, family=binomial,
         control=glmerControl(optimizer = "bobyqa"))
> summary(logreg)

Random effects:
...

Fixed effects:
             Estimate Std. Error z value  Pr(>|z|)
(Intercept) -1.88477    0.39349   -4.790  < 0.001 ***
intcwc       0.05345    0.02334    2.290    0.022 *
motcwc       0.06518    0.09491    0.687    0.492
```

Abb. 7.14 Ein Beispiel für eine logistische HLM-Regression

Man sieht, dass Intelligenz ein signifikanter Prädiktor ist. Man kann – wie in Abschn. 4.3 beschrieben – durch Einsetzen von Prädiktorwerten in die Grundgleichung der logistischen Regression die bedingte Wahrscheinlichkeit für ein naturwissenschaftliches Studium von, zum Beispiel, Personen mit einer Intelligenz von einer Standardabweichung über dem Mittelwert berechnen. Der Mittelwert unserer Intelligenz-Variable ist Null, die SD beträgt 7.82.; es käme der Wert von p = 0.187 heraus; für Personen mit einer Intelligenz von einer Standardabweichung unter dem Mittelwert wäre der entsprechende Wert p = 0.091. (Einmal mehr der Hinweis: Es handelt sich um erfundene Daten.)

Schätzalgorithmus
Was man wissen sollte ist, dass die *hierarchischen linearen Modelle Maximum-Likelihood*-(ML)-Schätzalgorithmen für die Parameter nutzen (im Kontrast zum Kriterium der kleinsten Residuums-Quadrate der Regressionsanalyse; Kap. 2). Die R-Funktion *lmer* nutzt als Voreinstellung „restricted maximum likelihood", REML) statt *maximum likelihood* (ML). Dies ist generell die zu bevorzugende Methode, da ML-Schätzungen gebiased sind. (Zum Beispiel sind Varianzschätzungen in der ML-Variante: Quadratsumme/N statt Quadratsumme/[N-1].) Der Unterschied ist bei großen Stichproben allerdings marginal.

Es gibt allerdings bei den Modellvergleichen mit *anova* etwas zu beachten: Die Voreinstellung des *anova*-Kommandos ist es, ML-Modelle zu vergleichen; daher werden REML-Modelle in ML-Modelle gewandelt. Da der Unterschied bei großen Stichproben marginal ist, ist es kein großer Fehler, generell die *anova*-Voreinstellung (d. h. *refit in ML*) zu nutzen. Die Modellvergleiche sind in jedem Fall sinnvoll. Falls es aber um den Vergleich von zwei Modellen geht, die sich nur in ihrem *random*-Part unterscheiden, so kann der Modellvergleich auch auf den REML-Modellen basieren (d. h. *anova(..., ..., refit=FALSE)*) kann genutzt werden). Vergleiche von Modellen, die sich in ihrem *fixed*-Part unterscheiden, sind allerdings nicht sinnvoll in diesem Modus.

Die *Maximum-Likelihood*-Schätzalgorithmen sind iterativ. Es kommt vergleichsweise häufig vor, dass Modelle nicht konvergieren. Man hat dann noch eine Reihe von Optionen: Man kann die Anzahl der Iterationen erhöhen, die Variablen zentrieren (s. oben) oder evtl. das Modell etwas „schlanker" machen (z. B. höhere Interaktionsterme herauslassen). Mitunter hilft es auch, Variablen neu zu skalieren (z. B. die abhängige Variable Reaktionszeit von Millisekunden in Sekunden zu transformieren). Letztlich gibt es noch sogenannte „Optimizer"-Optionen in *lmer*. Wir haben einen solchen Optimizer bereits bei der logistischen

HLM-Analyse (Abb. 7.14) genutzt. Falls Sie das Kommando in *lmer* nutzen wollen, müssen Sie *lmerControl* statt *glmerControl* schreiben.

Literatur

Einführende Kapitel finden sich in Eid et al. (2017), Field (2018); Field et al. (2012), Tabachnick und Fidell (2019). Einführungsbücher lassen sich danach kategorisieren, ob sie eher die Fragestellungen der Anwendungsfächer (also Teilnehmer als unterste Einheit der Analyse) oder der experimentellen Grundlagenforschung fokussieren. Ein damit korreliertes Merkmal ist die Software, die zur Erläuterung genutzt wird. Heck und Thomas (2009), Raudenbush und Bryk (2002), und Bickel (2007) orientieren sich eher an Fragestellungen der Anwendungsfächer. Dabei ist das Buch von Raudenbush und Bryk der eher schwierige „Klassiker" des Feldes; Heck und Thomas und insbesondere Bickel verstehen sich demgegenüber eher als einführend. Raudenbush und Bryk sind an HLM orientiert. (Sie sind die Entwickler diese Software.) Ebenso nutzen Heck und Thomas HLM für ihre Erläuterungen, haben aber den Anspruch, dass auch Anwender anderer Software Nutzen von ihrem Buch haben. Bickel erläutert seine Analysen mit SPSS. In der experimentellen Grundlagenforschung nutzt man eher R; Baayen (2008) gibt hier eine Einführung. Ein interessantes Konzept hat das Buch von Garson (2013). In den ersten Kapiteln führt der Editor in das Konzept der hierarchischen linearen Modelle ein, inklusive der Nutzung dreier Statistikprogramme (HLM, SAS, SPSS); danach folgen Kapitel von Kollegen, die die Anwendung der Modelle an konkreten Forschungsfragestellungen erläutern.

Multivariate Analysen

8

Bislang wurde in allen Analysen nur *eine* abhängige Variable untersucht. In vielen Kontexten beziehen sich die Hypothesen jedoch gleich auf ein Bündel von abhängigen Variablen. Im Folgenden soll immer von mehreren abhängigen Variablen (einem „Vektor" von Variablen) die Rede sein. Jede Fragestellung, die auf den Spezialfall einer abhängigen Variablen bezogen werden kann, kann auf den generellen, multivariaten Fall übertragen werden.

8.1 Abweichung vom Nullvektor

Die einfachste Frage, die wir stellen können, ist im univariaten Fall: Ist der Mittelwert einer Variable als von Null verschieden anzunehmen? Wir hatten in Abschn. 1.2 das Beispiel der Lebenszufriedenheitsskala gebracht („Alles in allem betrachtet, wie zufrieden sind Sie zurzeit mit Ihrem Leben?"; −3, „überhaupt nicht zufrieden", bis +3, „sehr zufrieden"). Sollen wir den erhobenen Mittelwert von +1.36 als signifikant von Null verschieden annehmen? Der *Einstichproben-t-Test* ist hier angemessen (Abschn. 1.2). Die Generalisierung dieser Frage für den multivariaten Fall wäre dann: Sind die Mittelwerte mehrerer Variablen von Null verschieden? Technischer ausgedrückt: Ist der Mittelwertsvektor vom Nullvektor verschieden?

Dazu ein Beispiel: In einer Fachklinik für Alkoholkranke wird den Patienten routinemäßig das Freiburger Persönlichkeitsinventar (FPI-R; Fahrenberg, Hempel & Selg, 1989) am Anfang und am Ende der Therapiezeit vorgegeben. Die Skalenwerte der 10 Standardskalen liegen für eine Stichprobe ($N = 100$) von Patienten in der „Standard-Nine-Form" vor (Stanine; d. h. Mittelwert der Normierung $M = 5$ bei einer Standardabweichung von SD = 2; nur ganzzahlige Werte zwischen 1 und 9). Die Mittelwerte für die beiden Zeitpunkte sind in Tab. 8.1 wiedergegeben.

Wir können als erste Frage stellen: Weicht das mittlere Persönlichkeitsprofil dieser Gruppe zu Beginn der Therapie signifikant vom Normprofil (d. h. $M = 5$ für alle Skalen) ab? Da der multivariate Test auf Abweichung vom Nullvektor dies testet, bilden wir zunächst 10 transformierte Variablen (*lebx* bis *offx*; vgl. *Online Plus*), die aus den alten dadurch hervorgehen, dass von jedem individuellen Wert 5 abgezogen wird (d. h. der Mittelwert von *leix* [Leistungsorientierung] beträgt dann zum Beispiel 0.77; Tab. 8.1). Eine multivariate Varianzanalyse (MANOVA) kann uns nun die Frage beantworten, ob der Mittelwertsvektor dieser neuen Variablen vom Nullvektor verschieden ist. Die Ausgabe ist in Abb. 8.1 wiedergegeben.

Zunächst ein Wort zum Code. Wir haben es uns hier einfach gemacht: In dem Datensatz *multivat* belegen die Variablen *lebx* bis *offx* die Spalten 24 bis 33. Die Funktion lm() (die wir schon aus den vorherigen Kapiteln kennen) wird durch den Ausdruck „~1" angewiesen, nur die Mittelwerte der Variablen zu schätzen (im Kontrast zur bisherigen Anwendung, bei der rechts von der Tilde die Prädiktoren standen). Im oberen Teil der Abb. 8.1 ist dementsprechend der Mittelwertsvektor wiedergegeben.

In jeder der vier Zeilen des unteren Teils der Abb. 8.1 steht eine multivariate Prüfstatistik; zu allen wird zudem ein *F*-Wert mit Freiheitsgraden und Wahrscheinlichkeitsniveau angegeben. Wie wir sehen, ist der *F*-Wert in allen vier Fällen derselbe und wir müssen uns an dieser Stelle noch keine Gedanken machen, welche der vier Prüfstatistiken wir wählen. Die korrekte Antwort auf unsere Frage

Tab. 8.1 Mittelwerte, Standardabweichungen der Standardskalen des FPI für die Patientenstichprobe (fiktive Daten)

		Anfang		Ende	
Skala	Variable	M	SD	M	SD
Lebenszufriedenheit	LEB	4.74	2.07	4.87	2.12
Soziale Orientierung	SOZ	5.15	2.03	5.38	2.11
Leistungsorientierung	LEI	5.77	1.90	5.68	1.84
Gehemmtheit	GEH	4.43	2.12	4.44	2.16
Erregbarkeit	ERR	5.08	2.02	5.10	2.08
Aggressivität	AGGR	5.61	1.93	5.36	2.03
Beanspruchung	BEAN	6.17	1.90	5.82	1.98
Körperliche Beschwerden	KOERP	5.14	2.08	5.19	2.03
Gesundheitssorgen	GES	4.90	1.81	4.90	1.88
Offenheit	OFF	4.86	1.78	4.85	1.89

8.1 Abweichung vom Nullvektor

```
> reg_intercept <- lm(formula = as.matrix(multivat[,24:33]) ~ 1,
                      data = multivat)
> reg_intercept

Coefficients:
              lebx   sozx   leix   gehx   errx   aggrx  beanx
(Intercept)  -0.26   0.15   0.77  -0.57   0.08   0.61   1.17
              koerpx gesx   offx
              0.14  -0.10  -0.14

> manova_nullvektor <- Anova(reg_intercept)
> summary(manova_nullvektor)

Multivariate Tests: (Intercept)
                 Df test stat approx F num Df den Df   Pr(>F)
Pillai            1 0.4855747 8.495252     10     90  < 0.001 ***
Wilks             1 0.5144253 8.495252     10     90  < 0.001 ***
Hotelling-Lawley  1 0.9439169 8.495252     10     90  < 0.001 ***
Roy               1 0.9439169 8.495252     10     90  < 0.001 ***
```

Abb. 8.1 Ausgabe der multivariaten Analyse (Auszug; die Variablen lebx bis offx belegen die Spalten 24 bis 33 im Datensatz)

lautet also: Ja, das mittlere Persönlichkeitsprofil der Patienten unterscheidet sich signifikant von dem Norm-Profil, $F(10,90) = 8.50$, $p < .001$.

Mit einer weiteren Anweisung (hier nicht abgebildet) können dann die univariaten Tests angefordert werden: Für welche der Skalen ergibt sich eine signifikante Abweichung. Dies sind F-Tests, die aber äquivalent zum einfachen *Einstichproben-t-Test* (mit $t = $ Wurzel[F]) sind. Ist die Fragestellung rein explorativ (oder handelt es sich um eine undifferenzierte globale Nullhypothese), sollte man bei der Bewertung dieser Tests eine *Bonferroni-* oder *Bonferroni-Holm*-Korrektur des Alpha-Fehlerniveaus durchführen. Bei der *Bonferroni*-Korrektur wird für den einzelnen Test gefordert, dass die Wahrscheinlichkeit, die mit dem F-Wert assoziiert ist, kleiner als α/m (mit $\alpha = $ globales α-Fehlerniveau, in der Regel 0.05, und $m = $ Anzahl der Tests). Bei 10 Tests verlangen wir also für jeden einzelnen Test $p < .005$, um das Ergebnis „signifikant" zu nennen. Die *Bonferroni-Holm*-Korrektur ist etwas anders: Die Tests werden nach ihrem Ergebnis sortiert und dann wird sequenziell getestet: Ist der kleinste p-Wert $< \alpha/m$ (in unserem Fall also $p < .005$)? Wenn ja, erkläre dieses Ergebnis für signifikant und gehe über zum nächst-kleinsten p-Wert; gilt $p < \alpha/(m-1)$? Dieses Prozedere wird mit $\alpha/(m-2)$, $\alpha/(m-3)$ usw. so lange fortgesetzt, bis die Frage mit „Nein" (nicht signifikant) beantwortet wird. Dieses Verfahren ist vorzuziehen, weil es genauso wie die *Bonferroni*-Korrektur das globale α-Fehlerniveau bewahrt, aber etwas mehr Teststärke bewahrt. In unserem Beispiel sind es die Skalen Leistungsorientierung, Gehemmtheit, Aggressivität und Beanspruchung, bei denen sich die Patientenstichprobe von der Normstichprobe unterscheidet (vgl. die Mittelwerte in Tab. 8.1).

Wilks Lambda und Co. (Teil 1)
Wir hatten festgestellt, dass die vier Prüfstatistiken mit identischen F-Tests assoziiert sind (Abb. 8.1). Vorwegnehmend sei gesagt, dass die Prüfstatistiken erst dann zu verschiedenen Testergebnissen führen, wenn (a) ein Zwischen-Versuchspersonen-Faktor mit ins Spiel kommt und (b) dieser Faktor mehr als zwei Stufen hat. Wir kommen darauf in Teil 2 dieser Betrachtungen zurück. Solange dieser Fall nicht gegeben ist, ist die Beziehung der vier Prüfgrößen denkbar einfach: *Pillai-Spur* nimmt Werte zwischen 0 und 1 an und lässt sich in einem noch zu besprechenden Sinne als Maß aufgeklärter Varianz interpretieren. *Wilks Lambda* ist 1-*Pillai-Spur* und somit als Fehlervarianz zu interpretieren. *Hotelling-Spur* ist *Pillai/Wilks*, also aufgeklärte Varianz durch Fehlervarianz. *Roys größte charakteristische Wurzel* ist – solange (a) und (b) nicht gegeben sind – identisch mit *Hotelling*.

Alle Prüfgrößen sind matrix-algebraisch definiert. Man kann sich aber die Größen auf einfachere Art verständlich machen. Wir wollen uns hier für den einfachsten Fall des Tests gegen den Nullvektor *Wilks Lambda* genauer anschauen. Dies soll mit einem ganz einfachen Datenbeispiel geschehen (Tab. 8.2).

Tab. 8.2 Datensatz zur Erläuterung von *Wilks Lambda*

Teilnehmer	AGGRx	BEANx	BEANx'	BEANx"
1	4	3	4	−1
2	2	4	1	2
3	3	−1	2	1
4	0	2	1	3
5	−1	1	−1	4
6	3	1	3	1
Mittelwert	1.83	1.67	1.67	1.67
Standardabweichung	1.94	1.75	1.75	1.75
t-Wert	2.31	2.33	2.33	2.33
p-Wert	.07	.07	.07	.07
Korrelation mit AGGRx		.04	.92	−.96
Wilks Lambda[a]		.33	.47	.02
p-Wert		.11	.22	< .001

[a] *Wilks Lambda* in der multivariaten Analyse zusammen mit AGGx.

8.1 Abweichung vom Nullvektor

Bei dem fiktiven Datenbeispiel der Tab. 8.2 sind sechs Patienten mit ihren Werten auf den Skalen Aggressivität (AGGR) und Beanspruchung (BEAN) aufgeführt. Die *stanine*-skalierten Variablen sind durch die Subtraktion von 5 in Variablen (AGGRx und BEANx) verwandelt worden, deren Mittelwerte sinnvoll gegen Null getestet werden können („Sind Aggressivität bzw. Beanspruchung der Patienten signifikant vom Normwert verschieden?"). Die einzelnen t-Tests sind (knapp) insignifikant (Tab. 8.2). Der multivariate Test, bei dem die Mittelwerte von AGGx und BEANx simultan gegen den Nullvektor getestet werden, ist ebenfalls insignifikant (vgl. den linken Wert – 0.11 – in der untersten Zeile der Tab. 8.2).

Die dritte und vierte Zahlenspalte der Tab. 8.2 enthalten modifizierte Versionen der Variable BEANx. Wie sich leicht feststellen lässt, wurden lediglich die individuellen Werte anders den Patienten zugeordnet. Dies hat natürlich keinerlei Einfluss auf Mittelwert und Standardabweichung und damit auch keinen Einfluss auf die t-Tests. Die Neuzuordnung der Werte bewirkt aber eine Veränderung der Korrelationen zwischen den Beanspruchungsvariablen auf der einen Seite und AGGRx auf der anderen. Während BEANx nicht mit AGGRx korreliert, ist BEANx' sehr hoch positiv, BEANx" dagegen sehr hoch negativ mit AGGRx korreliert. Wir können in den letzten zwei Zeilen der Tab. 8.2 sehen, welche Auswirkungen dies auf den multivariaten Test hat. Wenn zwei Variablen hoch positiv korrelieren und gleichzeitig beide Mittelwerte positiv sind, schwächt dies den multivariaten Test. Die beiden Variablen sind hoch redundant (also wechselseitig verzichtbar); sie bilden vermutlich dieselbe latente Variable ab und eine Zusammenfassung der Variablen (z. B. Mittelwertsbildung) wäre wohl die bessere Alternative. Man beachte aber, dass für den multivariaten Test die Skalierung der Variablen irrelevant ist, während dies für die Zusammenfassung nicht gilt.

Wenn zwei Variablen dagegen hoch negativ korrelieren, während beide Mittelwerte positiv sind, stärkt dies den Test. Einen solchen Fall hat man, wenn zwei Variablen im Prinzip beide sensibel und gleichsinnig auf einen Prozess reagieren, aber konkret in einer Person nur entweder die eine oder die andere Variable reagiert. Um es an dem inhaltlichen Beispiel der Patienten mit Alkoholproblemen zu erläutern: Es könnte prinzipiell sein, dass eine generelle Suchtvulnerabilität in Kombination mit verschiedenen problematischen Person-Umwelt-Konstellationen zu Alkoholproblemen führt. Erhebe ich dann das Persönlichkeitsprofil bei Patienten einer Klinik, erhalte ich eventuell „Spitzen" im Mittelwertsprofil, hinter denen ganz unterschiedliche Problemkonstellationen stehen können (z. B. hohe Leistungsorientierungen, die zu Frustrationen führten, oder unangemessene Kommunikationsstile, die zu zwischenmenschlichen Konflikten führen).

8.2 Unterschied zweier Vektoren

Der nächst komplexere Fall betrifft die Generalisierung der Fragestellung, die wir im Fall einer einzelnen abhängigen Variable mit dem *t-Test für abhängige Stichproben* lösen. So wie wir die Frage, ob sich im Laufe der Therapie *eine* bestimmte Variable verändert hat, mit dem *t*-Test beantworten, so nutzen wir wieder für die Frage, ob sich ein ganzer Vektor von Variablen verändert hat, die MANOVA. Wie oben angeführt, hat jeder Patient zweimal den FPI ausgefüllt, einmal am Anfang, einmal am Ende der Therapie. Die Variablen für den zweiten Messzeitpunkt tragen den entsprechenden Namen mit einer angehängten ,2'.

Bei dem Fall einer einzelnen Variable wissen wir, dass der *t-Test für abhängige Stichproben* äquivalent zum *Einstichproben-t*-Test ist (Kap. 1). Ähnlich verhält es sich im multivariaten Fall: Man kann 10 Differenzvariablen nach dem Muster dleb = leb2 − leb bilden (Abb. 8.2). finden. Wir kommen also zu dem Schluss, dass sich offenbar etwas verändert hat, da der Inferenztest — $F(10,90) = 7.98, p < .001$—

```
> multivat <- multivat %>%
    mutate(dleb = leb2 - leb,
           dsoz = soz2 - soz,
           dlei = lei2 - lei,
           dgeh = geh2 - geh,
           derr = err2 - err,
           daggr = aggr2 - aggr,
           dbean = bean2 - bean,
           dkoerp = koerp2 - koerp,
           dges = ges2 - ges,
           doff = off2 - off)
> colnames(multivat)
> reg_diff <- lm(formula = as.matrix(multivat[,34:43]) ~ 1,
                 data = multivat)
> manova_diffvektor <- Anova(reg_diff)
> summary(manova_diffvektor)

Multivariate Tests: (Intercept)
                 Df  test stat  approx F  num Df  den Df  Pr(>F)
Pillai            1  0.4700234  7.981881      10      90  < 0.001 ***
Wilks             1  0.5299766  7.981881      10      90  < 0.001 ***
Hotelling-Lawley  1  0.8868757  7.981881      10      90  < 0.001 ***
Roy               1  0.8868757  7.981881      10      90  < 0.001 ***
```

Abb. 8.2 Ausgabe der multivariaten Analyse (Auszug; die Variablen *dleb* bis *doff* belegen die Spalten 34 bis 43 im Datensatz)

dies nahelegt. Auf den Fall, dass ein Messwiederholungsfaktor mehr als zwei Stufen hat (sodass der Unterschied nicht durch jeweils eine Differenz dargestellt werden kann), gehen wir in Kap. 9 ein.

Die Fälle, die aber zunächst besprochen werden sollen, sind die multivariaten Generalisierungen der univariaten Analysen von Versuchsdesigns mit Gruppenvariablen (also Zwischen-Versuchspersonen-Faktoren).

Haben wir eine abhängige Variable und eine zweigestufte Gruppenvariable, rechnen wir den *t-Test für unabhängige Stichproben*; haben wir mehr als zwei Gruppen, rechnen wir eine Varianzanalyse oder – siehe Kap. 6 – wir regredieren die abhängige Variable auf Kodiervariablen. Haben wir die Kombination eines zweigestuften „Innerhalb-Versuchspersonen-Faktors" mit einem Gruppenfaktor, rechnen wir gemischte Varianzanalysen oder regredieren die Differenzvariable auf die Kodiervariablen. Was passiert nun, wenn man mehr als eine abhängige Variable hat, also die Pendants all dieser Tests multivariat berechnen möchte?

Wie wir sehen werden, sind die R-Anweisungen und auch die Ausgaben weiterhin einfach zu verstehen; um aber ohne matrix-algebraische Rechnungen ein Verständnis dieser Verfahren zu erzielen, müssen wir zunächst einen Umweg machen und ein sehr generelles multivariates Verfahren kennenlernen, die kanonische Korrelationsanalyse.

8.3 Die kanonische Korrelationsanalyse

Die kanonische Korrelationsanalyse dient dazu, die Zusammenhänge zwischen zwei Mengen von Variablen zu analysieren. Explizit wird die kanonische Korrelationsanalyse nur sehr selten eingesetzt (vgl. aber z. B. Tibon et al., 2021, Wang et al., 2020, für aktuelle Anwendungen); ihre Einsatzhäufigkeit würde in der Tat nicht rechtfertigen, sie in einem so schmalen Buch wie diesem hier zu beschreiben. Die Bedeutung dieses Abschnittes liegt vielmehr hauptsächlich darin, ein besseres Verständnis der multivariaten Analyseverfahren herzustellen. Darüber hinaus ist die Diskriminanzanalyse (Kap. 10) im Wesentlichen eine Anwendung der kanonischen Korrelationsanalyse

Die kanonische Korrelationsanalyse verbindet Elemente von multipler Regression, Faktorenanalyse (Kap. 11) und multivariaten Analysen. Bei der kanonischen Korrelationsanalyse geht es darum, das Zusammenhangsmuster zwischen zwei Mengen von Variablen zu bestimmen. Was damit gemeint sein kann, lässt sich wieder am besten mit einem inhaltlichen Beispiel erläutern. Brandtstädter, Wentura und Schmitz (1997) untersuchten die zeit- und zukunftsbezogenen Einstellungen von Menschen im höheren Erwachsenenalter. Jeweils mit mehreren Fragebogenitems wurden die folgenden Facetten von Zeit und Zukunftserleben erfragt: *Konkretheit der Zukunftsperspektive (KKR;* Beispielitem: „Ich habe sehr feste Vorstellungen davon, wie ich mein zukünftiges Leben gestalten werde"); *Offenheit des Zukunftshorizontes (OFF;* Beispielitem: „In meinem Leben gibt es immer neue und reizvolle Perspektiven"); *Affektive Valenz der Zukunftsperspektive (AFF;* Beispielitem: „Ich freue mich auf das Leben, das noch vor mir liegt"); *Kontrollierbarkeit der Zukunft (KTR;* Beispielitem: „Wie meine Zukunft aussieht, hängt in erster Linie von mir selbst ab"); *Vergangenheitsorientierung (VGO;* Beispielitem: „Ich denke häufiger an mein bisheriges Leben als an die Zukunft"); *Obsoleszenzgefühle (OBS;* Beispielitem: „Ich habe zunehmend das Gefühl, den Anschluss an die heutige Zeit verpasst zu haben"); *Akzeptieren der Endlichkeit des Lebens (END;* Beispielitem: „Ich sehe dem Ende des Lebens mit Gelassenheit entgegen").

Diese Variablen waren untereinander korreliert; zudem zeigten sie ein sinnfälliges Korrelationsmuster mit Depressivität einerseits und dem Lebensalter andererseits; Tab. 8.3 zeigt die Korrelationen.

Erwartbar korrelieren die Facetten des Zeit- und Zukunftserlebens deutlich mit der aktuellen Befindlichkeit. Ein kleinerer Teil der Varianz in diesen Skalen ist aber alterskorreliert, obschon Alter und Depressivität nicht korreliert sind. Offenbar gibt es zwei gut trennbare Varianzquellen für die individuellen Unterschiede in Zeit- und Zukunftserlebens: ein eher affektives Moment, aber auch der Stand der Person im Lebenslauf. Die kanonische Korrelationsanalyse hilft hier, diese Differenzierung besser herauszuarbeiten.

Tab. 8.3 Korrelationsmatrix der Zeit- und Zukunftsvariablen

					Set 1			Set 2	
		2	3	4	5	6	7	DEP	ALTER
1	Konkretheit (KKR)	.53	.63	.69	-.44	.16	-.55	-.61	-.22
2	Offenheit (OFF)		.45	.56	-.34	.12	-.39	-.45	-.27
3	Kontrolle (KTR)			.69	-.30	.18	-.54	-.61	-.11
4	Affektive Valenz (AFF)				-.36	.17	-.62	-.70	-.14
5	Vergangenheitsorientierung (VGO)					-.09	.51	.40	.30
6	Endlichkeit (END)						-.14	-.15	.09
7	Obsoleszenz (OBS)							.64	.17
	Depressivität (DEP)								.08

$1009 \leq n \leq 1069$; Korr.koeff. ≥ 0.15 (0.13, 0.12) sind bei Bonferroni-Adjustierung signifikant mit $p < .001$ (.01, .05)

8.3 Die kanonische Korrelationsanalyse

Bei der kanonischen Korrelationsanalyse werden für zwei Mengen von Variablen jeweils Linearkombinationen gebildet (sogenannte kanonische Variaten), sodass die Korrelation der Linearkombinationen maximal wird. Nehmen wir an, wir hätten die Variablen X_1 bis X_n und die Variablen Y_1 bis Y_n. Im Beispiel wären das zum einen die Zeit- und Zukunftsvariablen, zum anderen Alter und Depressivität. Die kanonische Korrelationsanalyse bildet die Gewichte zweier Linearkombinationen U_1 und V_1, sodass U_1 und V_1 maximal miteinander korrelieren.

$$U_1 = a_{11} \cdot X_1 + a_{12} \cdot X_2 \ldots + a_{1n} \cdot X_n$$
$$V_1 = b_{11} \cdot Y_1 + b_{12} \cdot Y_2 \ldots + b_{1m} \cdot Y_m$$

Auch hier können wir schulmathematischer Intuition vertrauen, dass sich Gewichte a_{11} bis a_{1n} sowie b_{11} bis b_{1n} finden lassen, die diese Maximierung erfüllen. Eine kleine Überlegung sagt uns allerdings, dass wir noch eine triviale Nebenbedingung einführen müssen: Da für die Korrelation der Variaten U_1 und V_1 deren Skalierung unerheblich ist, liefert der Maximierungsalgorithmus beliebig viele Gewichtsvektoren, die aber stets durch Multiplikation mit einem einzelnen Wert ineinander überführbar sind. Die Gewichte, die die kanonische Korrelationsanalyse liefert, sind daher diejenigen Gewichte, die zu U_1- und V_1-Variaten mit einer Varianz von eins führen.

Um diesen Gedanken noch weiter einzuüben, machen wir einen kleinen Exkurs, um uns die Äquivalenz von kanonischer Korrelationsanalyse und multipler Regression zu verdeutlichen, falls eine Variablenmenge (z. B. das Y-Set) nur *eine* Variable enthält. Zunächst: Die kanonische Korrelation wäre identisch mit der multiplen Korrelation R einer multiplen Regression bei der die Y-Variable auf die Variablen des X-Set regrediert wird. Diese Äquivalenz führt uns im Übrigen zu einer alternativen Beschreibung der multiplen Regression, die weiter unten noch eine Rolle spielen wird: Die Regressionsanalyse hat als Resultat eine Linearkombination eines Variablen-Sets X, die maximal mit einer Variable Y korreliert. Es gibt also eine Beschreibung der multiplen Regression, die ohne die asymmetrische Terminologie von Kriterium und Prädiktor auskommt. Wie verhält es sich nun mit den Gewichten der kanonischen Korrelationsanalyse und den Gewichten der Regressionsanalyse? Die kanonische Korrelationsanalyse wird als b_{11}-Gewicht für Y genau $b_{11} = 1/SD_y$ liefern, denn dieses Gewicht macht aus einer beliebig skalierten Variable eine Variable, deren Standardabweichung und Varianz 1 beträgt. Wie verhalten sich dann aber die a-Gewichte des X-Sets zu den Regressionsgewichten einer multiplen Regression, bei der die *z-standardisierte* Y-Variable auf die X-Variablen regrediert wird? Die durch die Regression gebildete Linearkombination hat eine Standardabweichung, die der multiplen Korrelation R (und damit auch der kanonischen Korrelation) entspricht, denn einem gemessenen Wert von Eins auf der z-standardisierten Y-Variable korrespondiert ein vorhergesagter Wert von R (Kap. 2). Die durch die kanonische Korrelationsrechnung gebildete Linearkombination V_1 hat demgegenüber eine Varianz und damit auch Standardabweichung von Eins. Das heißt, die Gewichte der multiplen Regression und die a-Gewichte der kanonischen Variate sind durch den Faktor R ineinander überführbar.

Durch das erste kanonische Variatenpaar wird nur ein erster Teil gemeinsamer Varianz der Variablen gebunden. Dieser Teil kann nun aus den Originalvariablen herausgerechnet werden, indem diese Variablen auf ihre jeweiligen kanonischen Variaten regrediert werden: die Variablen des X-Sets auf U_1 und die Variablen des Y-Set auf V_1. Dann kann das Spiel mit den Residualvariablen wiederholt werden: Wir bilden ein zweites Paar kanonischer Variaten U_2 und V_2 auf der Basis der Residualvariablen. Da die Residualvariablen *per definitionem* unkorreliert mit den ersten kanonischen Variaten U_1 und V_1 sind, wird ein unabhängiger Varianzanteil der Variablen erfasst.

Prinzipiell können so viele kanonische Variatenpaare gebildet werden, wie das kleinere Set Variablen hat. Hinsichtlich der Interpretation zieht man allerdings Inferenztests heran, die signalisieren, ob jeweils noch systematische Varianzüberlappung zwischen den beiden Sets besteht. Das heißt, der erste Test testet, ob das Gesamt der möglichen kanonischen Korrelationen als von Null verschieden angenommen werden soll. (Wir gehen darauf noch näher im Unterabschnitt *Wilks Lambda und Co.– Teil 2* ein.) Ist er signifikant, wird die erste kanonische Korrelation interpretiert. Der nächste Test testet, ob das Gesamt der folgenden kanonischen Korrelationen als von Null verschieden angenommen werden sollte. Ist er signifikant, wird auch die zweite kanonische Korrelation interpretiert. Es gibt also auch hier so viele Tests, wie es kanonische Korrelationen gibt. In der Tab. 8.4, letzte Zeile, ist das Ergebnis für das Beispiel zu sehen.

Beide Tests liefern hier also ein signifikantes Ergebnis, sodass beide Variatenpaare interpretiert werden können. Zusätzlich zu den Korrelationen und deren Tests liefert die Analyse noch die a- und b-Gewichte, zum einen für die Originalvariablen, zum anderen für z-standardisierte Varianten dieser Variablen; sie sind hier nicht abgedruckt. In der Regel interpretiert man die *Korrelationen* (Ladungen) der Variablen mit den Variaten; diese sind in der Tab. 8.4 wiedergegeben.

Wir können feststellen, dass das erste Variatenpaar auf der Seite von Alter und Depressivität hauptsächlich durch Depressivität bestimmt wird; auf der Seite der Zeit- und Zukunftsvariablen sind alle Variablen bis auf die Einstellung zur Endlichkeit des Lebens deutlich beteiligt; es gibt eine Art depressivitätskorreliertes „Syndrom", die Zukunft als weniger konkret, kontrollierbar, offen und positiv zu erleben; gleichzeitig ist man eher vergangenheitsorientiert und fühlt sich von den gegenwärtigen Entwicklungen abgekoppelt. Das zweite Variatenpaar ist auf der

Tab. 8.4 Strukturmatrix der kanonischen Korrelationsanalyse

Variablen	Kanonische Gleichung	
	1	2
Variablensatz 1		
Alter	.29	.96
Depression (DEP)	.98	−.22
Variablensatz 2		
Konkretheit (KKR)	−.80	−.09
Offenheit (OFF)	−.62	−.41
Kontrolle (KTR)	−.78	.21
Affektive Valenz (AFF)	−.89	.20
Vergangenheitsor. (VGO)	.60	.58
Endlichkeit (END)	−.19	.38
Obsoleszenz (OBS)	.83	−.08
Kanonische Korrelation	.78***	.34***

Anmerkungen: $N = 938$, *** $p < .001$ (Brandtstädter et al. 1993)

einen Seite hauptsächlich durch das Alter determiniert; auf der Seite der Zeitskalen finden wir jetzt hier aber eine größere Differenzierung: Zwar wird die Zukunft mit höherem Alter nicht mehr als offen erlebt und Vergangenheitsorientierung wird bedeutender; dies geht aber nicht mit stärker negativ besetzten Aspekten (mangelnde Kontrolle; affektive Valenz) einher.

8.4 Gruppenunterschiede

Kehren wir zurück zu unseren Versuchsplänen mit mehreren abhängigen Variablen. (Sie werden gleich merken, warum wir die kanonische Korrelationsanalyse dazwischen geschoben haben.) Die nächste Generalisierung ist die Einführung einer Gruppenvariable (*GR*). Stellen wir uns vor, die Patienten würden am Anfang ihres Aufenthaltes randomisiert einer Therapie- oder Wartekontrollgruppe zugewiesen. Tab. 8.5 zeigt die Mittelwerte für die beiden Gruppen.

Wir könnten testen, ob die Gruppen sich in ihrem Profil am *Anfang* der Therapie unterscheiden, das heißt, ob die randomisierte Zuweisung keine eklatanten Profilunterschiede für das Anfangsprofil produziert hat. Dies wäre das multivariate Pendant zum *t-Test für unabhängige Stichproben*. Wir sparen uns hier die Ausgabe (zum Befehl vgl. *Online Plus*); es gibt keine signifikanten Unterschiede.

Tab. 8.5 Mittelwerte der Warte-Kontrollgruppe (KG) und der Therapiegruppe (TG; fiktive Daten)

Skala	Variable	Anfang		Ende	
		KG	TG	KG	TG
Lebenszufriedenheit	LEB	4.62	4.86	4.66	5.08
Soziale Orientierung	SOZ	5.22	5.08	5.42	5.34
Leistungsorientierung	LEI	5.52	6.02	5.54	5.82
Gehemmtheit	GEH	4.40	4.46	4.48	4.40
Erregbarkeit	ERR	5.26	4.90	5.30	4.90
Aggressivität	AGGR	5.70	5.52	5.36	5.36
Beanspruchung	BEAN	6.06	6.28	5.72	5.92
Körperliche Beschwerden	KOERP	5.22	5.06	5.26	5.12
Gesundheitssorgen	GES	4.76	5.04	4.76	5.04
Offenheit	OFF	4.84	4.88	4.58	5.12

Um einen möglichen Effekt der Therapie festzustellen, rechnen wir eine 2(Zeitpunkt)×2(Gruppe)-Varianzanalyse; wir überprüfen damit, ob sich das Profil für die beiden Gruppen signifikant unterschiedlich entwickelt hat. In der Ausgabe wären leicht die Signifikanztests für die Haupteffekte Zeitpunkt und Gruppe und derjenige für die Interaktion zu identifizieren. Da uns im Wesentlichen nur der Interaktionstest interessiert (und dieses Buch schmal bleiben muss), nutzen wir wieder unser Wissen, dass zu diesem Zweck genauso gut der *Vektor der Differenzvariablen* auf Gruppenunterschiede getestet werden kann (Abb. 8.3).

Offensichtlich enthält der untere Teil der Abbildung das gewünschte Ergebnis, da er durch den Variablennamen *gr* eingeleitet wird. Wir stellen wiederum fest, dass die vier multivariaten Kriterien mit identischen *F*-Tests assoziiert sind; wir müssen uns also immer noch keine Gedanken über eine Auswahl machen. Der Test ist signifikant; wir können festhalten, dass die beiden Gruppen sich signifikant in der Veränderung des Profils unterscheiden. Wir können uns nun die Einzeltests anschauen, die die Ausgabe auch enthält (hier nicht abgedruckt); da es sich hier um eine eher explorative Analyse handelt, würde man wieder das einzelne Alpha-Niveau adjustieren (s. oben) und dann vor allem schauen, ob die Unterschiede den Erwartungen entsprechen (d. h. deutlichere Veränderungen im Sinne einer Reduzierung „problematischer" Eigenschaften). Hier bleibt bei einem solchen Vorgehen nur die Eigenschaft *Offenheit* mit einer (auch nach Adjustierung) signifikanten Veränderung übrig (vgl. die Mittelwerte in Tab. 8.5).

Gibt es eine Möglichkeit, uns den multivariaten Test begreifbarer zu machen? Ja, das ist in diesem Fall ganz einfach. Der Test beantwortet die Frage, ob es eine

8.4 Gruppenunterschiede

```
> reg_group <- lm(formula = as.matrix(multivat[,34:43]) ~ gr,
                  data = multivat)
> manova_group <- Anova(reg_group)
> summary(manova_group)

Multivariate Tests: gr
                Df test stat approx F num Df den Df    Pr(>F)
Pillai           1 0.2955829 3.734559     10     89   < 0.001 ***
wilks            1 0.7044171 3.734559     10     89   < 0.001 ***
Hotelling-Lawley 1 0.4196134 3.734559     10     89   < 0.001 ***
Roy              1 0.4196134 3.734559     10     89   < 0.001 ***
```

Abb. 8.3 Ausgabe der multivariaten Analyse (Test des Differenzvektors auf Gruppenunterschiede)

```
> reg_group2 <- lm(gr ~ as.matrix(multivat[,34:43]),
                   data = multivat)
> summary(reg_group2)

Residual standard error: 0.4448 on 89 degrees of freedom
Multiple R-squared:  0.2956, Adjusted R-squared:  0.2164
F-statistic: 3.735 on 10 and 89 DF,  p-value: 0.0003266
```

Abb. 8.4 Ausgabe einer Regression der Variable *gr* auf die Differenzvariablen (Auszug)

systematische Varianzüberlappung zwischen dem Vektor der Differenzvariablen und der Gruppenvariable gibt; anders ausgedrückt: Wenn man eine Linearkombination der Differenzvariablen bildet, die maximal mit der Gruppenvariable korreliert – ist diese Korrelation als signifikant von Null verschieden anzunehmen? Seit dem vorherigen Abschnitt wissen wir, dass der letzte Satz eine alternative Beschreibung dessen ist, was eine multiple Regression leistet! Rechnen wir also das, was *in termini* von Kriterium und Prädiktor etwas seltsam anmutet, nämlich eine multiple Regression mit GR als Kriterium und den Differenzvariablen als Prädiktoren (Abb. 8.4).

Der F-Test der multiplen Regression korrespondiert exakt mit dem multivariaten Test aus Abb. 8.3! Zudem sehen wir, dass R^2 identisch mit Pillai ist; es gelten weiterhin die Beziehungen zwischen den Prüfkriterien und ihre Interpretationen (im Sinne von „erklärter Varianz" usw.), wie wir sie im Abschnitt *Wilks Lambda und Co. (Teil 1)* eingeführt hatten.

Die Parallelität zwischen der multivariaten Analyse und der multiplen Regression im Fall eines zweigestuften Gruppenfaktors führt natürlich direkt zu der Frage: Was passiert bei mehr als zwei Gruppen? Erweitern wir unser Beispiel, indem wir

```
> multivat$gr2F <- as.factor(multivat$gr2)
> reg_group <- lm(formula = as.matrix(multivat[,34:43]) ~ gr2F,
                  data = multivat)
> manova_group <- Anova(reg_group)
> summary(manova_group)
Multivariate Tests: gr2F
                Df test stat approx F num Df den Df  Pr(>F)
Pillai           2 0.3827668 2.106452     20    178 0.00549463 **
Wilks            2 0.6428373 2.175698     20    176 0.00393312 **
Hotelling-Lawley 2 0.5157738 2.243616     20    174 0.00282753 **
Roy              2 0.4212144 3.748808     10     89 < 0.001 ***
```

Abb. 8.5 Ausgabe der multivariaten Analyse (Auszug)

annehmen, die Kontrollgruppenpersonen hätten (randomisiert) entweder ein Placebomedikament erhalten oder nicht.

Das heißt, wir haben jetzt drei Gruppen (Variable *gr2*), neben der Therapiegruppe (n = 50) noch eine reine Wartekontrollgruppe (n = 25) und eine Placebogruppe (n = 25). Wir rechnen erneut die Prozedur (nun mit *gr2* statt *gr*) und erhalten die Ausgabe der Abb. 8.5. (Wir sparen uns die Ausgabe der Mittelwerte; faktisch unterscheiden sich die beiden Kontrollgruppen kaum.) Jetzt sehen wir, dass die vier Prüfkriterien mit unterschiedlichen *F*-Tests assoziiert sind. Zwar führen bei diesen Daten alle zum selben Schluss (dass signifikante Gruppenunterschiede vorliegen); quantitativ sind aber Unterschiede vorhanden.

Wilks Lambda und Co. (Teil 2)

Wie können wir uns nun in diesem Fall den Prüfgrößen nähern? Die Leser ahnen es vielleicht schon: über die kanonische Korrelationsanalyse! In der Tat können wir die dreigestufte Gruppenvariable in zwei Kodiervariablen *K1* und *K2* überführen (Kap. 6; s. *Online Plus*). Wir rechnen dann eine kanonische Korrelationsanalyse; das erste Set wird durch die Differenzvariablen gebildet, das zweite Set durch die beiden Kodiervariablen. Der uns interessierende Teil ist in Abb. 8.6 zu finden.

Im untersten Teil der Abb. 8.6 ist das zentrale Ergebnis der kanonischen Korrelationsanalyse zu finden: In der Zeile, die eingeleitet wird mit „1 to 2" findet sich der Test, ob das Gesamt der kanonischen Korrelationen als von Null verschieden angenommen werden kann, oder anders formuliert: Gibt es überhaupt systematische Varianzüberlappung zwischen den beiden Variablenmengen.

8.4 Gruppenunterschiede

```
> multivat$K1 <- recode(multivat$gr2, '0' = 1, '1' = -1, '2' = 0)
> multivat$K2 <- recode(multivat$gr2, '0' = -.5, '1' = -.5,
                                       '2' = 1)
> set1 <- multivat[,c('dleb', 'dsoz', 'dlei', 'dgeh', 'derr',
                      'daggr','dbean', 'dkoerp', 'dges', 'doff')]
> set2 <- multivat[,c('K1', 'K2')]
> kankorr <- cc(set1, set2)
> kankorr$cor

[1] 0.5444046 0.2939224

> n <- dim(multivat)[1]
> p <- length(set1)
> q <- length(set2)
> p.asym(kankorr$cor, n, p, q, tstat = 'Wilks')

Wilks' Lambda, using F-approximation (Rao's F):
            stat    approx df1 df2       p.value
1 to 2: 0.6428373 2.1756979  20 176 0.003933116
2 to 2: 0.9136096 0.9350877   9  89 0.499095190
```

Abb. 8.6 Ergebnis der kanonischen Korrelationsanalyse

Tab. 8.6 Die Bestimmung der multivariaten Prüfgrößen anhand der kanonischen Korrelationen

	Kanonische Korrelation ρ_i	Gemeinsame Varianz ρ_i^2	Nicht gemein0, Varianz $1-\rho_i^2$	Varianzverhältnis $\rho_i^2/(1-\rho_i^2)$
1	.5444	.2964	.7036	.4212
2	.2939	.0864	.9136	.0946
Σ		.3828		.5159
Π			.6428	
	↓	↓	↓	↓
Kennwert		Pillai	Wilks	Hotelling (Roy)[a]

[a] Das Kriterium „Größte charakteristische Wurzel nach Roy" bezieht sich auf die erste kanonische Korrelation (hier also: 0.4212).

Wie man sieht, ist dieser Test identisch mit dem *Wilks Lambda*-Test unserer multivariaten Analyse (Abb. 8.5). Wir hätten in dem Aufruf der Funktion p.asym() statt „Wilks" auch „Pillai", „Hotelling" oder „Roy" angeben können. Die Zeilen für *Pillai* und *Hotelling* wären wiederum identisch zu denen der multivariaten Analyse (Abb. 8.5). Lediglich Roy differiert. Wir gehen darauf gleich ein. In der Mitte der

Abb. 8.6 sind die kanonischen Korrelationen ρ_i zu finden; wir haben sie in der Tab. 8.6 ganz links noch einmal aufgeführt. Rechts davon stehen die Quadrate der kanonischen Korrelationen (ρ_i^2) – ein Term, der die gemeinsame Varianz der jeweiligen kanonischen Variaten angibt – und die Terme $\rho_i^2/(1-\rho_i^2)$ (d. h. die gemeinsame Varianz geteilt durch die nicht gemeinsame Varianz).

Aus den kanonischen Korrelationen ergeben sich die Prüfgrößen (Tab. 8.6): *Pillai-Spur* ist die Summe der quadrierten kanonischen Korrelationen (also die Summe der „erklärten" Varianzen); *Wilks Lambda* ist das Produkt aller kanonischen Korrelationen, nachdem diese jeweils von Eins abgezogen wurden (also das Produkt der relativen Fehlervarianzterme); *Hotelling-Spur* ist die Summe der Varianzverhältnisse „erklärte" Varianz durch Fehlervarianz. In diese drei Prüfgrößen gehen somit alle möglichen kanonischen Korrelationen ein; sie sind daher untereinander relativ ähnlich im Vergleich zur *Größten charakteristischen Wurzel nach Roy*, die sich ausschließlich an der ersten kanonischen Korrelation orientiert.[1]

Manche Autoren weisen darauf hin, dass insbesondere bei kleineren Stichprobenumfängen die Ergebnisse der vier Tests divergieren können, da sie unterschiedliche Power und Robustheit besitzen. So führt Pillais bei kleinen Stichproben eher zur Überschreitung der Signifikanzgrenze als Hotellings und Wilks (Pospeschill, 2012). In einer Übersichtsarbeit hat Olson (1976) die Fehlerwahrscheinlichkeiten der verschiedenen Prüfstatistiken verglichen und empfiehlt generell das *Pillai-Spur*-Kriterium und rät sehr deutlich von *Roy* ab.

Man beachte noch, dass *Pillai* im Fall von mehr als zwei Gruppen nicht auf den Maximalwert 1, sondern auf den Wert $p = $ *Anzahl der kanonischen Korrelationen* beschränkt ist. Das heißt, die sprachliche Umschreibung als „relative Varianzaufklärung" ist nicht falsch, muss aber vor dem Hintergrund des Maximalwertes verstanden werden. Zudem muss man bedenken, dass die quadrierten kanonischen Korrelationen die Varianzüberlappung der *Variaten* (also der Linearkombinationen) meint und nicht die Varianzaufklärung in den Originalvariablen, wie eine einfache Überlegung zeigt: Angenommen, die Therapie wirke sich sehr deutlich auf die Lebenszufriedenheit aus, aber auf keine der sonstigen Variablen; die Kontrollgruppen unterscheiden sich überhaupt nicht. Das erste kanonische Variatenpaar wird auf der Seite der Differenzvariablen so gut wie ausschließlich durch die Lebenszufriedenheit dominiert, auf der Seite der Kodiervariablen so gut wie ausschließlich durch

---

[1] Das Roy-Kriterium wird zudem nicht einheitlich verwendet. Wir haben hier die in der verwendeten R-Funktion genutzte Version angegeben. Mitunter wird die erste quadrierte Kanonische Korrelation (bezogen auf Tab. 8.6: 0.2964) angegeben (vgl. Kuhfeld, 1986, Enders, 2003).

den Kontrast der Therapiegruppe zu den Kontrollgruppen. Die kanonische Korrelation (und damit das Korrelationsquadrat) kann – je nachdem wie deutlich der Lebenszufriedenheitseffekt ist – sehr hoch sein, obwohl nur die Varianz einer von 10 Variablen dadurch gebunden wird.

Zum Abschluss dieses Kapitels sei noch mal darauf verwiesen, dass die Prüfgrößen eigentlich matrix-algebraisch definiert sind; diese Definitionen finden sich zum Beispiel im Lehrbuch von Pituch und Stevens (2016).

Voraussetzungen

Es wird multivariate Normalverteilung der Residuen vorausgesetzt. Das kann nicht direkt getestet werden. Da multivariate Normalverteilung univariate Normalverteilung voraussetzt, kann man dies für die einzelnen Variablen überprüfen. Insbesondere wird immer wieder auf die Anfälligkeit der Analysen für Ausreißerwerte hingewiesen (Pituch & Stevens, 2016; Tabachnick & Fidell, 2019). Bei Versuchsplänen mit Gruppen wird die Homogenität der Varianz-Kovarianz-Matrizen vorausgesetzt. Das heißt, es sollen nicht nur die Varianzen der Variablen in den verschiedenen Gruppen gleich sein (wie bei der univariaten Varianzanalyse) sondern auch die Kovarianzen der abhängigen Variablen (s. hierzu Pituch & Stevens, 2016; Tabachnick & Fidell, 2019). Bei gleichen Gruppengrößen sind die Tests aber relativ robust (Tabachnick & Fidell, 2019).

Literatur

In allen Büchern zur multivariaten Datenanalyse (im weiteren Sinne) finden sich selbstverständlich Kapitel zur multivariaten Datenanalyse (im engeren Sinne; Pituch & Stevens, 2016; Tabachnick & Fidell, 2019), aber auch in allgemeineren Statistiklehrbüchern (Bortz & Schuster, 2010; Field, 2018; Field et al., 2012). Pituch und Stevens (2016) gehen sehr ausführlich auf das Thema Voraussetzungen der multivariaten Analyse ein.

Multivariate Behandlung von Messwiederholungsplänen

Eine der wichtigsten Anwendungen der multivariaten Analyse von Daten liegt in der angemesseneren Auswertung von Messwiederholungsplänen. Die Auswertungsfragestellung bei mehr als zweigestuften Messwiederholungsfaktoren lässt sich auf zwei Arten beschreiben. Neben der „klassischen" varianzanalytischen Auswertungsstrategie (Zerlegung der gesamten Quadratsumme in die „Zwischen-Personen" und die „Innerhalb-Personen" mit Aufteilung der „Innerhalb-Personen-Quadratsumme" in die „Treatment-Quadratsumme" und die Fehlerquadratsumme; Bortz & Schuster, 2010), lässt sich das Auswertungsproblem aber auch als Generalisierung der (abhängigen) t-Test-Fragestellung ansehen. Dort fragen wir uns, ob der Mittelwert der Differenz zweier Faktorstufenvariablen X_1 und X_2

$$D = X_1 - X_2$$

signifikant von Null verschieden ist. Die Nullhypothese ist also:

$$H_0 : M_D = 0$$

Was ist nun, wenn eine dritte Faktorstufe X_3 hinzukommt? Ein Vorschlag zur Lösung ist folgender: Bilde aus den drei Faktorstufenvariablen zwei Differenzvariablen, etwa so:

$$D_1 = X_1 - \frac{X_2 + X_3}{2}$$

$$D_2 = X_2 - X_3$$

D_1 kontrastiert somit X_1 mit dem Mittel aus X_2 und X_3; D_2 kontrastiert X_2 und X_3. Die Variablen D_1 und D_2 repräsentieren somit konzeptuell orthogonale Aspekte der Datenstruktur (vgl. Sie mit der Kontrastkodierung bei der regressionsanalytischen Behandlung von nichtmesswiederholten Versuchsplänen; Kap. 6). Die inferenzstatistische Frage kann jetzt so formuliert werden: Ist der Vektor der Mittelwerte der Differenzvariablen signifikant vom Nullvektor verschieden? Die Nullhypothese ist somit:

$$H_0 : \begin{pmatrix} M_{D_1} \\ M_{D_2} \end{pmatrix} = \begin{pmatrix} 0 \\ 0 \end{pmatrix}$$

Dies ist wieder eine multivariate Fragestellung. Diese Art der Behandlung von Messwiederholungsplänen macht weniger Voraussetzungen an die Daten und ist daher in der Regel der „klassischen" Behandlung vorzuziehen (vgl. zur Abwägung zwischen den Auswertungsmöglichkeiten das Ende des Kapitels).

9.1 Einfaktorielle Messwiederholungspläne

Diese Auswertungsstrategie soll an einem Beispiel gezeigt werden. In einer Untersuchung (Rohr et al., 2017) wurden Teilnehmern emotionale Gesichter (freudig, ängstlich, neutral) vorgelegt, die sie unter einer einfachen Aufgabenstellung (z. B. „Welches Geschlecht hat die dargestellte Person?") bearbeiten sollten. Nach einer Zwischenaufgabe wurden sie in einem vorher nicht angekündigten Gedächtnistest gebeten, bei jedem vorgelegten Bild zu entscheiden, ob es in der ersten Phase präsentiert wurde („alt") oder neu ist. Es ging dabei um die Frage, ob emotionale Gesichter (und eventuell insbesondere negative Gesichter) besser erinnert werden. Als Index der Gedächtnisleistung wird für jede Emotion die Differenz zwischen der relativen Häufigkeit von korrekten „alt-Antworten" und der relativen Häufigkeit von falschen „alt-Antworten" genutzt (das sogenannte PR-Maß).

Somit haben wir einen Datensatz mit drei Variablen: PR_{Freude}, PR_{Angst}, $PR_{Neutral}$. Wir berechnen nun eine einfaktorielle Varianzanalyse mit Messwiederholung (vgl. *Online Plus*). Schauen wir uns zunächst die Ausgabe der Mittelwerte an (Abb. 9.1, oben unter „*Coefficients*"). Wie leicht zu sehen, unterscheiden sich die Mittelwerte der Faktorstufen. Für ängstliche Gesichter ist der Mittelwert am höchsten, gefolgt von den Freude-Bildern; die neutralen Gesichter haben den niedrigsten Wert. Die Frage ist natürlich wie immer: Sind diese Unterschiede statistisch bedeutsam?

9.1 Einfaktorielle Messwiederholungspläne

```
> reg_emo <- lm(formula = as.matrix(EmoGed[,
            c('PR_Freude','PR_Angst','PR_Neutral')]) ~ 1,
            data = EmoGed)
> reg_emo

Coefficients:
             PR_Freude  PR_Angst  PR_Neutral
(Intercept)  0.3109     0.3194    0.2429

> emotion <- factor(x = c('Freude', 'Angst', 'Neutral'),
                    levels = c('Freude' ,'Angst', 'Neutral'))
> emotion_df <- data.frame(emotion)
> anova_emo <- Anova(mod = reg_emo, idata = emotion_df,
                     idesign = ~emotion,
                     icontrasts = 'contr.helmert')
> summary(anova_emo)

Term: emotion
 Response transformation matrix:
           emotion1 emotion2
PR_Freude  -1       -1
PR_Angst    1       -1
PR_Neutral  0        2

Multivariate Tests: emotion
                 Df test stat  approx F num Df den Df Pr(>F)
Pillai            1 0.1396048 20.11981       2    248 < 0.001 ***
Wilks             1 0.8603952 20.11981       2    248 < 0.001 ***
Hotelling-Lawley  1 0.1622565 20.11981       2    248 < 0.001 ***
Roy               1 0.1622565 20.11981       2    248 < 0.001 ***

Univariate Type III Repeated-Measures ANOVA Assuming Sphericity

             Sum Sq num Df  Error SS den Df  F value  Pr(>F)
(Intercept)  63.532      1    10.819    249 1462.209  < 0.001 ***
emotion       0.880      2    10.117    498   21.661  < 0.001 ***
```

Abb. 9.1 Ausgabe der multivariaten (und univariaten) Analyse (Auszug)

Abb. 9.1 (unterer Teil) zeigt das Ergebnis der Inferenztests. Auffällig an dem Ausgabeprotokoll ist der Punkt, dass es *zwei* Tests gibt: Einmal der *multivariate Test* und einmal der Test nach der „klassischen" Auswertungsstrategie (s. oben; hier überschrieben: *Univariate Type III Repeated-Measures ANOVA*). In diesem Fall ist die Folgerung aus beiden Tests dieselbe: Es gibt signifikante Unterschiede. Die Tests sind aber nur dann *äquivalent*, wenn sie lediglich einen Zählerfreiheitsgrad haben (d. h. nur zwei Bedingungen verglichen werden). Sobald das nicht gilt, werden sie numerisch divergieren bis hin zu Fällen, bei denen der eine Test signifikant ist, der andere aber nicht. Daher sollte man sich *a priori* für eine der beiden

Auswertungsstrategien entscheiden. Wir werden uns im Folgenden immer auf die multivariaten Tests beschränken. Am Ende des Kapitels werden wir noch mal auf die Unterschiede eingehen.

Ein Vorzug der multivariaten Strategie ist, dass implizit immer zwei konzeptuell unabhängige Differenzvariablen gebildet werden. Man kann dies ausnutzen und *a priori* festlegen, wie die Differenzvariablen gebildet werden sollen, sodass konzeptuell sinnvolle Vergleiche immer mitgeliefert werden. (Der globale F-Test liefert dabei immer dasselbe Ergebnis, egal wie man die orthogonalen Differenzvariablen bildet.)

Im vorliegenden Beispiel würde man etwa als konzeptuell sinnvoll erachten, dass die Frage nach einem besseren Gedächtnis für emotionale Stimuli *a priori* aufgesplittet wird in die Frage (a), ob sich ein Unterschied zwischen den ängstlichen und freudigen Gesichtern finden lässt, und (b), ob ein Unterschied zwischen den neutralen und den emotionalen Bildern vorliegt. Es wäre also sinnvoll, wenn die Differenzvariablen so gebildet würden:

$$D_1 = PR_{Freude} - PR_{Angst}$$

$$D_2 = PR_{Neutral} - \frac{PR_{Freude} + PR_{Angst}}{2}$$

Wir haben mit unserem R-Kommando genau diese Differenzbildung – das heißt: Stufe 1 (Freude) gegen Stufe 2 (Angst) und Stufe 3 (neutral) gegen den Rest der Stufen (Freude, Angst) – angefordert (die sogenannten Helmert-Kontraste; Abb. 9.1, Stichwort contr.helmert() und *Online Plus*). Wir können uns dessen vergewissern, wenn wir uns die sogenannte Transformationsmatrix ansehen, die in der Abb. 9.1 als erster Teil der *Anova*-Ausgabe zu finden ist.

Diese Tabelle ist so zu verstehen, dass jede Zahlenspalte die Gewichte zur Bildung von Differenzvariablen aus den Originalvariablen enthält.

$$emotion_1 = (-1) \cdot PR_{Freude} + 1 \cdot PR_{Angst} + 0 \cdot PR_{Neutral}$$

$$emotion_2 = (-1) \cdot PR_{Freude} + (-1) \cdot PR_{Angst} + 2 \cdot PR_{Neutral}$$

Es ist offenkundig, dass dies die Differenzvariablen sind, die wir oben vorgeschlagen haben (bis auf den unwesentlichen Faktor 2 der D_2 in $emotion_2$ verwandelt).

Wir können uns nun eine weitere Ausgabe anschauen: die Tests für die Kontraste (Abb. 9.2). Dort sehen wir, dass der Kontrast $emotion_2$ (neutral gegen emotional)

9.1 Einfaktorielle Messwiederholungspläne

```
> linearHypothesis(mod = reg_emo,
                  hypothesis.matrix = "(Intercept) = 0",
                  P = anova_emo$P$emotion[ , 1, drop = FALSE])
Response transformation matrix:
            emotion1
PR_Freude        -1
PR_Angst          1
PR_Neutral        0

Multivariate Tests:
              Df test stat  approx F num Df den Df  Pr(>F)
Pillai         1 0.0019651 0.4902647      1    249 0.48446
Wilks          1 0.9980349 0.4902647      1    249 0.48446
Hotelling-Lawley 1 0.0019689 0.4902647    1    249 0.48446
Roy            1 0.0019689 0.4902647      1    249 0.48446

> linearHypothesis(mod = reg_emo,
                  hypothesis.matrix = "(Intercept) = 0",
                  P = anova_emo$P$emotion[ , 2, drop = FALSE])
Response transformation matrix:
            emotion2
PR_Freude        -1
PR_Angst         -1
PR_Neutral        2

Multivariate Tests:
              Df test stat  approx F num Df den Df  Pr(>F)
Pillai         1 0.1377278 39.77193       1    249 < 0.001 ***
Wilks          1 0.8622722 39.77193       1    249 < 0.001 ***
Hotelling-Lawley 1 0.1597266 39.77193     1    249 < 0.001 ***
Roy            1 0.1597266 39.77193       1    249 < 0.001 ***
```

Abb. 9.2 Kontrasttests der multivariaten Analyse

signifikant ist, nicht aber der Kontrast $emotion_1$ (Freude gegen Angst). Die Schlussfolgerung ist hier klar: Emotionale Gesichter werden besser erinnert; die Valenz (positiv vs. negativ) spielt keine Rolle.

Machen Sie sich klar, dass jeder der Einzeltests in Abb. 9.2 äquivalent zu einem *Einstichproben-t*-Test ist, bei der der Mittelwert der jeweiligen Kontrastvariable gegen Null getestet wird. Zum Beispiel kann man D_2 (korrespondiert mit $emotion_2$, s. oben) als neue Variable berechnen; der *t*-Test ist in Abb. 9.3 zu finden; Quadrierung des *t*-Wertes (6.3065) ergibt genau den *F*-Wert in der Ausgabe für $emotion_2$ in Abb. 9.2 (39.772).

```
> EmoGed$D2 <- EmoGed$PR_Neutral -
            (EmoGed$PR_Freude + EmoGed$PR_Angst)/2
> t.test(EmoGed$D2, mu = 0)

    One Sample t-test

data:  EmoGed$D2
t = -6.3065, df = 249, p-value < .001
```

Abb. 9.3 Ergebnis des *Einstichproben-t*-Tests für D_1

9.2 Mehrfaktorielle Pläne

Das Experiment von Rohr et al. (2017) war tatsächlich komplexer: Die Bilder wurden den Teilnehmern nicht in ihrer normalen Form, sondern „frequenzgefiltert" vorgelegt; entweder wurden nur die hohen (HSF) oder niedrigen (LSF) „räumlichen Frequenzen" des Bildes bewahrt (Abb. 9.4).

Die dahinter liegende neurokognitive Theorie braucht uns hier nicht zu interessieren; sie legt aber die Hypothese nahe, dass der Emotionsvorteil insbesondere bei den LSF-Bildern besteht. Tatsächlich entsprach der Versuchsplan einem *2 (Frequenz) × 3 (Emotion)*-Design mit der Hypothese einer Interaktion. Wir haben also sechs statt drei Variablen; für die erste Analyse hatten wir einfach drei neue Variablen durch die Mittelung der korrespondierenden LSF- und HSF-Variablen gebildet.

In Abb. 9.5 (oben) sind die Mittelwerte abgedruckt; man kann tatsächlich erkennen, dass zumindest numerisch der Emotionseffekt größer für LSF- verglichen mit HSF-Stimuli ist. In Abb. 9.5 (unten) sind die Inferenztests. Die Interaktion ist in der Tat signifikant. Es gibt zudem einen signifikanten Haupteffekt Frequenz; generell werden die HSF-Bilder besser wiedererkannt. Wir sehen auch, dass das Ergebnis für den Haupteffekt Emotion exakt dasselbe wie bei der ersten Analyse ist (Abb. 9.1); wir können uns das tatsächlich so vorstellen, dass für die Berechnung dieses Haupteffektes innerhalb der 2×3-Analyse „im Hintergrund" die LSF- und HSF-Variablen für die drei Emotionsbedingungen gemittelt werden und dann dieselbe einfaktorielle Analyse wie oben gerechnet wird. Das kann man wieder anhand der Transformationsmatrix erkennen. Die Gewichte für *emo$_1$* und *emo$_2$* korrespondieren mit denen für *emotion$_1$* und *emotion$_2$* aus der einfaktoriellen Analyse (Abb. 9.1); die zusammengehörigen LSF- und HSF-Variablen tragen dasselbe Gewicht. Es ist unerheblich, dass diese Gewichtung faktisch zu einer Summierung der jeweiligen LSF- und HSF-Variablen (statt Mittelung) führt; das ist letztlich ein für die Tests unerheblicher Skalierungsfaktor.

9.2 Mehrfaktorielle Pläne

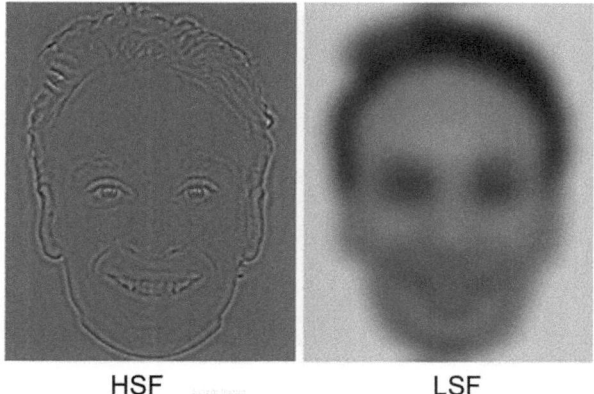

HSF   LSF

Abb. 9.4 Beispielbilder der Studie (Rohr et al. 2017)

Die Spalte für den Faktor *sf* ist selbstevident. Die Kontraste *emo₁:sf* und *emo₂:sf* sehen zunächst kompliziert aus, lassen sich aber ganz einfach herleiten. Stellen wir uns vor, wir bilden die Kontrastvariablen getrennt für die beiden Frequenzen; für HSF sähe das also so aus:

$$D_{11} = \text{PR}_{\text{Freude\_HSF}} - \text{PR}_{\text{Angst\_HSF}}$$

$$D_{21} = \text{PR}_{\text{Neutral\_HSF}} - \frac{\text{PR}_{\text{Freude\_HSF}} + \text{PR}_{\text{Angst\_HSF}}}{2}$$

Entsprechend würden wir D_{10} und D_{20} für die LSF-Bedingungen bilden. Die Interaktionsnullhypothese entspricht also (M für Mittelwert):

$$H_0 : \begin{pmatrix} M_{D_{11}} \\ M_{D_{21}} \end{pmatrix} = \begin{pmatrix} M_{D_{10}} \\ M_{D_{20}} \end{pmatrix} \text{ bzw. } H_0 : \begin{pmatrix} M_{D_{11} - D_{10}} \\ M_{D_{21} - D_{20}} \end{pmatrix} = \begin{pmatrix} 0 \\ 0 \end{pmatrix}$$

Nehmen wir beispielhaft die zweite Komponente des gegen Null zu testenden Vektors beim Interaktionstest; es geht dabei um den Mittelwert der folgenden doppelten Differenzvariable:

```
> reg_emo_SF <- lm(formula = as.matrix(EmoGed[,
                c('PR_Freude_LSF', 'PR_Angst_LSF', 'PR_Neutral_LSF',
                  'PR_Freude_HSF', 'PR_Angst_HSF', 'PR_Neutral_HSF')])
                ~ 1, data = EmoGed)
> reg_emo_SF

Coefficients:
             PR_Freude_LSF  PR_Angst_LSF  PR_Neutral_LSF
(Intercept)  0.2789         0.3131        0.1937
             PR_Freude_HSF  PR_Angst_HSF  PR_Neutral_HSF
             0.3429         0.3257        0.2920
> emo <- factor(x = c('Freude', 'Angst', 'Neutral',
                      'Freude', 'Angst','Neutral'),
                levels = c('Freude' ,'Angst', 'Neutral'))
> sf <- factor(x = c('LSF', 'LSF', 'LSF', 'HSF', 'HSF','HSF'),
               levels = c('LSF' ,'HSF'))
> emo_sf_df <- data.frame(emo, sf)
> anova_emo_sf <- Anova(mod = reg_emo_SF, idata = emo_sf_df,
                idesign = ~emo * sf,
                icontrasts = 'contr.helmert')
> summary(anova_emo_sf)

Response transformation matrix:
                     emo              emo:sf
               emo1  emo2   sf1   emo1:sf1  emo2:sf1
PR_Freude_LSF   -1    -1    -1        1         1
PR_Angst_LSF     1    -1    -1       -1         1
PR_Neutral_LSF   0     2    -1        0        -2
PR_Freude_HSF   -1    -1     1       -1        -1
PR_Angst_HSF     1    -1     1        1        -1
PR_Neutral_HSF   0     2     1        0         2

Multivariate Tests:
              Df  test stat  approx F  num Df  den Df   Pr(>F)
emo    Pillai  1  0.1396048  20.11981       2     248  < 0.001 ***
sf     Pillai  1  0.0810350  21.95701       1     249  < 0.001 ***
emo:sf Pillai  1  0.0414925   5.367788      2     248  0.0052221 **
```

Abb. 9.5 Ausgabe der multivariaten Analyse für den 2×3-Plan (Die drei Transformationsmatrizen für emo, sf und emo:sf wurden hier aus Platzgründen zu einer Matrix integriert. Da die Prüfkriterien in ihrem F-Test nicht divergieren, wurde jeweils nur die mit *Pillai*-Spur assoziierte Zeile stehengelassen.)

$$D_b = D_{21} - D_{20}$$

Das Einsetzen der Gleichungen für D_{21} und D_{20} (s. oben; Emotionsnamen abgekürzt), Umformen und Multiplizieren mit 2 erbringt:

9.2 Mehrfaktorielle Pläne

$$D_b = \left(PR_{N\_HSF} - \frac{PR_{A\_HSF} + PR_{F\_HSF}}{2} \right) - \left(PR_{N\_LSF} - \frac{PR_{A\_LSF} + PR_{F\_LSF}}{2} \right)$$

$$D_b = 2 \cdot PR_{N\_HSF} - PR_{A\_HSF} - PR_{F\_HSF} - 2 \cdot PR_{N\_LSF} + PR_{A\_LSF} + PR_{F\_LSF})$$

Man kann jetzt leicht erkennen, dass D_b mit emo_2:sf korrespondiert. (Der Faktor 2 ist unwesentlich für die Analyse der Variable.) Ebenso können wir uns klar machen, dass emo_1:sf den ersten Teil der Interaktionshypothese abbildet. Wir können hier im Übrigen auch unser Wissen aus den Kap. 5 und 6 einsetzen: die Gewichte für emo_1:sf und emo_2:sf erhält man auch, wenn man die Gewichte von emo_1 und emo_2 mit den Gewichten für sf multipliziert.

Wir können uns nun eine weitere Ausgabe anschauen: die Tests für die Kontraste. Beispielhaft ist hier der Test für den zweiten Interaktionskontrast wiedergegeben (Abb. 9.6). Der Kontrast *neutrale vs. emotionale Gesichter* ist signifikant unterschiedlich für die Frequenzen; eine Inspektion der Mittelwerte (Abb. 9.5) zeigt, dass der Effekt stärker für die niedrigen Frequenzen (LSF) ist. Machen Sie sich bitte wieder klar, dass der *F*-Test der Abb. 9.6 äquivalent zu einem *Einstichproben-t*-Test ist, bei denen der Mittelwert der „zu Fuß" gebildeten Variablen D_b (s. oben) gegen Null getestet wird.

```
> linearHypothesis(mod = reg_emo_SF,
                   hypothesis.matrix = "(Intercept) = 0",
                   P = anova_emo_sf$P$'emo:sf'[, 2, drop = FALSE])

Response transformation matrix:
              emo2:sf1
PR_Freude_LSF      1
PR_Angst_LSF       1
PR_Neutral_LSF    -2
PR_Freude_HSF     -1
PR_Angst_HSF      -1
PR_Neutral_HSF     2

Multivariate Tests:
                Df test stat  approx F num Df den Df    Pr(>F)
Pillai           1 0.0273913  7.012517      1    249 0.0086112 **
Wilks            1 0.9726087  7.012517      1    249 0.0086112 **
Hotelling-Lawley 1 0.0281627  7.012517      1    249 0.0086112 **
Roy              1 0.0281627  7.012517      1    249 0.0086112 **
```

Abb. 9.6 Kontrasttests der multivariaten Analyse

Polynomiale Kontraste
Die orthogonalen Kontraste, die wir das ganze Kapitel über genutzt haben, heißen *Helmert*-Kontraste. Bei ihnen wird stets die erste Bedingung gegen die zweite (Kontrast 1), dann die erste und die zweite Bedingung gemeinsam gegen die dritte Bedingung (Kontrast 2) und so fort getestet bis die letzte Bedingung gegen alle vorherigen Bedingungen getestet wird. Was jeweils die erste, zweite (usw.) Bedingung ist, entscheidet der Anwender selbst durch die Reihenfolge der Auflistung beim Aufruf der Prozedur.

Es gibt eine Reihe weiterer Kontrastkodierschemata, von denen wir auf eines noch besonders hinweisen wollen: die sogenannten *polynomialen Kontraste*. Hierbei werden die Differenzvariablen so gebildet, dass sie den linearen, quadratischen, kubischen (und so fort) Trend über die Mittelwerte der Bedingungen abbilden. Stellen Sie sich vor, emotionale Bilder werden jeweils für fünf Sekunden gezeigt; währenddessen wird bei den Teilnehmern die Muskelspannung an bestimmten Gesichtsmuskeln gemessen (EMG), um Mimikry-Prozesse (automatische Nachahmung) zu untersuchen (van der Schalk et al., 2011). Sie mitteln jeweils die EMG-Werte für Halb-Sekundenabschnitte, sodass sie für jede Emotion 10 Mittelwert-Werte haben. Angenommen, sie vermuten, dass Mimikry-Prozesse auf Ärger- und Angstgesichter einen anderen Verlauf haben. Sie könnten dies mit einer 2 (Emotion) × 10 (Zeitpunkt)-MANOVA untersuchen. Allerdings werden Sie nur eine geringe Teststärke haben, da Sie für *irgendwelche* Mittelwertsunterschiede in dem zehnstufigen Faktor testen. Besser ist es, die polynomialen Kontraste zu testen, da jeder Kontrast nur mit einem Freiheitsgrad assoziiert ist und die frühen Kontraste (linear, quadratisch, eventuell noch kubisch) einfach zu interpretieren sind. Helmert-Kontrast und polynomiale Kontraste unterscheiden sich in ihrem Kodierungsschema im Übrigen erst ab einem viergestuften Faktor: Bei drei Stufen ist der lineare Kontrast die Differenz der ersten mit der dritten Stufe; der quadratische Kontrast ist die Differenz der mittleren Stufe gegen den Mittelwert der beiden anderen Stufen. Das entspricht dem Helmert-Kontrast, bei der die mittlere Stufe als Letztes aufgeführt wird.

9.3 Die Hinzunahme von Zwischen-Versuchspersonen-Variablen

Das Studie von Rohr et al. (2017) war noch komplexer: In Wirklichkeit handelt es sich um vier Experimente, die alle gleich waren in ihrer Durchführung, bis auf ein Merkmal: die Art der Aufgabe in der Enkodierungsphase. Die Teilnehmer sollten entweder (a) das Alter, (b) das Geschlecht, (c) die regionale Herkunft der Sti-

9.3 Die Hinzunahme von Zwischen-Versuchspersonen-Variablen

muluspersonen oder (d) die Intensität der gezeigten Emotion einschätzen. Es ging darum zu zeigen, dass die Art der Aufgabe keine (wesentliche) Rolle bei dem Gedächtniseffekt spielt.

Der Versuchsplan ist nun also ein *2 (Frequenz)* × *3 (Emotion)* × *4 (Aufgabe)*-Design mit Messwiederholung auf den ersten beiden Faktoren. Wir erhalten die Ausgabe der Abb. 9.7 (die Variable *exp* steht für die Aufgabenvariation). Wir

```
> contrasts(EmoGed$exp) <- contr.helmert(4)
> contrasts(EmoGed$exp)
          [,1] [,2] [,3]
Alter       -1   -1   -1
Ethnie       1   -1   -1
Geschlecht   0    2   -1
Emotion      0    0    3
> reg_between <- lm(formula = as.matrix(EmoGed[,
    c('PR_Freude_LSF', 'PR_Angst_LSF', 'PR_Neutral_LSF',
    'PR_Freude_HSF', 'PR_Angst_HSF', 'PR_Neutral_HSF')])
    ~ exp, data = EmoGed)
```
[Zeilen emo ... sf ... emo_sf_df wie in Abbildung 9.5]
```
> anova_between <- Anova(mod = reg_between, idata = emo_sf_df,
    idesign = ~emo * sf, icontrasts = 'contr.helmert', type = 3)
> summary(anova_between)
```

		Df	test stat	approx F	num Df	den Df	Pr(>F)	
exp	Pillai	3	0.1057859	9.700631	3	246	< 0.001	***
emo	Pillai	1	0.1409275	20.09564	2	245	< 0.001	***
exp:emo								
	Pillai	3	0.0095085	0.3917109	6	492	0.88442	
	Wilks	3	0.9905075	0.3903904	6	490	0.88526	
	Hotelling	3	0.0095672	0.3890678	6	488	0.88610	
	Roy	3	0.0073702	0.6043569	3	246	0.61274	
sf	Pillai	1	0.0803128	21.48226	1	246	< 0.001	***
exp:sf	Pillai	3	0.0062126	0.5126167	3	246	0.67395	
emo:sf	Pillai	1	0.0406892	5.195838	2	245	0.00617	**
exp:emo:sf								
	Pillai	3	0.0444128	1.862279	6	492	0.08553	
	Wilks	3	0.9557476	1.869248	6	490	0.08432	
	Hotelling	3	0.0461336	1.876101	6	488	0.08314	
	Roy	3	0.0421537	3.456606	3	246	0.01711	*

Abb. 9.7 Ausgabe für das *2 (Frequenz)* × *3 (Emotion)* × *4 (Aufgabe)*-Design (Aus Platzgründen wurde die Ausgabe zu einer Tabelle zusammengefasst. Für Effekte, bei denen die vier Prüfgrößen nicht divergieren können, wird nur *Pillai*-Spur berichtet.)

erhalten für die Effekte, die schon in der Analyse ohne die Aufgabenvariable getestet wurden (Abb. 9.5) im Wesentlichen dieselben Ergebnisse. (Warum sie nicht exakt gleich sind, dazu kommen wir gleich.)

Bei allen Effekten, an denen sowohl der Faktor Emotion als auch der Faktor *exp* beteiligt sind, erhalten wir jetzt leicht unterschiedliche Ergebnisse für die vier Prüfgrößen. Wir ahnen, was dahinter steckt (Kap. 8): Der dreigestufte Faktor Emotion wird in zwei Differenzvariablen kodiert; die vier Gruppen werden in drei Kodiervariablen kodiert. Die Frage nach gemeinsamer Varianz wird durch die Bildung von zwei kanonischen Variaten beantwortet.

Warum entsprechen die Tests für die Effekte ohne Beteiligung von *exp* nicht exakt den Ergebnissen aus der früheren Analyse? Warum erhalten wir zum Beispiel für den Haupteffekt *Frequenz* hier einen F-Wert von $F = 21.482$, während er in der früheren Analyse $F = 21.957$ betrug? Das hat zwei Gründe: zum einen sind die Nenner-Freiheitsgrade jetzt durch den Einbezug von *exp* gesunken; zum anderen vermindert dieser Einbezug die Fehlervarianz für den Test des Haupteffektes. Hier hebt sich beides weitgehend auf. Wir können das aber noch stärker auf das beziehen, was wir bislang in diesem Buch besprochen haben.

Greifen wir uns den Test für die Interaktion von Aufgabe (*exp*) und Frequenz (*sf*) heraus. Da letzterer nur aus zwei Bedingungen besteht, ist der Test in der Analyse ohne den Zwischen-Versuchspersonen-Faktor *exp* äquivalent zu einem *Einstichproben-t*-Test für den Mittelwert der entsprechenden Differenzvariable (d. h. Mittel der Bedingungen mit hohen Frequenzen minus Mittel der Bedingungen mit niedrigen Frequenzen oder umgekehrt).

Hier lassen sich die Tests für *sf* und *exp* × *sf* als Ergebnisse einer multiplen Regression darstellen. Wir müssen dazu lediglich die Gruppenzugehörigkeit in drei Kontrastkodiervariablen kodieren, die (bei gleicher Gruppengröße) den Mittelwert 0 haben (Kap. 6). Der Test für die Interaktion von *sf* × *exp* entspricht der Frage, ob die drei Kodiervariablen k1, k2, k3, die *exp* kodieren, signifikant Varianz in der *sf*-Differenzvariable erklären. Abb. 9.8 zeigt das Ergebnis: Der globale F-Test der Regression (oberer Teil der Abbildung) ist exakt derselbe, den wir in der Zeile *exp: sf* der Abb. 9.7 finden. Der Test für die Konstante entspricht aber nun dem Haupteffekt des Faktors *sf* in der Abb. 9.7 (mit $4.635^2 = 21.48$)!

Die Äquivalenz des Tests der Regressionskonstanten mit dem Test für den Haupteffekt ergibt Sinn: Dieser Test gibt eine Schätzung des *sf*-Effektes, wenn für alle Kodiervariablen (d. h. *exp1*, *exp2*, *exp3*) der Wert Null eingegeben wird. Da dies Kontrastkodiervariablen mit einem konzeptuellen Mittelwert von Null sind (vgl. die Ausgabe im oberen Teil der Abb. 9.7), ist dies die korrekte Schätzung des *sf*-Effektes bei gleichgewichtiger Einbeziehung aller Gruppen.

Wir können dies noch besser verdeutlichen an dem einfacheren Fall der Regression einer Differenzvariable auf eine zweigestufte Gruppenvariable (Abb. 9.9).

9.3 Die Hinzunahme von Zwischen-Versuchspersonen-Variablen

```
> attach(EmoGed)
> EmoGed$d_sf <- (PR_Freude_HSF+PR_Angst_HSF+PR_Neutral_HSF) -
                 (PR_Freude_LSF+PR_Angst_LSF+PR_Neutral_LSF)
> detach(EmoGed)
> contrasts(EmoGed$exp) <- contr.helmert(4)
> bivreg <- lm(formula = d_sf ~ exp, data = EmoGed)
> summary(bivreg)

Coefficients:
            Estimate Std. Error t value  Pr(>|t|)
(Intercept)  0.17377    0.03749   4.635  < 0.001 ***
exp1        -0.01033    0.05172  -0.200    0.842
exp2        -0.03717    0.03041  -1.222    0.223
exp3        -0.00195    0.02230  -0.087    0.930

Residual standard error: 0.5918 on 246 degrees of freedom
Multiple R-squared:  0.006213, Adjusted R-squared: -0.005907
F-statistic: 0.5126 on 3 and 246 DF, p-value: 0.6739
```

Abb. 9.8 Ergebnis einer Regressionsanalyse der *sf*-Differenzvariable auf die Kodiervariablen von *exp*

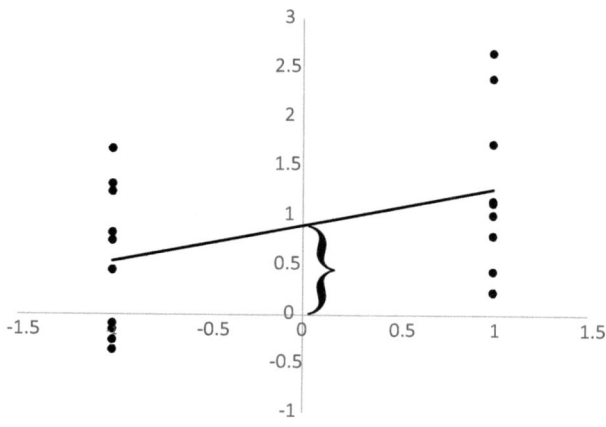

Abb. 9.9 Regression mit zwei Gruppen

Dadurch, dass die beiden Gruppen mit −1 und +1 kodiert sind, schneidet die Regressionslinie die Y-Achse genau bei dem Mittelwert der abhängigen Variable, wenn man die Gruppen ungewichtet einbeziehen möchte (also dem Mittelwert der Gruppenmittelwerte). Somit entspricht der Test der Regressionskonstanten dem Test, ob der ungewichtete Mittelwert von Null verschieden ist. Durch die Regression werden zudem die Mittelwertsunterschiede zwischen den Gruppen herausgerechnet; dadurch wird ein (kleiner) Teil der Varianz der abhängigen Variable gebunden, der den *Einstichproben-t*-Test belasten würde. Allerdings haben wir einen Nennerfreiheitsgrad gegenüber dem *Einstichproben-t*-Test verloren. Bei zwei Kodiervariablen würde es um eine Ebene gehen, die symmetrisch um die Y-Achse liegt; bei den drei Kodiervariablen unseres Beispiels um eine vierdimensionale Hyperebene. Das kann man nicht mehr in einer Abbildung zeigen; das Prinzip ist aber dasselbe.

Dieselbe Logik, die wir hier für die *sf*-Differenzvariable erläutert haben, gilt natürlich auch für jede Differenzvariable, die für einen Faktor gebildet wird, der mehr als zwei Stufen hat, zum Beispiel also für die beiden Differenzvariablen des Faktors *emo* und diejenigen der Interaktion *emo:sf*. Sinngemäß gilt diese Problematik natürlich auch für die multivariaten Tests für *emo* und *emo:sf*, auch wenn wir das nicht mehr durch die Äquivalenz zu einer bivariaten Regression illustrieren können.

Wichtig zu wissen ist, dass R nominalskalierte Variablen standardmäßig *dummy*-kodiert. Hierdurch würde sich natürlich der Test für die Interaktion (in unserem Beispiel *exp:sf*) nicht verändern, so wie sich der globale *F*-Test der Regression nicht verändern, wenn ich von einer Kontrastkodierung zu einer *Dummy*-Kodierung übergehen würde. Die Interpretation des Konstantentests verändert sich aber drastisch. Er gibt dann eine Schätzung des Innerhalb-Effektes für die Referenzgruppe (also die Gruppe, die auf allen *Dummy*-Variablen den Wert Null hat). In der Regel, ist dies nicht das, was man möchte.

Hinzunahme von kontinuierlichen Zwischen-Versuchspersonen-Variablen
Wenn wir statt Gruppen kontinuierliche Zwischen-Versuchspersonen-Variablen in den Versuchsplan mit aufnehmen, bleibt die Logik die gleiche: Die multivariaten Tests entsprechen im Prinzip der Frage, ob das Variablenset der orthogonalen Differenzvariablen, die den Innerhalb-Plan kodieren, gemeinsame Varianz mit dem Variablenset hat, dass die Zwischen-Personen-Variablen enthält. Im Fall, dass eines der Sets nur eine Variable enthält, entspricht der entsprechende Test dem globalen *F*-Test einer multiplen Regression; wenn nicht, handelt es sich im Prinzip um eine kanonische Korrelationsanalyse. Allerdings ist ein Punkt sehr wichtig; wird er nicht beachtet, kann es vorkommen, dass Tests völlig fehlinterpretiert werden. Er ist aber nach den gerade eingeführten Überlegungen denkbar einfach zu verstehen.

Stellen wir uns vor, der Datensatz zum Gedächtnis für emotionale Gesichter enthielte noch eine kontinuierliche Zwischen-Versuchspersonen-Variable, sagen wir: ein

9.3 Die Hinzunahme von Zwischen-Versuchspersonen-Variablen

Maß habitueller Ängstlichkeit, da es sein könnte, dass hoch-ängstliche Personen andere Effekte bei emotionalen Gesichtern zeigen als niedrig-ängstliche. Das Ängstlichkeitsmaß sei ein Selbstauskunftsfragebogen mit 20 Items, die auf einer Skala von 1 bis 5 beantwortet werden. Der Summenwert wird als Variablenwert genommen; der niedrigste Wert beträgt also 20. Das Ängstlichkeitsmaß kann ohne weiteres als Kovariate in die Analyse eingegeben werden. Wir erhalten eine Ausgabe, die ganz analog zu Abb. 9.7 ist, nur dass überall wo in dieser Abbildung „. . . . *exp*" steht, nun „. . . . *Ängstlichkeit*" steht. Diese Effekte sind genauso interpretierbar: Wird ein Innerhalb-Effekt durch Ängstlichkeit moderiert?

Die Haupteffekte der Innerhalb-Faktoren entsprechen aber wieder den Konstantentests der Regression. Der Haupteffekttest für *sf* bedeutet dann zum Beispiel: Ist der Unterschied im Gedächtnis für hoch-frequente vs. niedrig-frequente Bilder *für Personen, die einen Ängstlichkeitswert von Null haben*, signifikant? Das ist offensichtlich ein sinnloser Test, da es *a priori* keine Personen mit diesem Wert geben kann.

Wenn wir die Variable Ängstlichkeit aber vorher zentrieren (also so linear transformieren, dass der Mittelwert Null beträgt, z. B. durch z-Standardisierung), wird der Test wieder sinnvoll: Ist der Unterschied im Gedächtnis für hochfrequente vs. niedrig-frequente Bilder *für Personen, die einen mittleren Ängstlichkeitswert zeigen*, signifikant? Beachten Sie also, dass kontinuierliche Variablen stets zentriert in eine solche Analyse eingehen.

Multivariate Behandlung von Messwiederholungsplänen vs. „klassische" Auswertung

Wie eingangs geschrieben, haben wir die Wahl, Messwiederholungspläne auf (mindestens)[1] zwei Arten zu analysieren, die multivariate Behandlung und die „klassische" Auswertung. (In der Tat liefern die von uns in diesem Kapitel verwendeten R-Funktionen zusätzlich auch die „klassische" Analyse.) Wir wollen hier noch einmal kurz auf den Vergleich eingehen. Dazu müssen wir knapp rekapitulieren, wie die „klassische" Variante (ANOVA) funktioniert.

Die klassische Variante entspricht der Analyse eines Datensatzes mit n (= Anzahl Vpn) × m (Gesamtanzahl der Stufen des Messwiederholungsplanes) Dateneinheiten, bei der der individuelle Mittelwert der Versuchsteilnehmer über die Innerhalb-Faktorstufen von den einzelnen Werten abgezogen wird (ipsative Werte). Dadurch werden Niveauunterschiede zwischen den Personen herausgerechnet. Der

---

[1] Die HLM-Auswertungsmethode (vgl. Kap. 7) kommt natürlich hinzu.

so präparierte Datensatz wird im Prinzip dann wie ein Datensatz mit n×m Personen und einem Zwischen-Personen-Versuchsplan behandelt. (Die Freiheitsgrade werden natürlich angepasst, da wegen der Ipsation nur noch m−1 Werte pro Person frei variieren können.)

Man macht hierbei die Annahme der Sphärizität/Zirkularität. Es wird angenommen, dass die Varianzen der Differenzen zwischen jeweils zwei Faktorstufen homogen sind. Stellen wir uns vor, wir hätten drei Stufen bei dem Messwiederholungsfaktor, zwei Stufen (c_1 und c_2) hätten Werte mit einer Standardabweichung von 1, die dritte Stufe c_3 hätte eine Varianz von 5. Für die Differenz c_1 minus c_2 würde wir – alles andere gleich gehalten – sicherlich eine geringere Varianz erwarten als für die Differenzen c_1 minus c_3 und c_2 minus c_3. Dies wäre eine Verletzung der Annahme. Man kann dies auch testen mit dem Mauchly-Test; er sollte nicht signifikant sein. (Dieser Test wird ebenfalls in der R-Ausgabe der von uns verwendeten Funktionen mitgeliefert.) Ist die Annahme verletzt, droht ein zu großes Alpha-Fehler-Risiko. Daher werden Korrekturen vorgeschlagen. Am bekanntesten ist die Greenhouse-Geisser-Korrektur; auch diese wird standardmäßig mitgeliefert.

Die multivariate Behandlung des Messwiederholungplans macht diese gravierende Annahme nicht. Das ist ein Grund, sie vorzuziehen (neben der oben herausgearbeiteten Eigenschaft, die Differenzbildung für die *a-priori*-Kontrastbildung zu nutzen). Man könnte jetzt einwenden, dass durch die Korrektur die Gefahr der Alpha-Fehler-Inflation gebannt ist. Es lässt sich aber relativ leicht zeigen, dass man in solchen Fällen Testpower verliert. Die Tab. 9.1 zeigt die wahren Alpha-Fehler bzw. die Testpower für Simulationen mit und ohne Verletzung der Annahme. Es wurden für die Simulationsläufe ohne Effekt für jeweils n = 100 Personen für die erste und zweite von drei Bedingungen Zufallswerte aus einer Standardnormalverteilung gezogen; für die dritte Bedingung wurde auch aus einer Normalverteilung mit Mittelwert Null, aber entweder ebenfalls eine Standardabweichung von eins (keine Verletzung der Annahme) oder fünf (Verletzung) gezogen. Für die Simulationsläufe mit

Tab. 9.1 Ergebnisse von jeweils 1000 Simulationsläufen

	Nulleffekt Verletzung Sphärizität		Mit Effekt Verletzung Sphärizität	
	mit	ohne	mit	ohne
	α	α	1-β	1-β
MANOVA	5.3 %	5.2 %	88.9 %	95.7 %
ANOVA				
ohne Korrektur	9.2 %	4.7 %	18.1 %	95.7 %
Greenhouse-Geisser	5.7 %	4.6 %	12.0 %	95.7 %

Effekt war alles gleich; lediglich der Mittelwert der Verteilung aus der die Werte der ersten Bedingung gezogen wurden, wurde auf 0,5 angehoben.[2]

Wie zu sehen ist, entspricht ohne Verletzung der Sphärizität bei beiden Analyseverfahren das tatsächliche Alpha-Fehler-Niveau dem gesetzten. Die Werte sind so zu lesen: Bei 5.2 % (4.7 %) der Datensätze ohne Effekt und ohne Verletzung der Annahme war der Test in der MANOVA (ANOVA) mit einem p-Wert $< .05$ assoziiert. (Es wäre also fälschlicherweise auf Signifikanz erkannt worden.) Bei 95.7 % (95.7 %) der Datensätze mit Effekt und ohne Verletzung der Annahme wurde der Effekt korrekterweise in der MANOVA (ANOVA) signifikant.

Bei der MANOVA steigt bei Verletzung der Annahme das Alpha-Fehler-Risiko nicht, wohl aber bei der ANOVA. Die Korrektur hilft hier tatsächlich. Allerdings ist die Testpower bei Verwendung der ANOVA, insbesondere der korrigierten Version, dramatisch eingeknickt. Bei der MANOVA ist eine große Testpower erhalten geblieben.

Bei der MANOVA werden die Messungen für ein Subjekt als Stichprobe aus einer multivariaten Normalverteilung angesehen, und die Varianz-Kovarianz-Matrizen sind für alle durch die Zwischensubjektfaktoren gebildeten Zellen gleich. Zur Prüfung dient der *Box-M*-Test.

Ein Nachteil der MANOVA ist, dass bei kleineren Datensätzen die Freiheitsgrade sehr stark sinken. Dieses Problem kann man leicht bekommen, wenn man zum Beispiel EEG-Datensätze analysiert. Man hat bei diese Forschung wegen des Aufwandes eher kleine Datensätze, nimmt andererseits gern die Positionen der Elektroden mit in den Versuchsplan: Ist zum Beispiel der eigentliche experimentelle Plan ein dreigestufter, der um die Faktoren Kaudalität und Lateralität zu einem 3 × 5 × 5-Plan wird, so ist die Dreifachinteraktion mit (2 × 4 × 4 =) 32 Zählerfreiheitsgraden assoziiert. Die Nennerfreiheitsgrade betragen N-df$_Z$, sodass mindestens 33 Personen teilnehmen müssen, um überhaupt ein Ergebnis zu erhalten. Die Stichprobengröße sollte den Test mit den meisten Freiheitsgraden aber deutlicher übersteigen, da bei sehr kleinen df$_N$ mitunter Anomalitäten in Form von einzelnen zu hohen F-Werten auftreten.[3]

---

[2]Dies sind keine systematischen Simulationen und sollten daher „mit einem Körnchen Salz" zur Kenntnis genommen werden. Wir haben uns einfach eine relativ drastische Verletzung der Sphärizitäts-Annahme gegriffen und die Auswirkungen auf Alpha- und Beta-Fehler angeschaut.

[3]Bei df$_N$ = 1 oder 2 lassen sich diese Anomalitäten in Simulationen leicht produzieren. Das ist natürlich nicht verwunderlich: Auch, zum Beispiel, ein Einstichproben-t-Test, der bei einer Stichprobe von N=2 (also: df = 1) durchgeführt würde, liefert dann einen hohen t-Wert, wenn die beiden (!) Werte, deren Mittelwert gegen Null getestet wird, nahe beieinanderliegen. In diesem Fall ist uns von vornherein klar, dass die Analyse nicht sinnvoll ist.

Eine Diskussion zu der Abwägung, welche Analyseform gewählt werden sollte, findet sich auch in Tabachnick und Fidell (2019).

Literatur
Die multivariate Behandlung von Messwiederholungsplänen wird ausführlich in einem eigenen Kapitel in Tabachnick und Fidell (2019) behandelt.

10 Diskriminanzanalyse und multinomiale logistische Regression

Mit *Diskriminanzanalyse* und *multinomialer logistischer Regression* wenden wir uns zwei Verfahren zu, die als Ziel haben, die Gruppenzugehörigkeit von Fällen vorherzusagen: Kann man klinisch-psychologische Kategorisierungen durch Maße der Informationsverarbeitung (Aufmerksamkeitsbiases für negative Informationen, Fähigkeit zur Hemmung aufgabenirrelevanter Informationen etc.) prädizieren? Lässt sich die Wahl einer Marke beim Autokauf aufgrund von relevanten Einstellungen (Bedeutung von Fahrsicherheit, Bedeutung von Fahrvergnügen, Einstellung zu Autos als Prestigeobjekt etc.) vorhersagen? Kann man Typen von Lernstörungen (z. B. Probleme mit Schreiben und Lesen, Probleme mit Zahlen) im Grundschulalter durch Ergebnisse von Entwicklungstests vorhersagen, die im Kleinkindalter erhoben wurden. Es werden zwei Verfahren für diese Klassifizierungsfragestellungen vorgestellt: Zum einen der „Klassiker", die *Diskriminanzanalyse,* die direkt auf den Verfahren aufbaut, die wir in den letzten Kapiteln kennengelernt haben. Zum anderen die *multinomiale logistische Regression,* die eine Erweiterung der *binären logistischen Regression* darstellt, wie wir sie in Abschn. 4.3 erklärt haben.

10.1 Diskriminanzanalyse

Mittels der Diskriminanzanalyse lassen sich Gruppenunterschiede (von zwei oder mehr Gruppen) im Hinblick auf ein Set von Variablen untersuchen. Dabei kann festgestellt werden, bei welchen Variablen diese Unterschiede auftreten. Dazu werden – ähnlich wie bei der Regressionsanalyse – die Werte einer abhängigen (zu erklärenden) Variable durch die Werte von unabhängigen (erklärenden) Variablen zu erklären versucht. Ziel ist es, Zusammenhänge zwischen den Variablen zu entdecken und unbekannte Werte der abhängigen Variablen anhand der Werte aus den unabhängigen Variablen vorherzusagen. Der entscheidende Unterschied zur Regressionsanalyse liegt allerdings in der Art der zu erklärenden Variable. Während die zu erklärende (abhängige) Kriteriumsvariable bei der Regressionsanalyse intervallskaliert ist, versucht die Diskriminanzanalyse, eine Zugehörigkeit zu einer von mehreren Gruppen zu erklären; die Werte der abhängigen Variablen geben also lediglich eine Gruppenzugehörigkeit an. Wie wir sehen werden, macht dieser Unterschied die Diskriminanzanalyse zu einem multivariaten Verfahren im engeren Sinn.

Im Folgenden wird exemplarisch eine Diskriminanzanalyse vorgestellt. Bell und Kollegen (2013) berichten, dass sie anhand der Ausprägung von sozial-kognitiven Variablen und negativer Symptomatiken in einer Gruppe von Patienten mit schizophrener Störung drei Subtypen ausmachen konnten: eine Gruppe mit ausgeprägter negativer Symptomatik (HN); eine Gruppe mit ausgeprägten Einschränkungen in sozial-kognitiven Fähigkeiten (z. B. Emotionserkennung; NSK); eine Gruppe mit (innerhalb der Patienten) überdurchschnittlichen sozial-kognitiven Fähigkeiten (HSK). Die Methode der Autoren war die *Clusteranalyse*; mit ihr werden wir uns in Kap. 12 beschäftigen. Hier wollen wir so tun, als ob die Patienten nach einem Jahr erneut getestet werden. Wie gut können wir anhand von vier Prädiktoren (zwei sozial-kognitive; zwei zur negativen Symptomatik) die Zuordnung der Patienten zu den drei Subtypen durch Bell und Kollegen bestätigen?

Der verwendete (fiktive) Datensatz enthält vier unabhängige Variablen: *sozatt* (soziale Attribution; je höher, desto mehr ist die Person zu adäquaten Interpretationen der Handlungen Anderer fähig), *emo* (Erkennung von Emotionen; je höher, desto besser können Emotionen erkannt werden), *panssneg* und *sansneg* (Standardskalen zur Erfassung der Ausprägung negativer Symptomatiken bei Patienten mit Schizophrenie). Ziel ist es, die drei Subtypen (HN, NSK, HSK) anhand der Prädiktorvariablen zu differenzieren. Die Gruppenvariable ist somit eine nominalskalierte Variable (*sztype*) mit drei Werten.

Wir beginnen mit der einfachsten und illustrativsten Ausgabe der Diskriminanzanalyse, der Klassifikationsmatrix (*Confusion Matrix*; Abb. 10.1). Wie gut kann man die Gruppenzugehörigkeit aufgrund der Prädiktorvariablen vorhersagen? In Abb. 10.1 sind die tatsächlichen Gruppenzugehörigkeiten (Spalten) gegen die vorhergesagten (Zeilen) abgetragen. Schaut man auf die Diagonalzellen, so sieht man, dass die Trefferquote moderat gut ist; insgesamt konnten 55 % der Fälle korrekt klassifiziert werden.

Auf welcher Basis werden solche Klassifikationen erreicht? Das wollen wir uns Schritt für Schritt klar machen. Die Abb. 10.2 zeigt zunächst den wesentlichen Teil der Ausgabe einer Diskriminanzanalyse, die mit der Funktion *lda* in *R* angefordert wird.

10.1 Diskriminanzanalyse

Abb. 10.1 Klassifikationsmatrix (für die R-Kommandos vgl. Abb. 10.6)

```
> confusionMatrix(data = Vorhersagen$class,
                  reference = diskrim$sztype)
Confusion Matrix and Statistics
          Reference
Prediction HN NSK HSK
       HN   9   3   4
       NSK  4   5   2
       HSK  2   5  10
Overall Statistics
    Accuracy : 0.5455
```

```
> LDA_Ergebnisse <- lda(formula = sztype ~ sozatt + emo +
                        panssneg + sansneg,
                        data = diskrim)
> LDA_Ergebnisse

Coefficients of linear discriminants:
               LD1         LD2
sozatt    0.58815237 -0.58217800
emo       0.59076594  0.02124984
panssneg  0.01691179 -0.46933275
sansneg  -0.60569765 -0.74121389
```

Abb. 10.2 Ergebnis der Diskriminanzanalyse (Funktion *lda* in R, *linear discriminant analysis*; Auszug)

Wie ist dieses knappe Ergebnis zu verstehen? Der Schlüssel zum Verständnis liegt in der Überlegung, dass *vier* Prädiktorvariablen zur Vorhersage der Gruppenzugehörigkeit bei *drei* Gruppen genutzt werden sollen. In der Tat ist die Diskriminanzanalyse nichts anderes als eine *kanonische Korrelationsanalyse* (Abschn. 8.3), bei der die dreistufige Gruppenvariable in zwei Kodiervariablen (Kap. 6) transformiert wurde. Wir haben in unserem Fall somit ein Variablenset, dass aus den vier Variablen *sozatt, emo, panssneg* und *sansneg*, und ein Variablenset, dass aus zwei Kodiervariablen für *sztype* besteht. Dann wären die Koeffizienten der Abb. 10.2 die Gewichte zur Bildung kanonischer Variaten.

Zur Erinnerung: Bei der kanonischen Korrelationsanalyse werden die Gewichte für Linearkombinationen der beiden Sets so bestimmt, dass diese Linearkombinationen (*kanonische Variaten*) maximal miteinander korrelieren. Die Originalvariablen werden dann auf die kanonischen Variaten regrediert und mit den Residuen wird das Spiel wiederholt. Prinzipiell kann dieser Vorgang so oft wiederholt werden, wie das kleinere Set Variablen enthält. Umfasst das kleinere Set – wie in unserem Fall – zwei Variablen, werden zwei kanonische Variatenpaare und damit zwei kanonische Korrelationen gebildet. Allerdings zeigt uns jeweils ein statistischer Test, ob die für den jeweiligen Schritt vorliegenden Variablensets (also am Anfang die Originalvariablen, dann die Residuen erster, zweiter usw. Ordnung) signifikant Varianz teilen.

Wir halten also zunächst mal als Vermutung fest, dass die Ausgabe der Prozedur *lda* in Abb. 10.2 die Gewichte der Prädiktoren auf den beiden kanonischen Variaten wiedergibt; die gerade erwähnten Inferenztests fehlen allerdings. Rechnen wir also eine korrespondierende kanonische Korrelationsanalyse, bei der das eine Set aus den Prädiktoren, das andere aus zwei Kodiervariablen für die Gruppen besteht (Abb. 10.3). Die Inferenztests sagen uns, dass sowohl zu Beginn (Zeile „1 to 2") als auch nach der Residualisierung (Zeile „2 to 2") signifikante Varianzüberlappungen zwischen den Sets bestanden. In nicht unüblicher, aber nicht ganz präziser Redeweise: Die beiden kanonischen Korrelationen (0.54 und 0.51) sind als signifikant anzusehen. Ganz unten sind die Gewichte für die Prädiktoren zur Bildung der kanonischen Variaten wiedergegeben. Wir sehen zwar, dass diese nicht identisch mit den Koeffizienten der *lda*-Funktion (Abb. 10.2) sind, eine einfache Kontrollrechnung zeigt aber, dass dies nur die Skalierung betrifft: Teilt man jedes Gewicht der Spalte LD1 aus Abb. 10.2 durch das korrespondierende Gewicht der Abb. 10.3 erhält man in allen Fällen den Wert -0.8602524; für die Spalte LD2 ist der entsprechende Wert 0.8802596.

Dazu muss man wissen, dass bei der Bildung kanonischer Variaten eine Nebenbedingung eingeführt werden muss, damit die Variaten skaliert werden. Bei der Anwendung der kanonischen Korrelationsanalyse ist diese Nebenbedingung, dass die Variaten eine Varianz von Eins erhalten; bei der Diskriminanzanalyse wird eine andere (hier nicht weiter interessierende) Nebenbedingung zur Skalierung eingeführt. Fakt ist aber, dass, wenn man aufgrund der Gewichte aus Abb. 10.2 zwei neue Variablen bildet (nennen wir sie D_1 und D_2) und dasselbe mit den Gewichten aus Abb. 10.3 macht (nennen wir diese Variablen U_1 und U_2), D_1 und U_1 bzw. D_2 und U_2 perfekt (d. h. $r = 1$) miteinander korrelieren werden. (Bei dieser Gelegenheit sei explizit darauf hingewiesen, dass es dem Verfahren natürlich inhärent ist, dass D_1 und D_2 bzw. U_1 und U_2 perfekt unkorreliert sind.)

Was sagen uns nun diese Koeffizienten? Wir können zum einen die Mittelwerte der aus diesen Koeffizienten gebildeten Variablen (den Diskrimanzfunktionen, D_1, D_2; s. oben) für die Gruppen bilden; das sind die sogenannten Zentroide. Dies gibt uns einen Hinweis darauf, in welcher Weise die Diskriminanzfunktionen zwischen den Gruppen trennen.

Zum anderen können wir die sogenannte Strukturmatrix bilden; hierbei handelt es sich um die Korrelationen der Prädiktorvariablen mit den Diskriminanzfunktionen D_1

10.1 Diskriminanzanalyse

```
> diskrim <- diskrim %>%
    mutate(k1 = recode(sztype, 'HN' = 0, 'HSK' = -1, 'NSK' = 1),
           k2 = recode(sztype, 'HN' = 1, 'HSK' = -0.5, 'NSK' = -0.5))
> colnames(diskrim)

[1] "sztype"  "sozatt"  "emo"  "panssneg"  "sansneg"
[6] "k1"      "k2"

> set1 <- diskrim[,6:7]
> set2 <- diskrim[,2:5]
> kk_ergebnisse <- cc(set1, set2)
> kk_ergebnisse$cor

[1] 0.5425735 0.5110606

> n <- dim(diskrim)[1]
> p <- length(set1)
> q <- length(set2)
> p.asym(kk_ergebnisse$cor, n, p, q, tstat = "Wilks")

Wilks' Lambda, using F-approximation (Rao's F):
            stat    approx df1 df2      p.value
1 to 2:  0.5213197 3.657444   8  76 0.001185057
2 to 2:  0.7388171 4.595695   3  39 0.007551387

> kk_ergebnisse$ycoef

              [,1]        [,2]
sozatt   -0.50595950 -0.51246777
emo      -0.50820783  0.01870538
panssneg -0.01454841 -0.41313465
sansneg   0.52105287 -0.65246063
```

Abb. 10.3 Ergebnisse einer kanonischen Korrelationsanalyse, die mit der Diskriminanzanalyse korrespondiert

und D_2.[1] Beide Informationen sind in Abb. 10.4 wiedergegeben (Zentroide *links*, Strukturmatrix *rechts*).

Wir sehen an den Zentroiden, dass D_1 vor allem die HSK-Gruppe von den anderen beiden (insb. aber von der NSK-Gruppe) trennt; D_2 wiederum trennt die HN-Gruppe von den anderen beiden (insb. aber von der NSK-Gruppe). Dieses Muster ist stimmig zur Strukturmatrix: D_1 wird dominiert durch die sozial-

---

[1] Für diejenigen Leser, die auf die Korrespondenzen zu SPSS achten: In SPSS werden die Koeffizienten der Strukturmatrix etwas anders berechnet; es sind dort Partialkorrelationen zw. Diskriminanzfunktion und Variable mit Herauspartialisierung der Gruppenvariable.

```
> aggregate(x = diskrim$D1,
  by=list(diskrim$sztype),
  FUN=mean)                           > colnames(diskrim)
    Group.1      x                    [1] "sztype"  "sozatt"  "emo"
  1    HN  -0.3125106                 [4] "panssneg" "sansneg"
  2   NSK  -0.6331072                 [6] "k1"       "k2"
  3   HSK   0.8073783                 [8] "D1"       "D2"

> aggregate(diskrim$D2,
  list(diskrim$sztype),               > rcorr(as.matrix(diskrim[2:5]),
  FUN=mean)                             as.matrix(diskrim[8:9]))
                                                 D1     D2
    Group.1      x                    sozatt    0.83  -0.38
  1    HN  -0.7443849                 emo       0.66  -0.42
  2   NSK   0.6677464                 panssneg -0.26  -0.70
  3   HSK   0.1553169                 sansneg  -0.47  -0.80
```

Abb. 10.4 Zentroide (*links*) und Strukturmatrix (*rechts*)

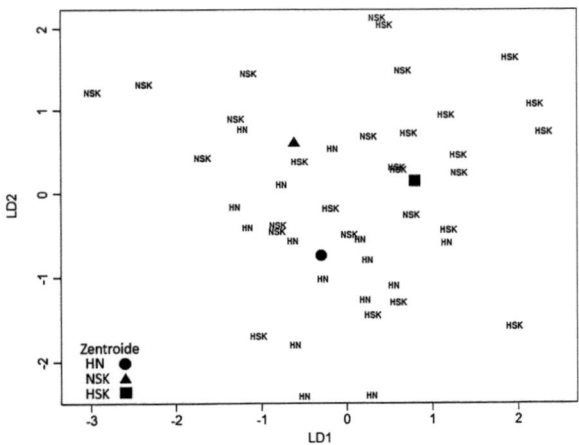

Abb. 10.5 Diagramm der kanonischen Diskriminanzfunktionen; Befehl: plot(LDA_ Ergebnisse)

kognitiven Variablen *sozatt* und *emo*, während D_2 insbesondere durch die Variablen zur Erfassung negativer Symptomatiken bestimmt wird.

Weiterhin können wir die einzelnen Patienten aufgrund ihrer Diskriminanzfunktionswerte in ein Diagramm eintragen. In Abb. 10.5 sieht man moderat gut unterscheidbare Patientencluster; die Überlappung ist aber beträchtlich. Zusätzlich zu

10.1 Diskriminanzanalyse

den Patienten sind die Zentroide eingetragen. Man kann anhand dieser Abbildung noch einmal die Bemerkungen zu den Zentroiden (s. oben) nachvollziehen.

Der letzte Schritt besteht nun darin, die einzelnen Fälle aufgrund der Diskriminanzfunktionen zu klassifizieren. Auch das ist ein einfach zu verstehender Vorgang. In dem Fall gleich großer bzw. als gleich groß angenommener Gruppen ist die Lösung denkbar einfach: Ordnen Sie die Person der Gruppe zu, zu deren Zentroid der geringste Abstand besteht. Formal ist dies die (quadrierte) euklidische Distanz. Die quadrierte euklidische Distanz ist natürlich im Fall von zwei Dimensionen identisch mit dem „Pythagoras" ($a^2+b^2 = c^2$); allgemein ist sie so definiert:

$$D_{ig}^2 = \sum_{k=1}^{K} \left(Y_{ki} - \bar{Y}_{kg}\right)^2 \text{ wobei } g = 1, \ldots, G$$

Dabei sind Y_{ki} der Diskriminanzfunktionswert von Fall i und $\bar{Y}_{kg}$ der Zentroidwert der Gruppe g, beides bezüglich der Diskriminanzfunktion k.

In dem Fall ungleich großer bzw. als ungleich groß angenommener Gruppen ist die Lösung etwas komplexer. Diese *a-priori*-Wahrscheinlichkeiten (die als Voreinstellung aus den faktischen Gruppengrößen bestimmt werden) gehen dann in die Klassifikation über das *Bayes-Theorem*[2] ein:

$$P(g|d_i) = \frac{P(d_i|g) \cdot P_i(g)}{\sum_{g=1}^{G} P(d_i|g) \cdot P_i(g)} \text{ wobei } g = 1, \ldots, G$$

Dabei ist $P(g|d_i)$ die gesuchte *a-posteriori*-Wahrscheinlichkeit („Wie wahrscheinlich ist die Zugehörigkeit zur Gruppe g, gegeben die Distanzen zu den Zentroiden?"), $P(d_i|g)$ die *bedingte* Wahrscheinlichkeit („Wie wahrscheinlich ist es, eine solche oder höhere Distanz zu erhalten, wenn jemand der Gruppe g angehört?") und $P_i(g)$ die *a-priori*-Wahrscheinlichkeit („Wie groß sind die Gruppen relativ zueinander?").

Die bedingten Wahrscheinlichkeiten lassen sich direkt aus den Distanzen berechnen, sodass sich für die *a-posteriori*-Wahrscheinlichkeiten die folgende Formel ergibt:

$$P(g|d_i) = \frac{exp\left(\frac{-d_{ig}^2}{2}\right) \cdot P_i(g)}{\sum_{g=1}^{G} exp\left(\frac{-d_{ig}^2}{2}\right) \cdot P_i(g)} \text{ wobei } g = 1, \ldots, G$$

---

[2]Falls ein Leser das *Bayes-Theorem* noch nicht kennt (obschon man es *unbedingt* kennen sollte): Eine Einführung findet sich zum Beispiel in Anderson (2007).

Dabei ist d_{ig} die Distanz zwischen Fall i und dem Zentroid von Gruppe g. Zugeordnet wird der Fall der Gruppe, die mit der höchsten *a-posteriori*-Wahrscheinlichkeit assoziiert ist. Wie leicht zu sehen ist, führt diese Regel bei gleicher *a-priori*-Wahrscheinlichkeit aller Gruppen zu derselben Zuordnungsentscheidung, als wenn man direkt aufgrund der Distanzen klassifiziert hätte. Die *a-posteriori*-Wahrscheinlichkeiten unserer Beispielanalyse sind in Abb. 10.6 angegeben.

Wie Sie dem Kopf der Abb. 10.6 entnehmen können, wurde die *lda*-Funktion einfach ein zweites Mal aufgerufen mit dem Zusatzkommando „CV = TRUE". Dies bewirkt zunächst, dass eine andere Ausgabe erzeugt wird. Im unteren Teil sehen Sie die *a-posteriori*-Wahrscheinlichkeiten, die sich nach der oben erläuterten Logik ergeben. Dabei werden die *a-priori*-Wahrscheinlichkeiten aus den faktischen Gruppengrößen geschätzt. Würden wir hier andere Wahrscheinlichkeiten annehmen wollen, hätten wir zum Beispiel vor data das Kommando prior = c(0.6,0.2,0.2), eingeben müssen; in diesem Fall wäre die zuerst im Datensatz auftretende Gruppe mit der *a-priori*-Wahrscheinlichkeit $p = 0.6$, die beiden anderen mit $p = 0.2$ bewertet worden.

```
> Vorhersagen <- lda(formula = sztype ~
                    sozatt + emo + panssneg + sansneg,
                    data = diskrim, CV = TRUE)
> Vorhersagen

$class
 [1]  HN  HN  HN  NSK NSK HN  HN  NSK HN  HSK
[11]  NSK HN  HSK HN  HN  HSK HN  NSK HSK HSK
[21]  NSK HSK HSK NSK HN  NSK NSK HN  HSK HSK
[31]  HN  HSK HSK NSK NSK HSK HSK HN  HSK HSK
[41]  HN  HSK HN  HSK
Levels: HN NSK HSK

$posterior
            HN         NSK        HSK
1   0.90009268  0.03139612  0.06851120
2   0.81093263  0.02156649  0.16750088
3   0.50760267  0.13683299  0.35556434
4   0.18960104  0.46663525  0.34376371
5   0.10636580  0.79941907  0.09421513
6   0.53609206  0.27917644  0.18473149
7   0.51705191  0.10061833  0.38232976
8   0.41005893  0.49338089  0.09656018
9   0.64988644  0.14654817  0.20356539
10  0.15124743  0.06531112  0.78344145
.
.
.
```

Abb. 10.6 Klassifizierungsrelevante Statistiken

Im oberen Teil ist die sich aufgrund der jeweils maximalen *a-posteriori*-Wahrscheinlichkeiten ergebende Zuordnung wiedergegeben. Trägt man die tatsächliche gegen die vorhergesagte Gruppenzugehörigkeit auf, so erhält man die Klassifikationsmatrix, mit der wir diese Betrachtungen gestartet haben (Abb. 10.1).

Kreuzvalidierung
Das bis hierher erläuterte Verfahren hat ein Problem. Die erzielten Trefferquoten sind künstlich überhöht, da auf Basis derselben Stichprobe die Schätzung der Diskriminanzfunktionen *und* die Zuordnung vorgenommen wird (*Stichprobeneffekt*). Daher wird in der Regel vorschlagen, eine *Kreuzvalidierung* vorzunehmen. Die naheliegende Methode ist es, die Gesamtstichprobe in eine Lernstichprobe (zur Schätzung der Diskriminanzfunktion) und eine Teststichprobe (zur Berechnung der Trefferquote) zu unterteilen; dieses Vorgehen setzt allerdings eine ausreichend große Stichprobe voraus. Dieses Vorgehen ist aber insbesondere bei kleineren Stichproben unbefriedigend, da die vorliegende Information nur unzureichend ausgenutzt wird. Günstiger ist daher, jeden Fall mit Hilfe von Diskriminanzfunktionen zu klassifizieren, die auf Basis der übrigen $N-1$ Fälle geschätzt wurden; dieses Vorgehen wird auch als *leave-one-out*-Kreuzvalidierung bezeichnet. Tatsächlich ist es so, dass die Funktion lda() genau dies tut, wenn man mit „CV = TRUE" die Vorhersagen anfordert.

Voraussetzungen
Vor Berechnung einer Diskriminanzanalyse sollten folgende Punkte sichergestellt werden. Als „Faustregel" gilt, dass die Gesamtstichprobe mindestens doppelt so viele Fälle beinhalten sollte wie Merkmalsvariablen genutzt werden. Die Anzahl der Merkmalsvariablen wiederum sollte größer sein als die Anzahl der Gruppen. Vor Anwendung des Verfahrens sind die Gruppenvarianzen auf ihre Gleichheit zu prüfen (*Box-M*-Test). Genauer: Die Varianz-Kovarianz-Matrizen innerhalb der Gruppen müssen zwischen den Gruppen gleich groß sein. Weitere Voraussetzungen sind: Die Fälle müssen unabhängig sein. Einflussvariablen müssen einer multivariaten Normalverteilung entstammen. Die Gruppenzugehörigkeit muss sich wechselseitig ausschließen (d. h. jeder Fall darf nur zu einer Gruppe gehören) und umfassend (d. h. alle Fälle gehören zu einer Gruppe) sein.

10.2 Multinomiale logistische Regression

Es ergibt sich aus der Logik der Diskriminanzanalyse, dass in dem Fall von nur zwei Gruppen auch nur eine Diskriminanzfunktion bestimmt werden kann. Daher ist dieser Fall im Wesentlichen äquivalent zur Berechnung einer multiplen Regression mit der Gruppenvariable (d. h. einer dichotomen Variable) als abhängiger Variable. Im Abschn. 4.3 hatten wir für diesen Fall die *logistische Regressionsanalyse* kennengelernt. In der Tat würde man sagen, dass in diesem Fall die logistische Regression die angemessenere Logik – die direkte Schätzung bedingter Wahrscheinlichkeiten – hat.

Was gilt aber in den Studien, die mehr als zwei Gruppen umfassen (wie in unserem Beispiel)? Tatsächlich gibt es eine Erweiterung der binären logistischen Regression für den Fall mehrerer Gruppen. Die Logik ist hier folgende: Es werden $p-1$ (mit $p =$ Anzahl der Gruppen) binäre logistische Regressionen gerechnet, bei denen immer eine von $p-1$ Gruppen gegen die p-te Gruppe verglichen wird. In die Modelltests gehen die Vorhersageverbesserungen aufgrund der $p-1$-Gleichungen ein. Dies soll an unserem Datenbeispiel, das wir für die Diskriminanzanalyse genutzt haben, näher erläutert werden. Zum Verständnis des Folgenden ist es notwendig, den Abschn. 4.3 zu kennen!

In Abb. 10.7 sehen wir die Parameterschätzungen, die sich für die beiden logistischen Regressionen ergeben (Funktion mlogit() des gleichnamigen Pakets).[3] Natürlich hängen diese Beiträge von der Wahl der Kontrastgruppe ab: Da sich sowohl die Gruppe NSK als auch die Gruppe HSK von der Gruppe HN vor allem auf der Negativ-Symptomatik unterscheiden, ist es nicht verwunderlich, dass eine der hierzu korrespondierenden Variablen, in diesem Fall *sansneg*, den deutlichsten Beitrag leistet.

Ein anderes Bild würde sich ergeben, wenn wir zum Beispiel HSK als die Kontrastgruppe wählen würden. Wir sollten uns hier nicht zu sehr daran stören, dass nur ein Test signifikant ist. Erstens ist – wie in Abschn. 4.3 schon erwähnt – der Wald-Test sehr konservativ; zweitens sind *sozatt* und *emo* einerseits, *panssneg* und *sansneg* andererseits recht hoch korreliert, sodass wir hier das Problem wechselseitiger Redundanz haben (Abschn. 3.3).

Auf der Basis der Gleichungen kann man nun die bedingten Wahrscheinlichkeiten, gegeben die jeweilige Prädiktorenausprägung, berechnen, dass ein Fall eher zur Gruppe NSK (bzw. HSK) vs. zur Gruppe HN gehört. Wie bei der binären logistischen Regression ergibt sich nun eine globale Fehlersumme *(Log-Likelihood)*, die mit der Fehlersumme verglichen werden kann, die aufgrund der

---

[3]Beachten Sie bitte zweierlei (vgl. Abb. 10.7): (1) Die Formel des Prädiktorenmodells ist etwas anders aufgebaut, als Sie es bislang kannten: Die „1" für die Konstante wird durch einen horizontalen Strich vor der Auflistung der Prädiktoren getrennt. (2) Die Funktion mlogit() verlangt, dass die Daten in einem sogenannten *dfidx Data-Frame* vorliegen. Daher die erste Kommandozeile, die einen Standarddatensatz in dieses Format überführt (vgl. dazu auch *Online plus*).

10.2 Multinomiale logistische Regression

```
> diskrim_dfidx <- dfidx(data = diskrim[,1:5],
                choice = 'sztype', shape = 'wide')
> multlogreg <- mlogit(formula = sztype ~ 1 |
                sozatt + emo + panssneg + sansneg,
                data = diskrim_dfidx, reflevel = 'HN')
> summary(multlogreg)

Coefficients :
                 Estimate Std. Error z-value  Pr(>|z|)
(Intercept):HSK   0.10674    0.51357   0.2078  0.83535
(Intercept):NSK  -0.13656    0.54010  -0.2528  0.80039
sozatt:HSK        0.19099    0.55617   0.3434  0.73130
sozatt:NSK       -1.15781    0.67141  -1.7245  0.08463 .
emo:HSK           1.10253    0.66191   1.6657  0.09578 .
emo:NSK           0.30606    0.64193   0.4768  0.63352
panssneg:HSK     -0.60929    0.61126  -0.9968  0.31887
panssneg:NSK     -0.88210    0.61808  -1.4271  0.15354
sansneg:HSK      -1.38441    0.62755  -2.2061  0.02738 *
sansneg:NSK      -1.11671    0.64319  -1.7362  0.08253 .

Log-Likelihood: -33.933
McFadden R^2:    0.29567
Likelihood ratio test : chisq = 28.489 (p.value = 0.00038965)
```

Abb. 10.7 (Teil-)Ergebnis der multinomialen logistischen Regression

```
> multlogreg_null <- mlogit(sztype~1, data = diskrim_dfidx,
                reflevel = 'HN')
> lrtest(multlogreg_null, multlogreg)

Likelihood ratio test

Model 1: sztype ~ 1
Model 2: sztype ~ 1 | sozatt + emo + panssneg + sansneg
  #Df  LogLik Df  Chisq Pr(>Chisq)
1   2 -48.178
2  10 -33.933  8 28.489  < 0.001 ***
```

Abb. 10.8 Modelltest der multinomialen logistischen Regression

Basiswahrscheinlichkeiten berechnet wird. Die Differenz der mit -2 multiplizierten Fehlersummen (-2 *Log-Likelihood*) ist χ^2-verteilt. Wir sehen in Abb. 10.7 *(unten)*, dass ein höherer) χ^2-Wert unter der Annahme, die Prädiktoren würden keine Verbesserung der Vorhersage bringen, sehr unwahrscheinlich ist.

Wir können dies noch genauer nachvollziehen, wenn wir das Nullmodell einmal selber rechnen und dann die beiden Modelle mithilfe der Funktion lrtest() (Paket *lmtest*) vergleichen (Abb. 10.8). Wir sehen, dass das Nullmodell mit einem -2 *log-likelihood*-Wert von $(-2 \cdot -48.2 =) 96.4$ assoziiert ist, der durch die Aufnahme der Prädiktoren auf ($-2 \cdot -33.9 =$) 67.9 reduziert wird. Die Differenz beträgt 28.5. Ein solcher oder höherer χ^2-Wert ist bei $df = 8$ nur mit $p = .0004$ zu erwarten. Wieso $df = 8$? Das Nullmodell kommt mit zwei Parametern aus (den Konstanten der beiden binären logistischen Regressionen), während das Prädiktormodell $2 \cdot 4$ weitere Parameter aufweist (für jeden Prädiktor zwei Regressionsgewichte).

In Abb. 10.7 wurde der Beitrag der verschiedenen Prädiktoren für die beiden Teilgleichungen angegeben. Diese hängen, wie wir festgestellt haben, von der Wahl der Kontrastgruppe ab. Es gibt aber auch einen Globaltest des Beitrages jedes einzelnen Prädiktors zur Trennung der drei Gruppen, für den dies nicht gilt; die Logik ist: Welchen globalen Fehlerwert erzielt man, wenn ein bestimmter Prädiktor außen vor gelassen wird? Ist die Zunahme des Fehlerwertes gegenüber dem vollständigen Modell signifikant?

Abb. 10.9 zeigt das Ergebnis am Beispiel des Prädiktors *sansneg*; es ist so zu lesen: Ein Modell, dass auf *sansneg* verzichtete, also nur die Prädiktoren *sozatt, emo* und *panssneg* hätte, wäre mit einem globalen Fehlerwert von ($-2 \cdot -37.303 =$) 74.6 (statt $-2 \cdot -33.933 =$) 67.9 für das Modell mit *sansneg* assoziiert; die Differenz von $\chi^2 = 6.7$ ist bei zwei Freiheitsgraden (*sansneg* ist im vollständigen Modell mit zwei Parametern vertreten!) signifikant.

Letztlich wird bei der multinomialen logistischen Regression auch eine Klassifikation aufgrund der Regressionsgleichungen vorgeschlagen, die mit der tatsächlichen Gruppenzugehörigkeit verglichen werden kann (Abb. 10.10).

Wie gelangt man nun zu den Zuordnungen von Fällen zu den Gruppen? Wir können die sogenannten Logits aus den Regressionsgleichungen (Abb. 10.7) bestimmen.

```
> multlogreg_nosans <- mlogit(sztype~1 | sozatt + emo + panssneg,
                        data = diskrim_dfidx, reflevel = 'HN')
> lrtest(multlogreg_nosans, multlogreg)

Likelihood ratio test
Model 1: sztype ~ 1 | sozatt + emo + panssneg
Model 2: sztype ~ 1 | sozatt + emo + panssneg + sansneg
  #Df  LogLik Df  Chisq Pr(>Chisq)
1   8 -37.303
2  10 -33.933  2 6.7385    0.03442 *
```

Abb. 10.9 Globaler Test des Prädiktors *sansneg*

10.2 Multinomiale logistische Regression

```
> a_posteriori <- predict(object = multlogreg,
                         newdata = diskrim_dfidx)
> a_posteriori
         HN          HSK         NSK
1 0.924181171 0.057644649 0.01817418
2 0.809984279 0.174143825 0.01587190
3 0.524854788 0.350759688 0.12438552
4 0.235032012 0.276390423 0.48857757
```

Abb. 10.10 Bedingte Wahrscheinlichkeiten der Gruppenzugehörigkeiten für die Teilnehmer (Auszug, beschränkt auf vier Fälle)

$$Logit_1 = ln\left(\frac{P(Y=HSK|sozatt\ldots)}{P(Y=HN|sozatt\ldots)}\right)$$

$$= 0.107 + 0.191 \cdot sozatt + 1.103 \cdot emo - 0.609 \cdot panssneg - 1.384 \cdot sansneg$$

$$Logit_2 = ln\left(\frac{P(Y=NSK|sozatt\ldots)}{P(Y=HN|sozatt\ldots)}\right)$$

$$= -0.137 - 0.158 \cdot sozatt + 0.306 \cdot emo - 0.882 \cdot panssneg - 1.117 \cdot sansneg$$

Der prinzipiell zusätzlich denkbare Logit$_3$, mit dem die Gruppen HSK und NSK ins Verhältnis gesetzt werden, ist redundant gegenüber Logit$_1$ und Logit$_2$; es gilt Logit$_3$ = Logit$_1$- Logit$_2$ (Eid et al. 2017). Wir benötigen ihn aber gar nicht. Denn es gilt nun:

$$P(Y=HSK) = \frac{e^{Logit_1}}{1 + e^{Logit_1} + e^{Logit_2}}$$

$$P(Y=NSK) = \frac{e^{Logit_2}}{1 + e^{Logit_1} + e^{Logit_2}}$$

$$P(Y=HN) = \frac{1}{1 + e^{Logit_1} + e^{Logit_2}}$$

Für m Gruppen (mit m > 3) gilt die sinngemäße Verallgemeinerung (d. h. es gibt m-1 Logits; im Nenner steht [1 + $\sum$ Logits]; bei der Referenzgruppe steht 1 im Zähler).

```
> pred_classes <- as.factor(colnames(a_posteriori)
                            [max.col(a_posteriori)])
> confusionMatrix(data = pred_classes, reference = diskrim$sztype)

Confusion Matrix and Statistics
          Reference
Prediction HN NSK HSK
       HN  11   3   4
       NSK  3   7   2
       HSK  1   3  10
Overall Statistics        Accuracy : 0.6364
```

Abb. 10.11 Klassifikationsmatrix der logistischen Regression

Diese bedingten Wahrscheinlichkeiten könnten wir jetzt durch eigene Anweisungen für jede Person berechnen. Abb. 10.10 zeigt diese Wahrscheinlichkeiten für die ersten vier Teilnehmer. Wir sehen, dass in den ersten drei Fällen die höchste Wahrscheinlichkeit in der Spalte HN zu finden ist. Wir würden somit diese Personen aufgrund ihrer Prädiktorwerte der Gruppe HN zuordnen. Die vierte Person würde dagegen der Gruppe NSK zugeordnet.

Wir können jetzt durch einen einfachen Befehl diese Zuordnung gegen die tatsächliche Gruppenzugehörigkeit auftragen (Abb. 10.11). Der erste Befehl liefert einen Vektor zurück, der jeweils die Kategorie mit der zeilenweise höchsten Wahrscheinlichkeit enthält (also: HN HN HN NSK ...); der zweite Befehl fordert die Matrix dieser Zuordnungen (*Prediction*) aufgetragen gegen die faktischen Gruppenzugehörigkeiten (*Reference*) an.

Vergleicht man diese Matrix mit der korrespondierenden der Diskriminanzanalyse (Abb. 10.1), so sieht man eine verbesserte Klassifikationsleistung; allerdings muss man dabei bedenken, dass bei der Funktion lda() (Diskriminanzanalyse) die *leave-one-out*-Kreuzvalidierung fest eingestellt ist; dies ist bei der Funktion mlogit () nicht der Fall. Es gibt diese Option auch nicht in dieser Funktion. Faktisch ist es bei diesem Datenbeispiel so, dass die Gesamtklassifikationsleistung bei beiden Verfahren etwa gleich hoch ist, wenn man auch die Diskriminanzanalyse ohne Kreuzvalidierung rechnet.

Voraussetzungen der multinomialen logistischen Regression
Die logistische Regression beruht nicht auf Annahmen hinsichtlich der Verteilung. Ihre Lösung ist aber in der Regel stabiler, wenn die Vorhersagevariablen eine multivariate Normalverteilung aufweisen. Wie bei anderen Formen der Regression kann eine Multikollinearität zwischen den Prädiktoren zu verzerrten Schätzungen und erhöhten Standardfehlern führen. Im multinominalen Fall wird zudem erwartet,

dass das Quotenverhältnis (*odds*) von zwei beliebigen Kategorien unabhängig von allen anderen Antwortkategorien ist (*independence of irrelevant alternatives*). Was soll das bedeuten? Stellen wir uns vor, es ständen Angestellten, die Anrecht auf einen Firmenwagen haben, drei Alternativen zur Auswahl: BMW, Mercedes, Opel. Marktforscher wollen herausfinden, welche Merkmale der Angestellten die Wahl prognostizieren und nutzen die multinomiale logistische Regression. Sie machen damit die Annahme, dass die individuelle Tendenz, Mercedes gegenüber Opel zu favorisieren, nicht durch die Präsenz der dritten Möglichkeit (BMW) beeinflusst ist. Das ist aber unwahrscheinlich: Nehmen wir einfach einmal an, jeweils ein Drittel der Angestellten würde sich für eine der drei Automarken entscheiden. Das Verhältnis der Wahlen von Mercedes zu Opel wäre also 1:1. Was würde passieren, wenn die Angestellten nur Mercedes und Opel zur Auswahl hätten? Vemutlich würden viele, die eigentlich BMW gewählt hätten, nun zu Mercedes übergehen – sozusagen als gleichwertiger Ersatz – und wenige zu Opel; das Verhältnis der Wahlen wäre nicht mehr 1:1 (Long & Freese, 2006).

Diskriminanzanalyse vs. multinomiale logistische Regression?
Welches Verfahren sollte man rechnen? Die Abwägung betrifft zum einen die Voraussetzungen, die etwas unterschiedlich sind (s. oben): Die Diskriminanzanalyse ist da, grob gesprochen, anspruchsvoller. Allerdings macht die multinomiale logistische Regression die Annahme der *independence of irrelevant alternatives*, die nicht ohne weiteres erfüllt ist. Zum anderen ist der Grundansatz der multinomialen logistischen Regression, das Problem der Multinomialität in eine Reihe von *Dummy*-Kontrasten aufzulösen, zwar clever, aber dies erschwert sicherlich in vielen Fällen die Interpretation der Prädiktorbeiträge. Letztlich stellt sich die Frage, welches Verfahren die besseren Prädiktionsbeiträge hat. Ganz eindeutig scheint dies nicht zu sein (z. B. Hossain et al., 2002); es gibt Hinweise, dass die multinomiale logistische Regression tendenziell besser abschneidet (Agresti, 2002; Bacher et al., 2010; Bull & Donner, 1987).

Literatur
Umfassendere Darstellungen der Diskriminanzanalyse finden sich in Backhaus, Erichson, Plinke und Weiber (2011), Deichsel und Trampisch (1985) sowie (weiterführend) Huberty (2006). Die multinomiale logistische Regression wird bei Field (2018); Field et al. (2012), Tabachnick und Fidell (2019) und Eid et al. (2017) thematisiert. Umfassendere Bücher zur logistischen Regression sind: Hilbe (2011); Hosmer et al. (2013); Kleinbaum und Klein (2010); Long und Freese (2006); Osborne (2014).

Exploratorische Faktorenanalyse und Skalenanalyse

11

Bislang wurden bei vielen der Beispielanalysen aggregierte Daten verwendet, etwa die Summe über eine Vielzahl von Items. Tatsächlich ist die psychologische Forschung aus messtheoretischen Gründen sehr stark auf das Aggregationsprinzip angewiesen: Eine einzelne Variable (z. B. ein einzelnes Item in einem Fragebogen) ist in der Regel zu stark fehlerbelastet, um ein reliabler Indikator für ein bestimmtes latentes Konstrukt zu sein; daher werden viele einzelne Indikatoren zusammengefasst, um eine verlässlichere Messung zu erhalten.

Dieses Prinzip liegt auch sehr vielen Fragebogenskalen zugrunde. Mehrere Items werden als parallele Messungen desselben Konstruktes angesehen und ihre Werte daher pro Person summiert. Die Sinnhaftigkeit dieses Vorgehens lässt sich durch drei Kriterien beurteilen: (1) Ist die Zusammenfassung „augenscheinvalide"? Erfassen die Items nach unserem theoretischen Verständnis jeweils Aspekte des angezielten Konstruktes? (2) Ist das empirische Kovariationsmuster tatsächlich so, dass wir von einem reliablen Aggregat ausgehen können? Enthalten also die zusammengefassten Items wirklich gemeinsame Varianz? (3) Zeigt das Aggregat das Verhalten, das wir theoretisch unterstellen? Konstrukte haben immer eine Stellung in einem theoretischen Netzwerk: Wir unterstellen zum Beispiel bestimmte Zusammenhangsbeziehungen zu anderen Konstrukten (und damit den zugeordneten Messvariablen); wir unterstellen bestimmte Unterscheidbarkeiten, d. h. das Aggregat soll nicht *andere* Konstrukte reliabel messen; manchmal werden auch Moderatorbeziehungen angenommen, d. h. die Ausprägung dieses Konstruktes bestimmt die Höhe des Zusammenhangs zwischen zwei weiteren Variablen.

Der erste, vorgeordnete Punkt betrifft die sorgfältige, theoretisch geleitete Konstruktion von Items und kann hier nicht Thema sein. Der dritte, nachgeordnete Punkt (die sogenannte Konstruktvalidität) ist implizit schon in den vorherigen Kapiteln enthalten: Dort wurden immer die Beziehungen von Variablen thematisiert, deren Reliabilität unausgesprochen vorausgesetzt wurde. Hier soll es nun also um den zweiten Punkt gehen: Weist das Kovariationsmuster einer Reihe von einzelnen Variablen (d. h. in typischen Anwendungsfällen: Fragebogenitems) auf gemeinsame „Quellen" hin, sodass es Sinn macht, bestimmte Variablengruppen zusammenzufassen?

Das methodische Instrument, welches häufig zur Beantwortung eingesetzt wird, ist die exploratorische Faktorenanalyse. Die Methode wird dazu eingesetzt, um (a) die Anzahl der „Quellen" gemeinsamer Varianz abzuschätzen, (b) eine Gruppierung der Items zu erreichen und (c) den Anteil der gemeinsamen Varianz an der Gesamtvarianz der Items zu berechnen.

Es sollte schon vorab gesagt werden, dass die Hochzeit der Anwendung dieses Verfahrens wohl schon überschritten ist. In den 1940er- bis 1960er-Jahren wurde die Faktorenanalyse insbesondere dazu eingesetzt, die „Grunddimensionen der Persönlichkeit" herauszufinden (z. B. Asendorpf, 2007): Jeweils eine Fülle von Selbsteinschätzungen, Fremdeinschätzungen oder Beobachtungen wurden faktorenanalytisch behandelt, um die Frage zu beantworten, mit welcher Anzahl von unabhängigen Dimensionen lässt sich ein Maximum an Personenunterschieden „erklären". Aus inhaltlicher Sicht hat diese Frage seit damals an Interesse verloren (auch wenn sie seit einiger Zeit wieder etwas auflebt; vgl. die Diskussion zu den „Big Five" z. B. bei Asendorpf, 2007). Aus methodischer Sicht wird heute in vielen Fällen die konfirmatorische Faktorenanalyse vorgezogen: hierbei wird zunächst ein theoretisches Messmodell postuliert, dessen Passung mit den Daten dann überprüft wird. Die konfirmatorische Faktorenanalyse ist eine Anwendung von sogenannten Strukturgleichungsmodellen, die im Kap. 14 eingeführt werden. Die „klassische" Faktorenanalyse arbeitet dagegen rein datenorientiert; daher auch der Zusatz „exploratorisch".

Nichtsdestoweniger wird dieses Verfahren in bestimmten Anwendungskontexten weiterhin gern benutzt. Das ist auch sinnvoll, solange man die Ergebnisse nicht überbewertet und auch die Probleme des Verfahrens kennt. Zu diesen typischen Anwendungskontexten gehört: (a) Ein bestimmtes Konstrukt (z. B. Depressivität) soll erfasst werden; eine Reihe von möglichen Items, die den inhaltlichen Bereich

11 Exploratorische Faktorenanalyse und Skalenanalyse

des Konstruktes abdecken, werden entworfen (z. B. Items, die verschiedene Depressionssymptomatiken ansprechen) und einer Stichprobe zur Beantwortung gegeben. Die Fragen, die sich hier stellen, sind: Wird durch die Items ein homogenes Konstrukt abgedeckt oder sind mehrere unabhängige Aspekte zu unterscheiden (z. B. Hoffnungslosigkeit und Selbstwert)? Welche Items „funktionieren", welche nicht? Nicht jedes vom Fragebogenkonstrukteur wohl überlegte Item wird im intendierten Sinne von den Probandinnen und Probanden aufgefasst. (b) Ein bestimmter Phänomenbereich (z. B. Wohnzufriedenheit) wird möglichst umfassend in Items abgebildet (d. h. die Zufriedenheit mit allen möglichen Aspekten der Wohnumgebung, die relevant sein können, wird abgefragt). Rein exploratorisch wird faktorenanalytisch ausgewertet, wie viele unabhängige Aspekte des Phänomens anzunehmen sind (zum Beispiel Zufriedenheit mit der Wohnung, mit der Lage, mit dem sozialen Umfeld etc.).

Das typische Vorgehen enthält dann im Kern zwei Phasen: (1) die Faktorenanalyse der Items und (2) die Reliabilitätsanalyse der aufgrund der Faktorenanalyse gebildeten Skalen. Im Folgenden soll an einem Beispieldatensatz dieses Vorgehen demonstriert werden. Dazu wurde eine Auswahl von Items aus dem Fragebogen zum Umgang mit Problemen von Brandtstädter und Renner (1990) zusammengestellt. Die Daten stammen aus einer Studie mit Studierenden als Probanden (N = 105; Wittmann & Gohl, 1996). Dieser Fragebogen enthält zwei Skalen; zum einen wird die *Hartnäckigkeit der Zielverfolgung* (HZ), zum anderen die *Flexibilität der Zielanpassung* (FZ) erfasst.

HZ erfasst die Ausprägung in der Tendenz, auch angesichts von Widrigkeiten und Hindernissen beim Anstreben persönlicher Ziele weiter aktiv das Ziel zu verfolgen. (Ab welchem deutschen Torerfolg beim legendären 7:1-Halbfinale der Fußballweltmeisterschaft 2014 haben die einzelnen brasilianischen Nationalspieler innerlich aufgehört, auf Sieg zu spielen?) FZ erfasst die Ausprägung in der Tendenz, Ziele abzuwerten, nachdem man eingesehen hat, dass sie unwiderruflich nicht zu erreichen sind. (Wann setzte bei den einzelnen brasilianischen Spielern das Empfinden ein, dass der Gewinn der Weltmeisterschaft nicht das Wichtigste der Welt ist?) Eigentlich besteht jede Skala aus 15 Items; wir haben uns hier auf 6 (HZ) und 5 (FZ) Items beschränkt. Abb. 11.1 zeigt das Fragebogenformat mit der Auswahl der Items.

In Tab. 11.1 sind die Interkorrelationen der Items wiedergegeben. Die Korrelationen sind nicht allzu hoch; es fällt auch nicht leicht, Kovarianz*strukturen* in der umfangreichen Tabelle zu erkennen. Wir werden daher die Daten einer Faktorenanalyse unterziehen.

		trifft gar nicht zu				trifft genau zu

3. Bei der Durchsetzung meiner Interessen kann ich sehr hartnäckig sein.   -2 -1 0 1 2

4. Auch im größten Unglück finde ich oft noch einen Sinn.   -2 -1 0 1 2

7. Ich neige dazu, auch in aussichtslosen Situationen zu kämpfen.   -2 -1 0 1 2

10. Ich verzichte auch mal auf einen Wunsch, wenn er mir schwer erreichbar erscheint.   -2 -1 0 1 2

11. Wenn ich auf unüberwindbare Hindernisse stoße, suche ich mir lieber ein neues Ziel.   -2 -1 0 1 2

12. Das Leben ist viel angenehmer, wenn ich mir keine hohen Ziele stecke.   -2 -1 0 1 2

17. Ich kann auch dem Verzicht etwas abgewinnen.   -2 -1 0 1 2

20. Wenn etwas nicht nach meinen Wünschen läuft, gebe ich eher meine Wünsche auf, als lange zu kämpfen.   -2 -1 0 1 2

24. Auch wenn mir ein Wunsch nicht erfüllt wird, ist das für mich kein Grund zur Verzweiflung: Es gibt ja noch andere Dinge im Leben.   -2 -1 0 1 2

26. Mit Niederlagen kann ich mich nur schlecht abfinden.   -2 -1 0 1 2

30. Ich will nur dann wirklich zufrieden sein, wenn sich meine Wünsche ohne Abstriche erfüllt haben.   -2 -1 0 1 2

Abb. 11.1 Itemauswahl aus dem „Fragebogen zum Umgang mit Problemen" (Brandtstädter & Renner 1990)

Tab. 11.1 Korrelationsmatrix der Beispielitems

	FT3	FT4	FT7	FT10	FT11	FT12	FT17	FT20	FT24	FT26	FT30
FT3	-	.07	.26*	−.33*	−.22*	−.18	−.01	−.34*	.05	−.02	.17
FT4	.07	-	.17	.05	−.07	−.04	.30*	.01	.16	−.36*	−.19
FT7	.26*	.17	-	−.30*	−.30*	−.40*	.11	−.43*	.18	−.21*	−.01
FT10	−.33*	.05	−.30*	-	.48*	.17	−.06	.42*	−.11	.07	.01
FT11	−.22*	−.07	−.30*	.48*	-	.26*	−.25*	.33*	−.18	.09	.01
FT12	−.18	−.04	−.40*	.17	.26*	-	−.10	.30*	−.15	.06	.06
FT17	−.01	.30*	.11	−.06	−.25*	−.10	-	.03	.40*	−.38*	−.14
FT20	−.34*	.01	−.43*	.42*	.33*	.30*	.03	-	−.04	.12	−.08
FT24	.05	.16	.18	−.11	−.18	−.15	.40*	−.04	-	−.26*	−.23*
FT26	−.02	−.36*	−.21*	.07	.09	.06	−.38*	.12	−.26*	-	.15
FT30	.17	−.19	−.01	.01	.01	.06	−.14	−.08	−.23*	.15	-

* $p < .05$

11.1 Die Hauptkomponentenanalyse

Der erste Schritt besteht darin, eines der verschiedenen faktorenanalytischen Verfahren auszuwählen. In dem hier eingeführten pragmatischen Verwendungskontext der Faktorenanalyse ist die sogenannte Hauptkomponentenanalyse das gebräuchlichste Verfahren; wir werden uns weitgehend darauf beschränken (z. B. Tabachnick & Fidell, 2019, für Hinweise zu anderen Verfahren wie *Hauptachsenmethode*, *Maximum-Likelihood*-Faktorenanalyse, *Alpha*-Faktorenanalyse, *Image-Analyse* etc.). Lediglich auf die *Hauptachsenmethode* und die *Maximum-Likelihood-Faktorenanalyse* wird weiter unten noch kurz eingegangen. Wissen sollte man allerdings, dass terminologisch zwischen *Hauptkomponentenanalyse* und *Faktorenanalyse* (im engeren Sinne) unterschieden wird (z. B. Andres, 1996; Schönemann & Borg, 1996; vgl. aber auch Tabachnick & Fidell, 2019). Es entspricht allerdings dem normalen alltäglichen Sprachgebrauch unter Anwendern, die Hauptkomponentenanalyse als eine Variante der Faktorenanalyse zu bezeichnen.

Schritt 1: Die Extraktion der Hauptkomponenten
Die Hauptkomponentenanalyse ist ein Algorithmus, der schrittweise die gemeinsame Varianz der Items in den sogenannten Hauptkomponenten bindet[1]. Wir gehen hier von z-transformierten Variablen z_1 bis z_m aus, da jedes Item in der Regel gleichgewichtig in die Analyse eingehen soll (und nicht die Items mit größerer Varianz bevorzugt werden sollen). Es wird dann – ähnlich wie bei der multiplen Regression – eine Linearkombination der Items gebildet.

$$F_1 = b_{11} \cdot z_1 + b_{12} \cdot z_2 + \ldots + b_{1m} \cdot z_m$$

Der Unterschied besteht allerdings darin, dass wir keine gemessene Kriteriumsvariable als Referenz haben, sodass wir die Gewichte so anpassen könnten, dass die Summe der Residuenquadrate minimiert wird. Der erste Faktor (die erste Hauptkomponente) wird nach einem anderen Kriterium gebildet: Die Gewichte werden so angepasst, dass ein Maximum der Varianz aller Items durch den Faktor gebunden wird. Technisch ausgedrückt heißt das, dass die Summe der quadrierten Korrelationen zwischen Item und Faktor (= *Eigenwert*) maximiert wird.

---

[1] Faktorenanalytische Verfahren werden üblicherweise als Matrix-Kalküle eingeführt (vgl. z. B. Tabachnick & Fidell, 2019). Die folgende, für nicht mit Matrix-Algebra vertraute Leser einfachere Heranführung findet sich zum Beispiel in Pituch und Stevens (2016).

$$V_1 = \sum_{j=1}^{m} r^2_{F_1 \cdot z_j}$$

Als Nebenbedingung bei der Anpassung der Gewichte wird vereinbart, dass die Varianz der ersten Hauptkomponente den Wert Eins annehmen soll. (Die erste Hauptkomponente ist somit auch z-standardisiert, da der Mittelwert automatisch Null beträgt).

Im nächsten Schritt werden alle Items bezüglich der ersten Hauptkomponente residualisiert. Das heißt, würde man die Rechnung tatsächlich Schritt für Schritt ausführen: Aufgrund der im ersten Schritt ermittelten Gewichte können die Werte der ersten Hauptkomponente für jede Versuchsperson berechnet werden, sodass eine neue Variable entsteht. Dann kann für jedes Item eine bivariate lineare Regression gerechnet werden und die Residuumsvariable bezüglich dieser Regression gebildet werden. Die Hauptkomponente wird also aus den Items herauspartialisiert.

$$z_{j-F_1} = z_j - r_{F_1 \cdot z_j} \cdot F_1$$

Zur Erläuterung dieser Gleichung: Zur Residuumsbildung wird von den Items z_j das durch die erste Hauptkomponente vorhergesagte z_j subtrahiert. In der Standardform wäre dies der Ausdruck ($b_0 + b_1 F_1$). Da hier aber durchweg mit z-standardisierten Variablen gerechnet wird ist $b_0 = 0$ und $b_1 = \beta_1 =$ Korrelation z_j mit F_1 (Kap. 2).

Im nächsten Schritt kann nun die zweite Hauptkomponente gebildet werden, in dem das Maximum gemeinsamer Varianz in den *Residuumsvariablen* durch eine Linearkombination gebunden wird.

$$F_2 = b_{21} \cdot z_{1-F_1} + b_{22} \cdot z_{2-F_1} + \ldots + b_{2m} \cdot z_{m-F_1}$$

Danach können wieder die Residuen bezüglich der zweiten Hauptkomponente gebildet werden, in dem aus den Residuumsvariablen erster Ordnung der durch die zweite Hauptkomponente vorhersagbare Anteil herausgerechnet wird. Dieses Spiel kann fortgesetzt werden, bis m Hauptkomponenten extrahiert sind.

Was haben wir mit diesem Verfahren gewonnen? Zunächst scheint es so, als handele es sich um ein „Null-Summen-Spiel": m Items werden durch m Faktoren dargestellt. Dem Ziel der Datenreduktion scheinen wir noch nicht näher gekommen zu sein. Allerdings ist es so, dass die Faktoren streng nach ihrer Varianzbindung geordnet sind: Der erste Faktor bindet den größten Anteil an gemeinsamer Varianz, der zweite den zweihöchsten usw. Um uns das deutlich vor Augen zu führen, sei der

11.1 Die Hauptkomponentenanalyse

```
> pca_ergebnisse <- principal(r = faktor[,4:14], nfactors = 11,
                    rotate = 'none', scores = TRUE)
> pca_ergebnisse
.
.
.
                PC1   PC2   PC3   PC4   PC5   PC6   PC7   PC8   PC9   PC10  PC11
SS loadings     2.82  1.92  1.02  0.97  0.85  0.74  0.72  0.57  0.49  0.46  0.43
Propor. Var     0.26  0.17  0.09  0.09  0.08  0.07  0.07  0.05  0.04  0.04  0.04
Cumulat. Var    0.26  0.43  0.52  0.61  0.69  0.76  0.82  0.87  0.92  0.96  1.00
```

Abb. 11.2 Ausgabe der Hauptkomponentenanalyse (Auszug)

Schritt 1 an dem Datenbeispiel vorgeführt. Zunächst soll die in Abb. 11.2 wiedergegebene Tabelle besprochen werden.

Die wichtigste Information dieses ersten Schrittes der Hauptkomponentenanalyse besteht in den Eigenwerten der Faktoren. Um diese Werte richtig zu beurteilen, sei daran erinnert, dass der Eigenwert eines Faktors die Summe der quadrierten Korrelationen zwischen Faktor und Items ist. Wenn also alle beteiligten Items zu Eins miteinander korrelieren würden, hätte die erste Hauptkomponente einen Eigenwert von m (= Anzahl der Items); er würde somit 100 Prozent der Itemvarianz binden. (Folglich wären die Eigenwerte aller weiteren Hauptkomponenten Null, da keine Varianz mehr übrig wäre.) In diesem Fall sehen wir, dass der erste Faktor einen Eigenwert von 2.82 hat; dies entspricht 25.6 % (= [2.82/11] · 100) der gesamten Itemvarianz. Die Eigenwerte nehmen dann sukzessiv ab; schon der vierte Faktor bindet weniger Varianz, als durch ein einzelnes Item eingebracht wird, da sein Eigenwert niedriger als Eins ist. An dem Wert 1.00 ganz rechts kann man ablesen, dass mit dem letzten Faktor der letzte Rest an Varianz gebunden wurde: 100 Prozent der gesamten Itemvarianz ist durch 11 Faktoren „erklärt" worden.

Schritt 2: Die Auswahl einer geeigneten Faktorenanzahl
Wie viele Faktoren sollen wir also im Sinne der Dimensionsreduktion tatsächlich extrahieren? Auch auf diese Frage gibt es mehrere Antworten. Allerdings haben sich typische Vorgehensweisen etabliert (z. B. Bortz & Schuster, 2010).

Die erste Antwort Lasse Faktoren mit Eigenwerten kleiner Eins unberücksichtigt! (Kaiser-Guttman-Kriterium). Die Idee dieser Regel ergibt sich dadurch, dass auf diese Weise Faktoren außen vor bleiben, die nicht einmal mehr so viel Varianz binden, wie ein Item in die Analyse einbringt. Nach diesem Kriterium würden wir bei unserem Datenbeispiel also drei Faktoren extrahieren. Diese Regel wird dazu verwendet, um die maximale Anzahl der Faktoren zu bestimmen; typischerweise wird man allerdings hiernach mehr Faktoren erhalten, als aus theoretischen oder interpretatorischen Gründen erwünscht ist.

Die zweite Antwort Überprüfe vor der Extraktion jedes Faktors, ob die Korrelationsmatrix (der Items bzw. Itemresiduen) signifikant von der Einheitsmatrix abweicht! Falls dies nicht der Fall ist, stoppe die Extraktion und rechne mit der Anzahl von Faktoren, die sich bis zu diesem Schritt ergeben haben. Die Einheitsmatrix hat den Wert Eins in den Diagonalzellen und den Wert Null in allen anderen Zellen. Bei der Korrelationsmatrix würde das Vorliegen einer Einheitsmatrix somit bedeuten, dass keine Interkorrelationen der Items (bzw. Itemresiduen) mehr zu beobachten sind. Der von Steiger (1980) formulierte Test (dazu auch Bortz & Schuster, 2010) ist recht einfach und kann im Bedarfsfall leicht berechnet werden. Dieses Vorgehen liefert aber in der Regel zu viele Faktoren, sodass diese Antwort in der Praxis selten gesucht wird.

Die dritte Antwort erhalten wir durch eine visuelle Inspektion des Eigenwertediagramms (Abb. 11.3; *dunklere Linie*). In dieser Abbildung sind die Eigenwerte auf der Y-Achse, die Faktornummer auf der X-Achse abgetragen. Abb. 11.3 weist ein typisches Merkmal derartiger Verläufe auf: Ab einer bestimmten Ordnungsnummer (hier: ab Nummer 3) ähnelt der Verlauf approximativ einer nur noch sanft abfallenden Gerade. Von den höheren Nummern aus betrachtet, weicht als erster Faktor die

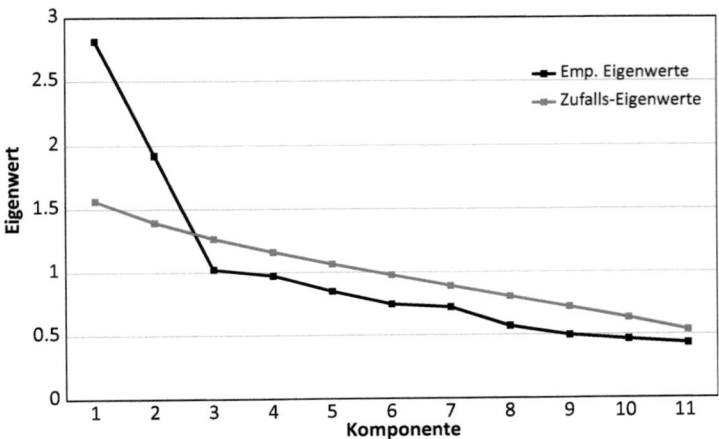

Abb. 11.3 Eigenwerteverlauf (*Screeplot*) für das Datenbeispiel (*dunkle Linie*) und Zufallsvariablen (*helle Linie*)

Hauptkomponente 2 von dieser Gerade ab. Cattell (1966) schlug vor, diesen „Knick" im Eigenwerteverlauf als Kriterium zu nutzen. Dieses visuelle Kriterium wird auch als „Scree-Test" bezeichnet und ist ein häufig angewandtes Verfahren. In der Regel wird empfohlen (Bortz & Schuster, 2010; Cattell & Vogelmann, 1977; Tabachnick & Fidell, 2019), nur die Faktoren zu extrahieren, deren Eigenwerte *nicht mehr auf* der Geraden liegen. Im Beispielfall würde man also eine Lösung mit zwei Faktoren annehmen.

Was könnte der Grund für das gewählte Kriterium sein? Zum einen ist es so, dass Simulationsdaten (also Daten, bei denen man die exakte Faktorstruktur kennt), in der Regel Eigenwerteverläufe produzieren, die nach dem *Scree*-Kriterium die korrekte Anzahl von Faktoren liefern. Zum anderen wird die Begründung deutlich, wenn man statt der 11 empirisch erhobenen Items 11 unabhängige Zufallsvariablen erzeugt (*Online Plus*) und diese faktorenanalysiert. Für unabhängige Zufallsvariablen weicht die Korrelationsmatrix nicht bedeutsam von der Einheitsmatrix ab; das heißt, es gibt keine gemeinsame Varianz, die sich sinnvoll durch wenige Faktoren darstellen lässt

Um den zentralen Punkt pointiert herauszustellen, wurden die Eigenwertverläufe des empirischen Datenbeispiels (*dunkle Linie*) und der unabhängigen Zufallsvariablen (*helle Linie*) in der Abb. 11.3 übereinandergelegt. Wie deutlich zu sehen ist, ergibt die Analyse der unabhängigen Zufallsvariablen einen Eigenwerteverlauf, der vollständig durch eine sanft abfallende Gerade approximiert werden kann. Im Grunde steckt somit hinter dem *Scree*-Test eine vierte Antwort.

Die vierte Antwort: Horn (1965) schlägt vor, den Schnittpunkt des empirischen Eigenwerteverlaufs mit dem durch unabhängige normalverteilte Zufallsvariablen gewonnenen Verlauf als Abbruchkriterium zu nutzen (sog. *Parallelanalyse*). Wie kann man diesen Schnittpunkt bestimmen? Die R-Funktion paran() (Paket *paran*) liefert diese Zufallsziehungen (dazu *Online Plus*). Für jede Ziehung wird der Eigenwerteverlauf ermittelt. Über eine Anzahl von Ziehungen (für Abb. 11.3 waren es 1000) werden die Eigenwertverläufe dann gemittelt. Dieser hoch reliable Zufallseigenwerteverlauf wird dann mit dem empirischen Verlauf verglichen. Für unser Beispiel führen die Berechnungen zu einem Ergebnis, das auch durch die Abb. 11.3 nahegelegt wird, also zur Extraktion von zwei Faktoren.

Die fünfte Antwort: Der sogenannte MAP-Test (*Minimum-Average-Partial-Test*; Velicer, 1976) geht so vor: Für die Korrelationsmatrix der Items und für jede Residuen-Korrelationsmatrix (nach der Extraktion und damit Auspartialisierung der ersten, zweiten usw. Hauptkomponente aus den Items; s. oben) wird die durchschnittliche (Partial-)Korrelation berechnet. Es wird die Anzahl an Faktoren extrahiert, bei der die mittlere quadrierte (Partial-)Korrelation am geringsten ist. Denn genau an dieser Stelle ist der überlappende Varianzanteil zwischen den Variablen ausgeschöpft und nachfolgende Faktoren binden nur noch spezifische Varianz. (Es ist intuitiv nicht unmittelbar evident, warum die mittlere quadrierte Partialkorrelation danach wieder ansteigt; Velicer macht es aber plausibel.) In späteren Simulationen (Velicer et al., 2000) zeigte sich, dass die Verwendung der Vierer-Potenz der Partialkorrelationen (statt der Zweier-Potenz) noch bessere Ergebnisse bringt. Daher gibt die Funktion MAP() (Paket *EFA.dimensions*) beide Kriterien aus. Unter Umständen liefert die ursprüngliche Korrelationsmatrix den geringsten Wert; dann ist dies ein Hinweis, dass die Items sich nicht für eine Faktorenanalyse eignen.

Nachdem die Anzahl der Faktoren bestimmt wurde, wird die Faktorenanalyseprozedur ein zweites Mal aufgerufen; diesmal mit der Zusatzanweisung, dass genau nur zwei Faktoren extrahiert werden. Die Ausgaben, die für diesen zweiten Schritt besprochen werden sollen, sind in Abb. 11.4 wiedergegeben. In der Spalte $h2$ (eigentlich h^2) sehen wir die Kommunalitäten, also den Anteil der Itemvarianz, der durch die zwei Faktoren gebunden wird. (In der Spalte u2 ist das Gegenstück zu sehen: der Anteil der Itemvarianz, der nicht durch die Faktoren gebunden ist.)

Wir können sehen, dass der Anteil der gebundenen Varianz von gut einem Viertel (ft30) bis zu deutlich über die Hälfte (ft20) variiert. Hiermit haben wir einen ersten Hinweis auf die Güte einzelner Items, denn ein gutes Skalenitem sollte möglichst viel Varianz mit den anderen Skalenitems teilen.

Darüber hinaus ist in der Abb. 11.4 die Faktor-Ladungsmatrix (*pattern matrix*; d. h. die Spalten PC1 und PC2) abgedruckt. Die *Ladungen* sind die Korrelationen der Items mit dem Faktor (also der geschätzten Linearkombination aller Items; s. oben). Zur Vertiefung der bisher eingeführten Begriffe sollte noch einmal festgehalten werden, dass die *zeilenweise* Summierung der quadrierten Ladungen die Kommunalitäten ergibt, während die *spaltenweise* Summierung in den Eigenwerten resultiert, die in der Ausgabe unten angegeben sind (SS loadings). Im unteren Teil von Abb. 11.4 finden sich zudem noch einmal die erklärten Varianzanteile (Abb. 11.3); neu ist die Angabe der relativen Anteile der beiden Komponenten an der erklärten Varianz (die sich rechnerisch natürlich ganz simpel ergeben: zum Beispiel 0.256/0.432 = 0.594.

Ein Ziel der Faktorenanalyse ist es, zu *interpretierbaren* Faktoren zu gelangen. Diesem Ziel kommt man in der Regel dann näher, wenn man feststellen kann, dass sich jedem Faktor genau eine Teilmenge von Items im Sinne hoher Ladungen zuordnen lässt, oder – andersherum betrachtet: – wenn jedes Item genau auf

11.1 Die Hauptkomponentenanalyse

```
> pca_ergebnisse <- principal(r = faktor[,4:14], nfactors = 2,
                              rotate = 'none')
> pca_ergebnisse

Standardized loadings (pattern matrix) based upon correlation matrix
       PC1   PC2   h2   u2  com
ft3  -0.48 -0.38 0.37 0.63 1.9
ft4  -0.30  0.54 0.39 0.61 1.6
ft7  -0.69 -0.12 0.49 0.51 1.1
ft10  0.61  0.34 0.50 0.50 1.6
ft11  0.66  0.14 0.45 0.55 1.1
ft12  0.53  0.13 0.30 0.70 1.1
ft17 -0.41  0.61 0.54 0.46 1.8
ft20  0.62  0.42 0.56 0.44 1.7
ft24 -0.43  0.48 0.42 0.58 2.0
ft26  0.41 -0.54 0.46 0.54 1.9
ft30  0.11 -0.50 0.26 0.74 1.1

                        PC1   PC2
SS loadings           2.818 1.924
Proportion Var        0.256 0.175
Cumulative Var        0.256 0.431
Proportion Explained  0.594 0.406
Cumulative Proportion 0.594 1.000
```

Abb. 11.4 Ausgabe der Hauptkomponentenanalyse (Auszug)

einem Faktor hoch lädt. Ist diese sogenannte *Einfachstruktur* gegeben, kann das inhaltlich Gemeinsame der auf einem Faktor hoch ladenden Items zur Interpretation und Kennzeichnung des Faktors genutzt werden. Betrachtet man nach einer groben Faustregel Ladungen mit einem Betrag von über 0.40 als bedeutsam, so lässt die oben abgedruckte Matrix eine solche Einfachstruktur vermissen. Die meisten hohen Ladungen finden wir für Faktor 1; außerdem laden einige Items auf beiden Faktoren hoch. Dies drückt sich auch in der Spalte *com* (für *Komplexität*) der Abb. 11.4 aus. Dieser Index (Hofmann, 1978; vgl auch Pettersson & Turkheimer, 2010) ist so konstruiert, dass er sich dem Wert 1 (von oben) annähert, falls für ein Item eine Ladung substanziell höher ist die anderen (also Einfachstruktur gegeben ist). Dies ist bei unserem Datensatz zum Beispiel beim Item *ft7* gegeben (Abb. 11.4). Nach oben ist der Index durch die Anzahl der Faktoren begrenzt: Sind alle Ladungen eines Items gleich groß, wird dieses Maximum erreicht. Dies sieht man etwa beim Item 24 (der exakte Wert ist 1.97).

Diese Struktur ist allerdings im Algorithmus angelegt: Die erste Hauptkomponente zeigt in der Regel mit sehr vielen Items hohe bis moderat hohe Ladungen. Bei einer zweifaktoriellen Struktur lässt sich dieses Problem recht gut veranschaulichen, indem die Items mit ihren Ladungen im durch die Faktoren gebildeten Koordinatensystem eingetragen werden (Abb. 11.5).

Zweierlei ist zu sehen: Es gibt zum einen durchaus „Cluster" von Items, das heißt Itemgruppen, deren Elemente relativ nahe beieinander liegen. Außerdem liegen sich jeweils zwei der Gruppen gegenüber; das heißt, sie lassen sich durch eine Linie miteinander verbinden, die durch den Ursprung geht. Zum anderen liegen die Cluster aber jeweils in den Quadranten des Koordinatensystems; die Achsen fallen nicht mit den gerade angesprochenen Linien zusammen. Für die Interpretation geeigneter wäre es, das Koordinatensystem zu drehen, sodass die Achsen möglichst gut in die Itemcluster hineingehen. Tatsächlich wird genau dies im nächsten Schritt bei der Faktorenanalyse getan.

Schritt 3: Die Rotation des Faktorensystems

Bleiben wir zunächst bei der Veranschaulichung. Abb. 11.5 zeigt die eben angesprochene Rotation des Koordinatensystems. Im Prinzip könnten nach einer solchen graphischen Rotation die neuen Ladungen abgelesen werden; wir hätten dann bei dem Beispieldatensatz eine relativ gute Einfachstruktur erreicht. Dieses Verfahren wäre allerdings ungenau und bei mehr als zwei Faktoren kaum durchzuführen. Daher wird ein mathematisches Kalkül angewandt, das eine entsprechende Lösung bietet.

Der VARIMAX-Algorithmus ist einer von mehreren möglichen Rotationsalgorithmen; er ist aber der gebräuchlichste. Er funktioniert nach folgender Grundidee:

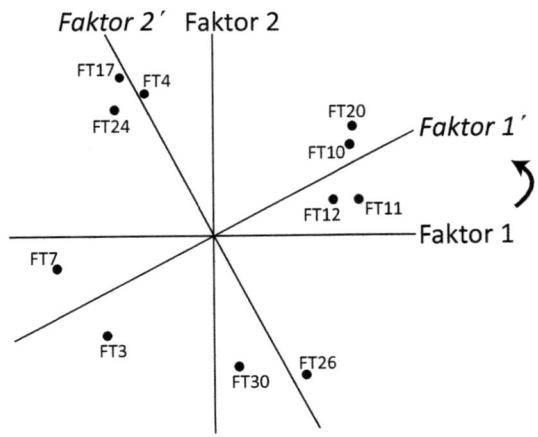

Abb. 11.5 Die Lage der Items im Faktorensystem und Rotation des Faktorensystems

11.1 Die Hauptkomponentenanalyse

Das Kriterium der Einfachstruktur wird so formalisiert, dass die Varianz der quadrierten Ladungen auf den Faktoren maximiert werden soll. Das heißt, für jeden Faktor wird die Varianz der quadrierten Ladungen berechnet, die natürlich dann besonders hoch ist, wenn eine Reihe von Items hoch auf ihm laden, andere aber sehr niedrig. Die Summe dieser Varianzen wird maximiert.

Abb. 11.6 zeigt die neue rotierte Ladungsmatrix. Ein Blick zeigt, dass jetzt auf jedem Faktor einige Items sehr hoch laden, andere nur gering und dass jedes Item nur auf einem der beiden Faktoren hoch lädt. Die Komplexität liegt jetzt bei allen Items nahe Eins. Die Kommunalitäten bleiben bei diesem Verfahren erhalten. Die relativen Varianzanteile, die auf jeden Faktor zurückgehen, haben sich jedoch gegenüber der unrotierten Lösung in Richtung einer Angleichung der Anteile verschoben.

```
> pca_ergebnisse <- principal(r = faktor[,4:14], nfactors = 2,
                              rotate = 'varimax')
> pca_ergebnisse
> print(pca_ergebnisse$loadings, digits=2, cutoff=.3, sort=TRUE)
```

Standardized loadings
(pattern matrix)   Loadings:

	RC1	RC2	h2	u2	com
ft3	-0.60	-0.12	0.37	0.63	1.1
ft4	-0.02	0.62	0.39	0.61	1.0
ft7	-0.67	0.21	0.49	0.51	1.2
ft10	0.70	0.02	0.50	0.50	1.0
ft11	0.65	-0.18	0.45	0.55	1.2
ft12	0.54	-0.13	0.30	0.70	1.1
ft17	-0.08	0.73	0.54	0.46	1.0
ft20	0.75	0.08	0.56	0.44	1.0
ft24	-0.16	0.63	0.42	0.58	1.1
ft26	0.12	-0.67	0.46	0.54	1.1
ft30	-0.14	-0.50	0.26	0.74	1.2

	RC1	RC2
ft3	-0.60	
ft7	-0.67	
ft10	0.70	
ft11	0.65	
ft12	0.54	
ft20	0.75	
ft4		0.62
ft17		0.73
ft24		0.63
ft26		-0.67
ft30		-0.50

	RC1	RC2
SS loadings	2.626	2.116
Proportion Var	0.239	0.192
Cumulative Var	0.239	0.431
Proportion Explained	0.555	0.445
Cumulative Proportion	0.555	1.000

Abb. 11.6 Ladungsmatrix nach Rotation. Der print-Befehl liefert die beiden Ladungsspalten sortiert und mit Unterdrückung von Ladungen < |.30| (hier *rechts abgedruckt*)

Bei der VARIMAX-Rotation bleibt die perfekte Unkorreliertheit der Faktoren erhalten. (In Abb. 11.5 stehen sowohl die unrotierten als auch die rotierten Faktoren jeweils rechtwinklig zueinander.) Möglicherweise gibt es Fälle, in denen sich eine sinnvollere Lösung (im Sinne einer Einfachstruktur) ergibt, wenn man die Unkorreliertheit der Faktoren aufgibt. Daher gibt es auch die schiefwinklige (oblique) Rotation (Abb. 11.7).

Wir haben die Standardausgabe der schiefwinkligen (obliquen) Rotation in Abb. 11.7 *(links oben)* gekürzt, da die Werte sich in diesem Fall nur unwesentlich von den entsprechenden Werten nach VARIMAX-Rotation unterscheiden (Abb. 11.6). Das ist auch nicht verwunderlich: Die Korrelation der beiden Faktoren nach Rotation ist recht klein (r = −0.11); d. h. der Winkel zwischen den beiden Faktordimensionen weicht noch nicht sehr von den 90° (d. h. r = 0) der rechtwinkligen Lösung ab.

Angefordert wurde der Algorithmus OBLIMIN. Dieser Algorithmus enthält einen frei einstellbaren Parameter, *Gamma* (in der principal()-Syntax mit gam =

```
> pca_ergebnisse <- principal(r = faktor[,4:14], nfactors = 2,
                rotate = 'oblimin',normalize=TRUE)
> pca_ergebnisse
> print(pca_ergebnisse$loadings, digits=2, cutoff=.3, sort=TRUE)
```

```
Standardized loadings
(pattern matrix)                                Loadings:

      TC1   TC2   h2    u2    com                      TC1   TC2
ft3  -0.61 -0.15 0.37  0.63  1.1              ft3     -0.61
ft4   0.02  0.62 0.39  0.61  1.0              ft7     -0.66
...                                            ft10     0.71
ft26  0.09 -0.66 0.46  0.54  1.0              ft11     0.64
ft30 -0.16 -0.51 0.26  0.74  1.2              ft12     0.53
                                               ft20     0.75
                                               ft4            0.62
                        TC1   TC2              ft17           0.73
SS loadings             2.63  2.11             ft24           0.62
Proportion Var          0.24  0.19             ft26          -0.66
Cumulative Var          0.24  0.43             ft30          -0.51
Proportion Explained    0.55  0.45
Cumulative Proportion   0.55  1.00

With component correlations of
      TC1   TC2
TC1   1.00 -0.11
TC2  -0.11  1.00
```

Abb. 11.7 Ergebnis einer schiefwinkligen (obliquen) Rotation

11.1 Die Hauptkomponentenanalyse

[Wert] anzufordern), der Randbedingungen für die maximal möglichen Korrelationen setzt. Bei negativen Werten geht die schiefwinklige in eine rechtwinklige Lösung über; Werte nahe 1 dagegen produzieren recht hohe Korrelationen. (Es hängt natürlich vom Datensatz ab, wie hoch.) Der Wert 0 ist die Voreinstellung; OBLIMIN mit *Gamma*=0 hat einen eigenen Namen erhalten: QUARTIMIN (z. B. Jennrich, 1979).[2]

Einer Sache sollte man sich noch bewusst sein: Solange die Faktoren unkorreliert sind, gilt Folgendes: Die Werte in der Ladungsmatrix können als Faktor-Item-Korrelationen *und* als spezifischer Anteil des Faktors an der Erklärung des Items beschrieben werden. Dies gilt jetzt nicht mehr: Für die Werte in der Ladungsmatrix (*pattern matrix*) der Abb. 11.7 trifft nur noch die zweite Beschreibung zu.

Wir können leicht nachvollziehen, was genau der „spezifische Anteil" bedeuten soll. In der Abb. 11.8 wurde die Analyse mit obliquer Rotation ein weiteres Mal angefordert, dieses Mal mit dem Zusatz scores=TRUE. Dieser führt dazu, dass die

```
> pca_ergebnisse <- principal(r = faktor[,4:14], nfactors = 2,
          rotate = 'oblimin',normalize=TRUE, scores = TRUE)
> pattern_reg <- lm(formula = ft3 ~ pca_ergebnisse$scores, data =
                                                         faktor)
> summary(pattern_reg)
Coefficients:
                          Estimate Std. Error t value Pr(>|t|)
(Intercept)                3.90196    0.08009  48.720  < .001 ***
pca_ergebnisse$scoresTC1  -0.61259    0.08095  -7.567  < .001 ***
pca_ergebnisse$scoresTC2  -0.15333    0.08095  -1.894   0.0611 .

Residual standard error: 0.8089 on 99 degrees of freedom
Multiple R-squared:  0.3713, Adjusted R-squared:  0.3586
F-statistic: 29.23 on 2 and 99 DF,  p-value: < .001

> lm.beta(pattern_reg)

pca_ergebnisse$scoresTC1 pca_ergebnisse$scoresTC2
              -0.6050644               -0.1514472
```

Abb. 11.8 Berechnung der Ladungen und der Kommunalität via multipler Regression

---

[2] In SPSS heißt der korrespondierende Parameter *Delta* (mit Voreinstellung *Delta*=0). Obschon Variationen von *Delta* in SPSS ähnliche Konsequenzen wie Variationen von *Gamma* in principal() haben (s. Text), sind die beiden Parameter nicht identisch. Allerdings reproduziert das Kommando „... rotate = 'oblimin',normalize=TRUE" in principal() (vgl. Abb. 11.7) die SPSS-Ergebnisse für *Delta*=0. (Das heißt, QUARTIMIN ist in beiden Programmen über die Voreinstellung *Gamma*=0 bzw. *Delta*=0 realisiert.)

Faktorwertvariablen berechnet werden und als Variablenmatrix pca_ergebnisse $scores für weitere Analysen zur Verfügung stehen. In der Abb. 11.8 haben wir beispielhaft ein Item des Fragebogens (*ft3*) auf diese Faktorwertvariablen regrediert. Wir erhalten die typische Ausgabe der multiplen Regression (Kap. 3). Die Beta-Gewichte entsprechen den Ladungen; das R^2 der Kommunalität (also h2 in Abb. 11.7).

Dies würde bei rechtwinkliger Rotation natürlich genauso gelten. In dem Fall kommt jedoch hinzu: Bei perfekt unkorrelierten Prädiktoren gilt, dass die *Beta*-Gewichte den Korrelationen entsprechen und die Summe der Korrelationsquadrate (bzw. *Beta*-Quadrate) dem R^2 (Kap. 3). In SPSS wird routinemäßig zu dieser *Pattern Matrix* (Muster-Matrix) noch die *Structure Matrix* (Struktur-Matrix) ausgegeben; diese enthält dann die Faktor-Item-Korrelationen. Interpretiert wird aber in der Regel die Muster-Matrix.

11.2 Skalenbildung und Reliabilitätsanalyse

Im nächsten Schritt werden die Items gemäß ihrer Ladung gruppiert. Auch an dieser Stelle kann man wieder „schlechte" Items im Sinne einer reliablen Skalenbildung identifizieren. Sowohl Items, die auf keinem der Faktoren hoch laden (Faustregel: Ladungsbeträge alle < .40), als auch solche, die auf mehreren Faktoren hoch laden, sind problematisch.

Fürntratt (1969) gibt die Empfehlung, dass ein Item nur dann akzeptiert werden sollte, wenn mindestens die Hälfte der bei diesem Item gebundenen Varianz auf genau einen Faktor zurückführbar ist. Das heißt, der Quotient aus dem Quadrat der höchsten Ladung und der Kommunalität sollte größer als .50 sein. Eine Beispielrechnung für das Item *ft3* ergibt z. B. einen „Fürntratt"-Wert von $-.60^2/.37 = .97$. (Bei einer Zwei-Faktoren-Lösung ist dieses Kriterium natürlich trivialerweise immer erfüllt.)

Für unser Datenbeispiel ergibt sich eine recht gute Struktur (Tab. 11.2): Die Items, die im Sinne von Brandtstädter und Renner (1990) zur Skala „Hartnäckigkeit der Zielverfolgung" gehören, laden auf einem Faktor hoch, diejenigen der Skala „Flexibilität der Zielanpassung" auf dem anderen. Außerdem harmoniert die Variation der inhaltlichen „Polung" der Items, d. h. ob eine Zustimmung zu dem Item im Sinne einer hohen oder niedrigen Ausprägung des Konstruktes zu verstehen ist, mit der Variation der Ladungsvorzeichen. Wir haben der Einfachheit halber die Vorzeichen der Ladungen auf F1 relativ zu Abb. 11.6 umgedreht.

11.2 Skalenbildung und Reliabilitätsanalyse

Tab. 11.2 Gruppierung der Items nach ihrer Faktorladung

Item	Ladung auf F1	F2
Hartnäckigkeit der Zielverfolgung		
3. Bei der Durchsetzung meiner Interessen kann ich sehr hartnäckig sein.	.60	-.12
7. Ich neige dazu, auch in aussichtslosen Situationen zu kämpfen.	.67	.21
10. Ich verzichte auch mal auf einen Wunsch, wenn er mir schwer erreichbar erscheint. (-)	-.70	.02
11. Wenn ich auf unüberwindbare Hindernisse stoße, suche ich mir lieber ein neues Ziel. (-)	-.65	-.18
12. Das Leben ist viel angenehmer, wenn ich mir keine hohen Ziele stecke. (-)	-.54	-.13
20. Wenn etwas nicht nach meinen Wünschen läuft, gebe ich eher meine Wünsche auf, als lange zu kämpfen. (-)	-.75	.08
Flexibilität der Zielanpassung		
4. Auch im größten Unglück finde ich oft noch einen Sinn.	.02	.62
17. Ich ka nn auch dem Verzicht etwas abgewinnen.	.08	.73
24. Auch wenn mir ein Wunsch nicht erfüllt wird, ist das für mich kein Grund zur Ver zweiflung: es gibt ja noch andere Dinge im Leben.	.16	.63
26. Mit Niederlagen kann ich mich nur schlecht abfinden. (-)	-.12	-.67
30. Ich will nur dann wirklich zufrieden sein, wenn sich meine Wünsche ohne Abstriche erfüllt haben. (-)	.14	-.50

Anmerkung : Umzupolende Items wurden durch (-) gekennzeichnet (Erläuterung siehe Text)

Ein typisches weiteres Vorgehen besteht nun darin, zunächst die Items „umzupolen", die im Sinne einer niedrigen Ausprägung des Konstruktes formuliert wurden. Nach dieser Rekodierung wird eine Reliabilitätsanalyse durchgeführt (s. *Online Plus* für die Vorgehensweise). Man erhält die Ausgabe, die in Abb. 11.9 gezeigt wird.

Der wichtigste Wert dieser Analyse ist der bekannte *Cronbachs-Alpha*-Wert (z. B. Pospeschill & Spinath, 2009; Steyer & Eid, 2001). Dieser Koeffizient wird auch als *Konsistenzkoeffizient* bezeichnet und gibt unter bestimmten Annahmen die Reliabilität des Skalensummenscores an; bei weniger restriktiven Annahmen bestimmt er zumindest die untere Grenze der Reliabilität (Steyer & Eid, 2001). Dieser Wert (der maximal Eins werden kann) sollte natürlich möglichst hoch sein. Typische Faustregeln bestehen darin, Werte über 0.80 als gut zu bezeichnen; insbesondere für Individualdiagnostik sind derartige Reliabilitäten allerdings als Mindestmaß zu fordern, damit das Vertrauensintervall für den einzelnen Wert nicht zu breit wird. Für Forschungskontexte können durchaus auch niedrigere Werte

```
> faktor  <- faktor %>%
    mutate(ft10r = 6 - ft10,
           ft11r = 6 - ft11,
           ft12r = 6 - ft12,
           ft20r = 6 - ft20)
> tab_itemscale (df = faktor[c('ft3','ft7','ft10r','ft11r',
                               'ft12r','ft20r')],
    factor.groups.titles = 'Hartnäckigkeit der Zielverfolgung')
```

Hartnäckigkeit der Zielverfolgung

Name	Mean	SD	Skew	Item Difficulty	Item Discrimination	α if deleted
ft3	3.9	1.01	-0.8	0.78	0.38	0.71
ft7	3.26	1.14	-0.21	0.65	0.51	0.68
ft10r	2.76	1.16	0.2	0.55	0.50	0.68
ft11r	2.93	1.16	-0.1	0.59	0.48	0.69
ft12r	3.9	1.16	-0.9	0.78	0.38	0.72
ft20r	3.78	0.93	-0.69	0.76	0.55	0.67

Mean inter-item-correlation =0.314 · Cronbach's α = 0.730

Abb. 11.9 Ausgabe der Reliabilitätsanalyse (Items mit dem Anhang „r" wurden rekodiert, vgl. *Online Plus*)

Brauchbarkeit der Skalen anzeigen (für eine ausführlichere Diskussion vgl. Pospeschill, 2010).

Neben diesen Faustregeln sollte aber auch die Formel für *Cronbachs Alpha* betrachtet werden, um ein Bild davon zu erhalten, von welchen Größen der Konsistenzkoeffizient abhängt.

$$\alpha = \frac{m}{m-1} \cdot \left(1 - \frac{\sum_{i=1}^{m} S_i^2}{S_{Skala}^2}\right)$$

(m = Anzahl der Items; S^2_i = Varianz des Items i; S^2_{Skala} = Varianz der Skala, d. h. des Summenwertes)

Die Logik von *Cronbachs Alpha* ist allerdings auf Anhieb durch diese Gleichung nicht gut begreifbar. Hierzu wären Gleichungen nötig, die uns darüber aufklären, in welchem Verhältnis die Varianz einer Summenvariablen zu den Varianzen und Kovarianzen der Items steht (Steyer & Eid, 2001). Allerdings gilt eine einfachere Formel für die Fälle, in denen die Items gleiche Varianz haben (wenn also z. B. alle Items vor der Skalenbildung *z*-transformiert werden). Da in der Regel Items mit etwa gleichen Varianzen summiert werden, ist der Unterschied zwischen dem Alpha nach der obigen Gleichung und dem „standardisierten" Alpha (unten) nicht allzu groß, sodass es für unsere Zwecke reicht, sich die Logik von Alpha nach der folgenden Gleichung zu verdeutlichen ($\bar{r}$ = mittlere Interitem-Korrelation).

11.2 Skalenbildung und Reliabilitätsanalyse

$$\alpha_s = \frac{m \cdot \bar{r}}{1 + (m-1) \cdot \bar{r}}$$

Strukturell ist dies die bekannte *Spearman-Brown*-Formel zur Testverlängerung Pospeschill & Spinath, 2009); üblicherweise wird mit ihr die Reliabilität eines Gesamttests aufgrund der Korrelation von Testhälften berechnet. Die Korrelation von Testhälften (die als gleichwertige Messungen eines Konstruktes angesehen werden) ist nach der klassischen Testtheorie die Reliabilität dieser Testhälften. Der Zuwachs an Reliabilität durch die Aggregation wird durch die *Spearman-Brown*-Formel ausgedrückt, in der für diesen Fall m = 2 gilt und $\bar{r}$ die Korrelation der Testhälften ist. Das heißt, *Cronbachs Alpha* lässt sich so verstehen, dass wir die Reliabilität der Einzelitems über die durchschnittliche Interitem-Korrelation abschätzen, um dann mit der *Spearman-Brown*-Formel den Reliabilitätsgewinn bei Aggregation aller Items abzuschätzen.

Die zweite wichtige Information des Ausgabeprotokolls der Reliabilitätsanalyse ist die Spalte *Item Discrimination*. Hier handelt es sich um die sogenannte Trennschärfe, das heißt, die Korrelation des einzelnen Items mit der Gesamtskala (ohne dieses Item). Dieser Wert sollte naturgemäß auch recht hoch sein. Bortz und Döring (2006) geben als Faustregel an, Werte zwischen 0.30 und 0.50 als „mittelmäßig" und darüber als „hoch" zu bezeichnen. Dieser Wert kann also ebenfalls dazu benutzt werden, um „schlechte" Items zu identifizieren. Sehr anwenderfreundlich ist in diesem Zusammenhang die letzte Spalte des Ausgabeprotokolls: Dort ist angegeben, wie hoch der Alpha-Wert der Gesamtskala ohne diese Items ausfallen würde. Im obigen Beispiel sieht man, dass in jedem Fall die Reliabilität sinken würde, wenn eines der Items unberücksichtigt bliebe. Auch dies kann so gewertet werden, dass in diesem Fall alle Items brauchbar sind. In einer Phase der Testkonstruktion kann man diese Information nutzen, um den Test zu verbessern. Selbstverständlich muss sich diese Verbesserung dann in einer neuen Untersuchung bewähren.

Voraussetzungen und Probleme

Es sollte klar sein, dass sinnvolle Faktorlösungen nur dann erwartet werden können, wenn substanzielle (signifikant von Null verschiedene) Korrelationen zwischen den Items bestehen. Hierzu kann der *Kaiser-Meyer-Olkin*-Koeffizient *(KMO)* berechnet werden. Eine Faktorenanalyse kann durchgeführt werden, wenn der KMO-Koeffizient > .60 ist; bei Werten < .60 sollte von einer Faktorenanalyse abgesehen werden.

Eine Faktorenanalyse sollte nur mit hinreichend großen Stichproben durchgeführt werden, damit das Ergebnis nicht zu sehr stichprobenabhängig ist. Mitunter werden absolute Minimalzahlen genannt; häufig wird die Anzahl der Probanden zur Anzahl zu analysierender Items ins Verhältnis gesetzt und dann ein Minimalverhältnis genannt. Mundfrom et al. (2005) beklagen, dass die Empfehlungen eine sehr große Spanne haben (von N = 100 bis 1000 bzgl. des absoluten N; von 3:1 bis 20:1 bzgl. des Verhältnisse N zu Anzahl Items) und (auch) daher kaum zu gebrauchen sind (Costello & Osborne, 2005). Mundfrom und Kollegen geben differenziertere Empfehlungen auf der Basis von Simulationen (vgl. auch Pospeschill, 2010 für differenziertere Regeln, die sich an der durchschnittlichen Kommunalität der Items orientieren).

Wichtig ist der Hinweis auf Artefaktprobleme: Weisen Items unterschiedliche Verteilungen auf, wirkt sich dies auf die Höhe der Korrelation aus; die Items können dann nicht mehr maximal korrelieren. Das kann dazu führen, dass Faktoren entstehen, die nicht (oder nicht nur) auf inhaltlicher Übereinstimmung der Items basieren, sondern auf der Basis ähnlicher Verteilungen. Man kann dies gut veranschaulichen mit Items aus Leistungstests (z. B. Intelligenztests), die nur „gelöst" (Wert 1) oder „nicht gelöst" (Wert 0) werden können. Ein leichtes Item (viele „Einsen") und ein schweres Item (wenige „Einsen") können nicht zu Eins korrelieren, selbst wenn das Antwortmuster perfekt stimmig ist (d. h. alle Personen, die das schwierige Item gelöst haben, haben auch das leichte gelöst). Man erhält dann unter Umständen „Schwierigkeits-Faktoren", die natürlich nicht als inhaltliche Differenzierung zu interpretieren sind. Es gibt zur Behebung dieser Probleme Vorschläge (z. B. Transformationen; alternative Korrelationsindizes); wir verweisen hier auf die Literatur, die weiter unten angegeben ist.

11.3 Hauptachsenmethode und Maximum-Likelihood-Faktorenanalyse

Wie oben schon geschrieben, ist die Hauptkomponentenanalyse nicht im engeren Sinne eine Faktorenanalyse. Sie verwirklicht ausschließlich das Prinzip der Varianzmaximierung auf den Hauptkomponenten und ist damit vergleichsweise weit von der theoretischen Idee entfernt, welche latenten (d. h. nicht direkt messbaren) Variablen die Varianzen und Kovarianzen der Items erzeugen. Augenfällig wird dies daran, dass die finalen Kommunalitäten immer Eins sind. Das heißt, die gesamte Varianz der Items wird auf die Hauptkomponenten zurückgeführt, obwohl von der Grundidee her die Varianz jedes Items aus drei Teilen besteht: die mit

11.3 Hauptachsenmethode und Maximum-Likelihood-Faktorenanalyse

anderen Items geteilte Varianz, die spezifische Varianz des Items und die Fehlervarianz. Nur der erste Teil kann auf gemeinsame latente Variablen zurückgeführt werden. Bei der Hauptkomponentenanalyse wird mit diesem Problem sehr pragmatisch durch die Beschränkung auf die wesentlichen Komponenten (Faktoren) umgegangen; die auf der Basis dieser Extraktion erreichten Kommunaltäten werden dann als die „Geteilte-Varianz-Komponente" des Items angesehen. Dieses Vorgehen führt tendenziell zu einer Überschätzung der Kommunalitäten.

Hauptachsenmethode

Die *Hauptachsenmethode* antwortet auf dieses Problem, indem sie mit einer Anfangsschätzung der Kommunalitäten startet, die dann in einem iterativen Verfahren der Faktorenextraktion verbessert wird, bis die Kommunalitätenveränderung von Schritt x zu Schritt x+1 unter ein Konvergenzkriterium fällt. Die Extraktion der Faktoren entspricht der Hauptkomponentenanalyse; der Unterschied besteht lediglich darin, dass die Datenbasis der normalen Hauptkomponentenanalyse die Korrelationsmatrix der Items mit Einsen in der Hauptdiagonalen ist, während bei der Hauptachsenmethode in der Diagonalen die Kommunalitätenschätzungen stehen.[3] Als Anfangsschätzung der Kommunalität eines Items wird in der Regel das multiple R^2 genommen, das entsteht, wenn dieses Item auf alle anderen Items in einer multiplen Regression regrediert wird. Das ist einerseits plausibel („Wie viel Varianz hat dieses Item mit den anderen Items gemeinsam?"), andererseits bleibt es eine „Krücke" für die Lösung eines prinzipiellen Problems: Wie kann ich Werte im Vorhinein kennen, die eigentlich erst das Ergebnis der Analyse sein können. In R kann man die Funktion fa() (Paket *psych*) nutzen, um eine Hauptachsenanalyse zu rechnen.

Maximum-Likelihood-Faktorenanalyse

Eine andere häufig benutzte Methode ist die *Maximum-Likelihood*-Faktorenanalyse (ML-Faktorenanalyse). Wie der Name sagt, wird hier die Grundidee der *Maximum-Likelihood*-Schätzung (Kap. 2) als Ausgangspunkt genommen: Unter welcher Konfiguration von Faktoren mit ihren Ladungen ist die Wahrscheinlichkeit des Auftretens der beobachteten Korrelationsmatrix möglichst hoch? Etwas anders formuliert: Unter welcher Konfiguration von Faktoren mit ihren Ladungen kann die beobachtete Korrelationsmatrix möglichst gut reproduziert werden? Die Anzahl der Faktoren kann nach denselben Kriterien bestimmt werden, die wir oben

---

[3]Die nicht-matrix-algebraische Heranführung an die Hauptkomponentenanalyse, die wir eingangs dieses Kapitels gewählt haben, lässt sich allerdings nicht mehr gut anwenden.

besprochen hatten. Allerdings ist ein Vorteil der ML-Faktorenanalyse, dass für jede Faktorlösung ein χ^2-Anpassungstest gerechnet wird, der testet, ob die Diskrepanz zwischen der beobachteten Korrelationsmatrix und der aufgrund des Faktormodells bestmöglich reproduzierten Matrix signifikant ist. „Signifikanz" bedeutet hier also, dass die Faktorlösung *nicht* gut geeignet ist. Diese Logik werden wir noch genauer im Kap. 14 über die Strukturgleichungsmodelle kennenlernen.

Zum Beispiel gilt für ein Ein-Faktor-Modell bei den Beispieldaten: χ^2 (44) = 85.53, $p < .001$; es ist somit zu verwerfen. Beim (von uns favorisierten) Zwei-Faktor-Modell gilt: χ^2 (34) = 31.76, $p = .578$; es kann somit angenommen werden. Die Anzahl der Freiheitsgrade – 44 bzw. 34 – ergeben sich dabei im Übrigen aus der Differenz zwischen der Anzahl der Datenpunkte – d. h. der Anzahl der Korrelationen – und der Anzahl der Modellparameter (Kap. 14).[4] Wichtig ist bei diesem Test, dass der χ^2-Wert sehr stark von der Stichprobengröße abhängt, das heißt bei großen Stichproben leicht signifikant wird, obwohl der „Modellfit" durchaus recht gut ist (Kap. 14). Man sollte daher auch andere Modellgüteindizes heranziehen (Eid et al. 2017). In R kann man die Funktion factanal() (Paket *stats*) nutzen, um eine ML-Faktorenanalyse zu rechnen.

Literatur

Ausführliche Kapitel zur Faktorenanalyse gibt es in allen gängigen Lehrbüchern zur Statistik und multivariaten Datenanalyse (z. B. Eid et al., 2017; Field, 2018; Field et al., 2012; Tabachnick & Fidell, 2019). Alle beschreiben ausführlich die Hauptkomponentenanalyse. Tabachnick und Fidell (2019) diskutieren (kurz) auch weitere Verfahren der exploratorischen Faktorenanalyse, während sich Eid und Kollegen (2017) eingehender mit der ML-Methode, der Hauptachsenmethode und dem Vergleich zur Hauptkomponentenanalyse beschäftigen. Weiterführende Literatur: Brown (2006); Fabrigar & Wegener, 2012; Gorsuch (1983); Moosbrugger und Kelava (2011); Weiber und Mühlhaus (2014).

---

[4] Konkret: df = [(p−m)² − (p + m)]/2 mit p = Anzahl Items, m = Anzahl Faktoren (vgl. Fabrigar & Wegener, 2012, bei denen allerdings im Druck die eckigen Klammern fehlen).

Clusteranalyse 12

Clusteranalysen stellen eine Verfahrensgruppe dar, mit denen sich Personen oder Objekte (generell: Variablen) anhand empirischer Daten, die eine spezifische Eigenschaftsstruktur aufweisen, zu möglichst ähnlichen Teilmengen (Gruppen) zusammenfassen lassen. Dabei werden alle Eigenschaften gleichermaßen für die Gruppenbildung verwendet (Spät, 1977; Steinhausen & Langer, 1977). Zum Beispiel könnten Personen mit einem Fragebogen nach ihren Urlaubspräferenzen befragt werden (Wie wichtig ist Ihnen: ... Faulenzen? ... ein schöner Strand? ... etwas zu erleben? ... Ruhe und Entspannung? ... usw. auf einer Skala von 0 [völlig unwichtig] bis 5 [sehr wichtig]). Mit der Clusteranalyse würde man versuchen herauszufinden, ob es Gruppen (Cluster) von Personen gibt, deren Bewertungsprofile hinreichend ähnlich zueinander, aber unähnlich zu anderen Clustern ist, sodass man eventuell als Ergebnis eine Art Urlaubertypologie erhält.

Grundsätzlich lassen sich dabei partitionierende von hierarchischen Verfahren unterscheiden (Backhaus et al., 2011). Partitionierende Verfahren verwenden eine vorgegebene Gruppeneinteilung und versuchen durch Umgruppierung einzelner Objekte eine bestehende Lösung zu optimieren. Bei den hierarchischen Clusteranalysen werden aus den empirischen Daten die (Un-)Ähnlichkeiten unter Verwendung spezifischer Distanz- oder Ähnlichkeitsmaße gewonnen, ein Algorithmus zur Zusammenführung der Objekte gewählt und schließlich die Anzahl der Cluster bestimmt.

12.1 Proximitätsmaße

Proximitätsmaße umfassen Distanz- und Ähnlichkeitsmaße; sie dienen dazu, die Stärke der (Un-)Ähnlichkeit zweier Objekte zu quantifizieren. Dabei bestimmen Distanzmaße die Abweichungen, während Ähnlichkeitsmaße die Übereinstimmungen der Werte bestimmen. Da die einen – die Distanzmaße – das Gegenstück der anderen – der Ähnlichkeitsmaße – sind, ist dieser Unterschied nicht wesentlich. In Abhängigkeit vom Skalenniveau (intervall- oder nominalskaliert) der zu transformierenden Daten stehen verschiedene Maße zur Verfügung (Pospeschill, 2012).

Proximitätsmaße für intervallskalierte Daten
Maße für intervallskalierte Daten basieren nahezu alle auf dem gleichen Prinzip. Sie ergeben sich aus den Differenzen der einzelnen Wertepaare der beiden zu vergleichenden Objekte. Die Maße unterscheiden sich in der Art, mit der sie die einzelnen Differenzen der verschiedenen Wertepaare zu einer Maßzahl zusammenfassen.

Die *euklidische Distanz* – die wir schon aus Abschn. 10.1 kennen – quadriert die einzelnen Wertepaare und addiert die Ergebnisse zu einer Summe über die Variablen hinweg. Die Quadratwurzel der Summe ergibt die Maßzahl zur Charakterisierung der Unähnlichkeit:

$$\sqrt{\sum (x_i - y_i)^2}$$

Zum Leseverständnis dieser und der folgenden Formeln: Bei dem oben skizzierten Beispiel der Urlaubspräferenzen wären die x_i die Antworten eines Urlaubers, die y_i die Antworten eines anderen Urlaubers auf die Fragebogenitems. Wäre das Profil der Präferenzen weitgehend deckungsgleich, wäre der Distanzwert sehr gering; bei konträren Präferenzen wäre sie sehr hoch. Häufig entscheidet man sich für die *quadrierte euklidische Distanz* (d. h. nach der Summierung der quadrierten Abweichungen wird nicht die Wurzel gezogen).

Die euklidische Distanz ist ein Fall der allgemeineren *Minkowski-Distanz* (auch *L-Norm* genannt); sie resultiert aus der p-ten Wurzel der Summe der p-ten Potenzen des Betrags der Wertepaardifferenzen:

$$\sqrt[p]{\sum |x_i - y_i|^p}$$

12.1 Proximitätsmaße

Je nach gewähltem p resultieren unterschiedliche Eigenschaften. Bekannt ist zum Beispiel der Fall $p = 1$, die sogenannte *Block-Distanz* (auch *City-Block-Metrik* genannt):

$$\sum |x_i - y_i|$$

Bei der Block-Distanz werden große Abweichungen auf einzelnen Variablen nicht so stark gewichtet wie bei der euklidischen Distanz.

Ein typisches *Ähnlichkeitsmaß* ist die (Produkt-Moment-)*Korrelation* (Kap. 1), bei der die z-standardisierten Werte der Fälle/Variablen paarweise multipliziert, summiert und durch die Anzahl der Wertepaare minus 1, dividiert werden:

$$\frac{\sum z_{xi} \cdot z_{yi}}{n-1}$$

An dem Vergleich von euklidischer Distanz und Korrelationskoeffizient kann man sich leicht klarmachen, welche wichtige Rolle die Auswahl eines Koeffizienten spielt: Greifen wir bei unserem Urlauberbeispiel zwei Personen heraus, die zunächst dadurch auffallen, dass die eine Person die Antwortskala in der vollen Breite nutzt (d. h. das, was ihr unwichtig ist, wird mit „0", dass was ihr wichtig ist, mit „5" angekreuzt). Die zweite Person neigt weniger zu extremen Urteilen (d. h. sie kreuzt nur zwischen „2" und „4" an). Bei genauerer Betrachtung fällt uns auf, dass die beiden aber in ihrem Antwortprofil perfekt übereinstimmen: die Merkmale, die der einen wichtig (unwichtig) sind, sind auch der anderen (eher) wichtig (unwichtig). Die Korrelation beträgt somit eins und zeigt maximale Ähnlichkeit an; die euklidische Distanz wird aber beträchtlich sein, da bei jedem einzelnen Item die unterschiedlichen Neigungen der beiden Personen zu Extremurteilen den Koeffizienten erhöhen. Ob dies inhaltlich angemessen oder unangemessen ist, lässt sich nur in jedem einzelnen Anwendungsfall der Clusteranalyse entscheiden.

Proximitätsmaße für nominalskalierte Daten

Ähnliche Problematiken finden wir auch bei den Proximitätsmaße für nominalskalierte Daten. Zudem gibt es hier eine besonders große Fülle von Vorschlägen. Wir haben im *Online-Plus-Material* zu diesem Buch (Anhang) eine umfangreiche Liste solcher Indizes zusammengestellt. Wir wollen uns hier darauf beschränken, die Problematik der Auswahl an einem Beispiel zu verdeutlichen.

Im Falle *binärer Daten* (mit den Angaben Merkmal vorhanden „1" und Merkmal nicht vorhanden „0", für zwei Variablen, deren Ähnlichkeit bestimmt werden soll, angeordnet in einer Vierfeldertafel a: 1–1; b: 1–0; c: 0–1; d: 0–0) werden unter anderem die beiden folgenden Ähnlichkeitsindizes vorgeschlagen:

Bei der *einfachen Übereinstimmung* (*simple matching*) errechnet sich die Stärke der Ähnlichkeit aus dem Quotienten der Anzahl der Wertepaare mit gleichen Werten und der Anzahl aller Wertepaare:

$$\frac{a+d}{a+b+c+d}$$

Das heißt, in die Ähnlichkeitsbestimmung gehen gleichermaßen die Übereinstimmung im Vorhandensein wie im Fehlen von Merkmalen ein.

Jaccard (*Tanimoto*) ist der Quotient aus der Anzahl der Wertepaare, in denen bei beiden Objekten das jeweilige Merkmal vorliegt und der Anzahl der Wertepaare, in denen bei mindestens einem Objekt ein Merkmal vorliegt:

$$\frac{a}{a+b+c}$$

Was bedeutet der Unterschied? Füllen wir das abstrakte Schema mit zwei ganz unterschiedlichen Studien: In der Studie 1 geben hochbetagte Probanden aus einer Liste von chronischen Krankheiten und Behinderungen ($m = 50$) ihre Gebrechen an. Zwei Teilnehmer haben jeweils vier chronische Krankheiten oder Behinderungen; aber nur eine ist gemeinsam. Vermutlich würden wir hier sagen, dass keine große Ähnlichkeit im Belastungsprofil besteht.

In der Studie 2 kreuzen Probanden auf einer Liste von 50 politischen Aussagen an, ob sie jeweils zustimmen oder ablehnen. Zwei Teilnehmer haben jeweils viermal „Ja" und 46-mal „Nein" angekreuzt; bei 44 Aussagen sind sie sich einig (einmal „Ja", 43-mal „Nein"). Vermutlich würden wir hier sagen, dass eine große Ähnlichkeit in der politischen Meinung besteht.

Abstrakt sind die beiden Datenmuster identisch; wählt man die *einfache Übereinstimmung*, erhält man einen (sehr hohen) Ähnlichkeitswert von .88; wählt man den *Jaccard*-Index, erhält man einen (sehr niedrigen) Ähnlichkeitswert von .14. Während also letzterer in der Hochbetagten-Studie angemessen wäre, sollte man ersteren in der Politik-Studie wählen.

Fusionierungsverfahren

Ebenso vielfältig wie die Proximitätsmaße sind die Clusteralgorithmen, mit denen sich die Clusterbildung vornehmen lässt. Dabei kommen vorwiegend *polythetische* (gegenüber *monothetischen*) Verfahren zum Einsatz, die simultan sämtliche Variablen

12.1 Proximitätsmaße

zur Gruppenbildung heranziehen. Bei partitionierenden Clusteranalysen sind die verwendeten Algorithmen Austauschverfahren, mit denen Objekte unter Berücksichtigung eines Optimierungskriteriums in andere Cluster verschoben werden. Bei den hierarchischen Verfahren hingegen wird eine einmal gebildete Gruppe nicht wieder aufgelöst. Hier werden neben den *Agglomerierungsverfahren* (anhäufende Verfahren, die als Ausgangssituation jedes Objekt als ein einzelnes Cluster betrachten und diese dann in größere Cluster zusammenfassen) die *divisiven Algorithmen* (aufteilende Verfahren, die als Ausgangssituation alle Objekte in einem Cluster betrachten und diesen dann in kleinere Cluster aufteilen) unterschieden.

Partitionierungsverfahren
Partitionierungsverfahren starten mit einer Ausgangspartition, für die pro Cluster ein Mittelwert für jede Eigenschaft bestimmt wird; dadurch wird der sogenannte Gruppenzentroid definiert (ein fiktives „Objekt", das als Eigenschaftsvektor die Mittelwerte hat). Für die bestehende Gruppenzuordnung kann dann ein Maß der Heterogenität berechnet werden (z. B. die Summe der *quadrierten euklidischen Distanzen* der Objekte zum Zentroiden). Daraufhin wird untersucht, durch welche Objektverlagerung von einem Cluster zu einem anderen das Maß der Heterogenität verkleinert werden kann. Das Objekt, das dieses Kriterium maximal erfüllt, wird verschoben und das Spiel beginnt von vorn, bis es keine Objektverlagerung mehr gibt, die zu einer Verbesserung führen würde.

Da aufgrund kombinatorischer Gegebenheiten nicht alle möglichen Gruppenzuordnungen geprüft werden können (n Objekte auf k Gruppen aufgeteilt ergeben k^n Aufteilungsmöglichkeiten), wird im Ergebnis nur ein lokales, aber kein globales Optimum erreicht. Dabei entscheidet auch die Startpartition mit über das erzielbare Optimum des Clusterprozesses; empirisch ermittelte Anfangspartitionen – zum Beispiel durch Agglomerierungsverfahren (s. unten) – sind daher zufälligen Aufteilungen vorzuziehen.

Agglomerierungsverfahren
Bei den Agglomerierungsverfahren kommen verschiedene Algorithmen zur Anwendung. Ausgangspunkt ist dabei, jedes Objekt zunächst als eigenen Cluster zu betrachten und sämtliche Distanzen zu berechnen. Die Cluster mit der geringsten Distanz werden zu einem neuen Cluster zusammengefasst. Für die um Eins reduzierte Clusteranzahl werden neue Distanzen bestimmt, die in Abhängigkeit vom verwendeten agglomerativen Verfahren unterschiedlich berechnet werden. Nach Abschluss werden wiederum die Cluster mit der größten Ähnlichkeit bzw.

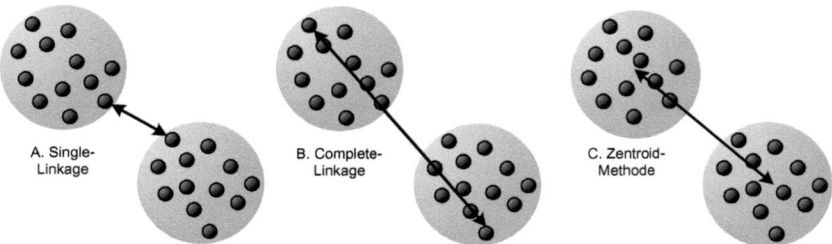

Abb. 12.1 Grafische Veranschaulichung von Distanzberechnungen verschiedener Agglomerierungsverfahren

geringsten Distanz zusammengefasst. Dieser Prozess wird fortgeführt, bis sich sämtliche Objekte in einem Cluster befinden.

Die Distanzberechnung zwischen zwei Clustern A und B erfolgt in Abhängigkeit vom agglomerativen Verfahren unterschiedlich (Abb. 12.1):

Average Linkage Bei dieser Methode wird die Distanz aller Objektpaare berechnet, die sich zwischen den beiden Clustern bilden lassen. Der Durchschnitt dieser Distanzen wird als Distanz zwischen den Clustern angesehen und bildet das Kriterium für die Agglomerierung. Dabei werden alle Objekte in den Clustern berücksichtigt, sodass die Distanz nicht von einzelnen Objekten bestimmt wird.

Average Group Linkage Es werden alle Objekte der beiden Cluster zusammengenommen und alle möglichen Objektpaare aus ihnen gebildet. Dabei können auch zwei Objekte desselben Clusters ein Paar bilden. Für jedes der Objektpaare wird die Distanz berechnet; aus allen Distanzen wird dann der Durchschnitt ermittelt. Diese Methode führt dazu, dass die durchschnittliche Distanz des neuen Clusters möglichst gering ist.

Single Linkage (nächstgelegener Nachbar) Es werden aus allen Objekten beider Cluster die beiden am nächsten beieinanderliegenden Objekte ausgewählt, die aus unterschiedlichen Clustern stammen. Für diese beiden Objekte wird die Distanz berechnet, die anschließend als Distanz zwischen den Clustern betrachtet wird.

Complete Linkage (entferntester Nachbar) Es wird das Objektpaar mit der größten Distanz aus den beiden Clustern ausgewählt, wobei wiederum aus jedem Cluster

12.1 Proximitätsmaße

ein Objekt des Paares stammen muss. Die Distanz zwischen diesen Fällen gilt als Distanz zwischen den beiden Clustern.

Zentroid-Clustering Es werden für jedes Cluster die Objektmittelwerte der in dem Cluster enthaltenen Objekte berechnet. Dies bedeutet für ein neues Cluster, dass sein Zentroid dem gewogenen Mittel der beiden Zentroiden der Ausgangscluster entspricht, wobei die Objektzahlen der Ausgangscluster die Gewichte bilden. Die Distanz zwischen zwei Clustern ergibt sich dann aus den Mittelwerten; findet zum Beispiel die *quadrierte euklidische Distanz* Verwendung, ergeben sich die Distanzen aus der Summe der quadrierten Differenzen der einzelnen Objektmittelwerte.

Median-Clustering Es wird der Zentroid eines neuen Clusters aus den Zentroiden der Ausgangscluster berechnet, die beide mit dem gleichen Gewicht in das neue Zentroid eingehen.

Ward-Methode Es werden zunächst die Mittelwerte der einzelnen Objekte für jedes Cluster berechnet. Anschließend werden die quadrierten euklidischen Distanzen der einzelnen Objekte eines Clusters zu dem Clustermittelwert ermittelt. Die sich so ergebenden Distanzen der einzelnen Objekte zu den jeweiligen Clustermittelwerten werden für alle Objekte aufsummiert. Es werden jeweils die beiden Cluster zu einem neuen Cluster vereinigt, durch deren Vereinigung sich der geringste Zuwachs in der Gesamtsumme der quadrierten Distanzen ergibt.

Bei den drei zuletzt genannten sogenannten *konservativen Verfahren – Zentroid, Median* und *Ward* – ist nur die Verwendung von Distanzmaßen sinnvoll, während für die verbleibenden *Linkage*-Verfahren jedes mögliche Proximitätsmaß zum Einsatz kommen kann. Die *Ward*-Methodegilt dabei als besonders verlässlicher Algorithmus, vorausgesetzt, die Variablen besitzen ein metrisches Skalenniveau, sind unkorreliert und weisen keine Ausreißer auf. Eine Anwendung der *Ward*-Methode sollte zudem mit der Annahme verknüpft sein, dass in etwa gleiche große Cluster mit gleicher Varianz vorliegen; in der Größe stark variierende Cluster werden demgegenüber durch den Algorithmus häufig nicht erkannt.

Complete-Linkage ist ein *dilatierendes Verfahren*, das heißt, es neigt zur Bildung etwa gleich großer Cluster während *Single-Linkage* einen *kontrahierenden Algorithmus* verwendet, das heißt, es neigt zur Bildung zunächst weniger großer Cluster, denen viele kleine Cluster gegenüberstehen. Im ersten Fall resultieren dabei kleinere Cluster, während im zweiten Fall eine Aneinanderreihung einzelner Objekte (eine Kettenbildung) die Folge sein kann. Dafür eigenen sich kontrahierende Verfahren besonders, um Objekte mit extremen Merkmalen (die den Fusionierungsprozess verzerren können) zu identifizieren; diese werden dann auf späten Stufen des Fusionierungsprozesses zu bestehenden Clustern hinzugefügt. Die *Single-Linkage*-Methode eignet sich daher für erste Analysen, um Objekte mit extremen Ausprägungen zu identifizieren und gegebenenfalls zu entfernen.

12.2 Festlegung einer Clusterlösung

Clusteranalysen ermitteln keine finale Lösung zur „korrekten" Anzahl der Cluster. Daher werden diese Verfahren häufig auch als *„unsupervised"* bezeichnet. Der Anwender muss daher die bestmögliche Lösung selbst identifizieren. Dabei kann bereits vor Anwendung eine theoretisch begründete Annahme zur Anzahl der Gruppen vorliegen; dies ist aber eher die Ausnahme. Typisch ist, durch die Clusteranalyse eine inhärente Struktur aufzudecken. In der Folge werden zur Bestimmung der Clusterzahl auch vornehmlich statistische Kriterien in Form eines Heterogenitätsmaßes (z. B. die Fehlerquadratsumme) eingesetzt, um auf jeder Stufe der Fusionierung die zunehmende Unähnlichkeit der Cluster einschätzen zu können.

Grafisch kann zusätzlich durch Verwendung eines *Dendrogramms* der Fusionierungsprozess nachvollzogen und zur Entscheidung für die Gruppenaufteilung hinzugezogen werden. Ergänzend kann mittels des sog. *Elbow*-Kriteriums die Heterogenitätsentwicklung visualisiert werden; dabei wird das Heterogenitätsmaß auf der Ordinate gegen die Anzahl der Cluster auf der Abszisse abgetragen. Ähnlich wie bei einem *Scree*-Plot (Kap. 11) wird der Knick („Ellenbogen") im Linienverlauf als Kriterium für die Clusteranzahl verwendet; dabei wird der Übergang von der Ein- zur Zwei-Cluster-Lösung nicht berücksichtigt, da an dieser Stelle immer ein deutlicher Heterogenitätssprung resultiert.

Agglomerative hierarchische Clusteranalyse mit R
Deterministische Clustermethoden verwenden eine hierarchische Klassifikation von Daten, die aus einer Abfolge von Unterteilungen der einzelnen Elemente zu Clustern besteht, solange bis sich alle Elemente in einem Cluster befinden. Bevor dieser Prozess allerdings gestartet werden kann, sind die Daten in eine Distanz- oder Ähnlichkeitsmatrix zu überführen, wie zum Beispiel eine Matrix der euklidischen Distanzen. Liegt diese Matrix vor, beginnt der Fusionierungsprozess, der nach jeder Zuordnung eines Elementes die Distanzen zwischen den verbleibenden Elementen und Clustern neu bestimmt. Für die Bestimmung dieser neuen Distanzen besteht wiederum die Auswahl zwischen verschiedenen Agglomerierungsverfahren.

12.2 Festlegung einer Clusterlösung

Zur Durchführung hierarchischer Clusteranalysen in R können die Funktionen hclust() aus dem Paket *stats* und agnes() aus dem Paket *cluster* verwendet werden. Alternativ können aus dem letztgenannten Paket die Funktion diana() für eine divisive hierarchische Clusteranalyse oder mona() für eine Clusteranalyse mit binären Daten verwendet werden. Zur Visualisierung stehen die Funktionen dendrogram() aus dem Paket *stats* oder plot() aus dem Paket *cluster* zur Verfügung.

Im Folgenden wird zunächst die hierarchische Clusteranalyse vorgestellt. Der Datensatz entstammt einer Studie von Mezzich und Worthington (1978), die 11 Psychiater baten, sich jeweils einen prototypischen depressiven (Dp), manischen (Ma), schizophrenen (Sz) oder paranoiden (Pa) Patienten vorzustellen und hinsichtlich 17 verschiedener Symptomskalen (z. B. Krankheitsbefürchtungen, Angst, emotionale Zurückgezogenheit, formale Denkstörungen, Schuldgefühle, Anpassung) auf einer Skala von „0" (Symptom nicht vorhanden) bis „6" (Symptom sehr stark ausgeprägt) zu bewerten. Über die Clusteranalyse soll nun untersucht werden, ob die Symptomzuschreibungen durch die Psychiater homogene Patientengruppen (Patienten mit jeweiliger Symptomatik) ergeben. Dabei werden zunächst die *Ward*-Methode und als Distanzmaß *quadrierte euklidische Distanzen* verwendet; eine erweiterte Verwendung des Datensatzes findet sich bei Diehl und Staufenbiel (2007).

Zur Visualisierung des Fusionierungsablaufs dient das Dendrogramm (Abb. 12.2). Dies erleichtert es, die zusammengefassten Cluster zu identifizieren und ggf. bestimmte Lösungen kennzeichnen zu lassen.

Ähnliche Funktionen stehen im Paket *cluster* zur Verfügung. Eine hierarchische Clusterbildung kann hier mittels der Funktion agnes() (*agglomerative nesting*) vorgenommen werden (Abb. 12.3). Dazu wird entweder eine bereits erzeugte Distanzmatrix oder ein Datensatz übergeben, der dann in eine entsprechende Unähnlichkeitsmatrix transformiert wird. Bei einem numerischen Datensatz sollte jede Zeile mit einer Beobachtung und jede Spalte mit einer Variablen korrespondieren.

Um eine Distanzmatrix zu erzeugen stellt die Funktion mittels des Arguments *metric* euklidische Distanzen („*euclidean*") oder Manhattan-Distanzen („*manhattan*") zur Verfügung. Euklidische Distanzen entstehen aus der Quadratwurzel der Quadratsummen der Differenzen, während Manhattan-Distanzen (auch City-Block-Metrik genannt) aus der Summe der absoluten Differenzen entstehen. Weitere Distanzmatrizen lassen sich über die gesonderte Funktion dist() (aus dem Paket *stats*) oder daisy() (aus dem Paket *cluster*) erzeugen.

Der Banner-Plot stellt ein horizontales Balkendiagramm dar, dass die (agglomerative oder divise) Clusterung aus der Dendrogrammstruktur zeigt. Diese Darstellung beschreibt, von rechts nach links gelesen, die einzelnen Schritte der Clusterbildung. Über die Spalten sind die Stufen abgetragen; dabei beschreibt die Zahl am unteren Rand die Anzahl der verbleibenden Cluster. Die Agglomerierung vollzieht sich dabei über „Anzahl der Variablen/Fälle" minus 1 Stufe. In den Spalten des

```
> hcfit <- hclust(dmezzich, method = "ward.D")
> plot(hcfit)
> rect.hclust(hcfit, k=4, border="red")
```

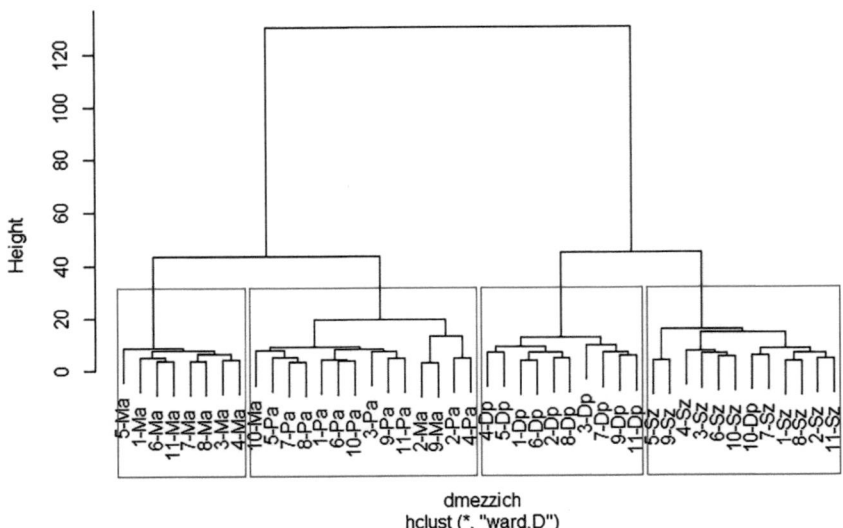

Abb. 12.2 Dendrogramm bei der hierarchischen Clusteranalyse. Eine 4-Cluster-Lösung wurde optional eingezeichnet

Diagramms sind diese Stufen abgetragen; dabei beschreibt die Zahl am unteren Rand die Anzahl der verbleibenden Cluster. Die Fälle, aus denen sich die einzelnen Cluster zusammensetzen, ergeben sich aus den gefüllten Bereichen einer Zeile. Auf den einzelnen Stufen gehören jeweils diejenigen Fälle einem gemeinsamen Cluster an, die in einem zusammenhängenden Bereich liegen; dabei signalisieren lange ausgefüllte Bereiche eine frühe Clusterung bestimmter Variablen/Fälle. Freie Bereiche hingegen trennen die Cluster voneinander; dabei deuten lange freie Bereiche auf eine späte Clusterung hin. Die Darstellung lässt sich auch separat mit der Funktion bannerplot() aus dem Paket *cluster* erzeugen (Abb. 12.4).

Der Agglomerationskoeffizient (als besonderes Feature der Funktion agnes()) stellt einen Durchschnittswert nach dem Average-Linkage-Verfahren, bezogen auf Gruppen, dar. Er ermittelt sich aus der Unähnlichkeit eines Objektes zum ersten zugeordneten Cluster, dividiert durch die Unähnlichkeit der finalen Fusionierung in der Clusteranalyse. Gemittelt über alle Objekte beschreibt der Koeffizient damit die

12.2 Festlegung einer Clusterlösung

```
> agfit <- agnes(dmezzich, method = "average")
> plot(agfit)
```

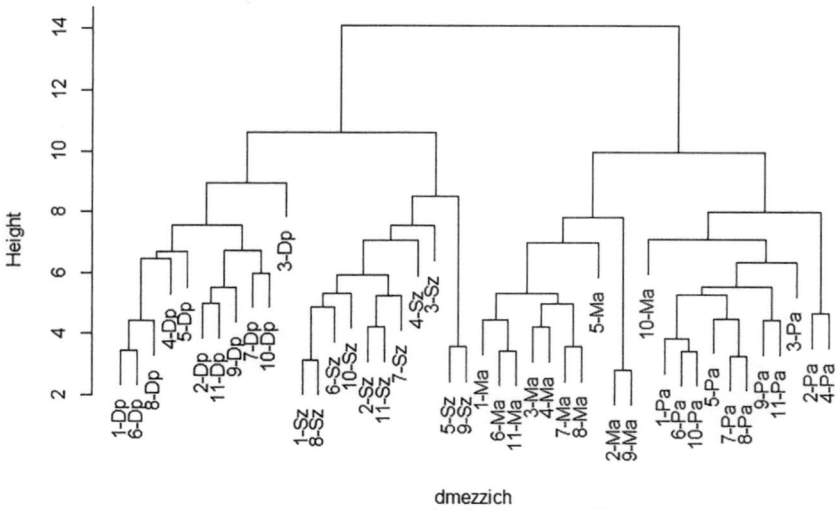

Abb. 12.3 Dendrogramm bei Clusteranalyse mittels der Funktion agnes()

Eindeutigkeit einer Clusterstruktur. Niedrige Werte deuten auf eine kompakte Clusterbildung, größere Werte auf weniger ausgeformte Cluster hin.

Divisive hierarchische Clusteranalyse

Alternative hierarchische Clusteranalysen sind divisive Verfahren wie sie in diana() (*Divise Analysis Clustering*) oder mona() (*Monothetic Analysis Clustering of Binary Variables*) implementiert sind. Divisive Verfahren starten mit einem gemeinsamen Cluster aller Elemente und unterteilen diese dann so lange, bis am Ende jedes Element ein eigenes Cluster bildet.

Die bis hier behandelten hierarchischen Methoden sind allesamt polythetisch, das heißt, sie berücksichtigen bei der Clusterbildung alle Variablen gleichzeitig. Monothetische Verfahren wie zum Beispiel die Funktion *mona* hingegen berücksichtigen bei der Unterteilung immer nur eine gezielt ausgesuchte Variable. Dabei werden auf jeder Stufe alle Cluster in Abhängigkeit des Wertes einer Variablen

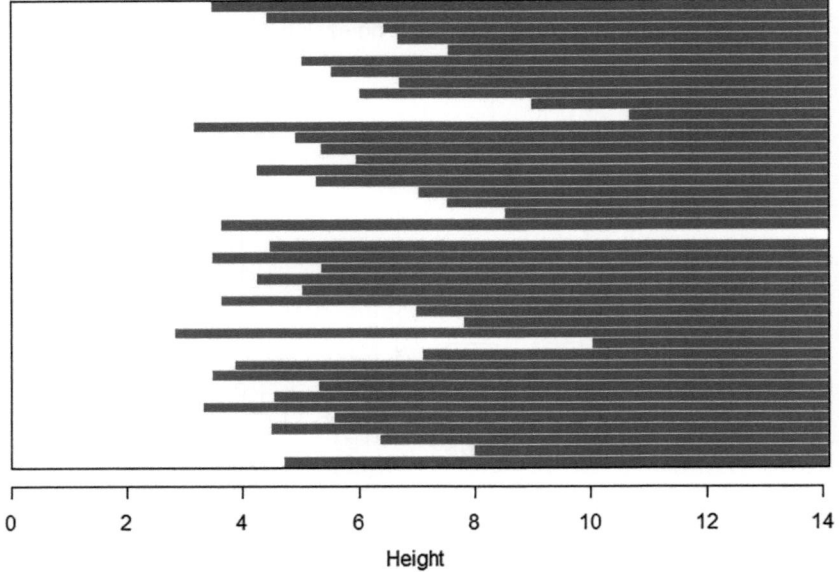

Abb. 12.4 Banner-Plot bei einer Clusteranalyse

unterteilt. Der *mona*-Algorithmus erlaubt zudem als Datensatz nur Variablen (Merkmale der Elemente) mit zwei (binären) Ausprägungen (0-/1-Werte).

Unscharfe partionierende Clusteranalyse (*fuzzy clustering*)

Ein weiteres Clusterverfahren ist das sog. *fuzzy clustering*, ein probabilistisches Clusterverfahren, bei dem davon ausgegangen wird, dass sich jedes Element über mehrere Cluster erstreckt, allerdings mit einem unterschiedlichen Grad der Zugehörigkeit. Der Grad der Zugehörigkeit (*membership*) ist dabei eine nichtnegative Größe und über alle angenommenen Cluster hinweg in der Summe 1 (bzw. 100 %).

Ähnlich zu den vorherigen Clusteranalysen verwendet die Funktion fanny() (*Fuzzy Analysis Clustering*) Daten aus einer Distanzmatrix, erwartet aber als partitionierendes Verfahren eine Angabe zur erwarteten oder angenommenen Anzahl der Cluster. Bei Rohdaten stehen mittels des Arguments *metric* euklidische

12.2 Festlegung einer Clusterlösung

Distanzen (*„euclidean"*), Manhattan-Distanzen (*„manhattan"*) sowie quadrierte euklidische Distanzen (*„SqEuclidean"*) zur Wahl.

Optional kann über den Parameter *memb.exp* ein *Membership*-Exponent (>1, Default: 2) angegeben werden, der für das Fit-Kriterium verwendet wird. Dieser führt dazu, dass die Clusterzugehörigkeit eindeutiger (<2) oder weniger eindeutig (*more fuzzy*) wird (>2). In der Ausgabe wird unter dem *Membership*-Koeffizienten entsprechend in Prozent die Zugehörigkeit jedes Elementes zu jedem Cluster angezeigt. Schließlich kann bei Bedarf auch die Anzahl der durchgeführten Iterationen (Default: maxit = 500) und die Toleranz für die relative Konvergenz des Fit-Kriteriums (Default: tol = 1e-15) eingestellt werden.

Besonderheit ist die Ausgabe eines Silhouetten-Plots und entsprechender Koeffizienten (Abb. 12.5). Damit wird für jedes Element und durchschnittlich für jeden

```
> fan_fit <- fanny(dmezzich, 4, memb.exp = 1.5)
> plot(fan_fit)
```

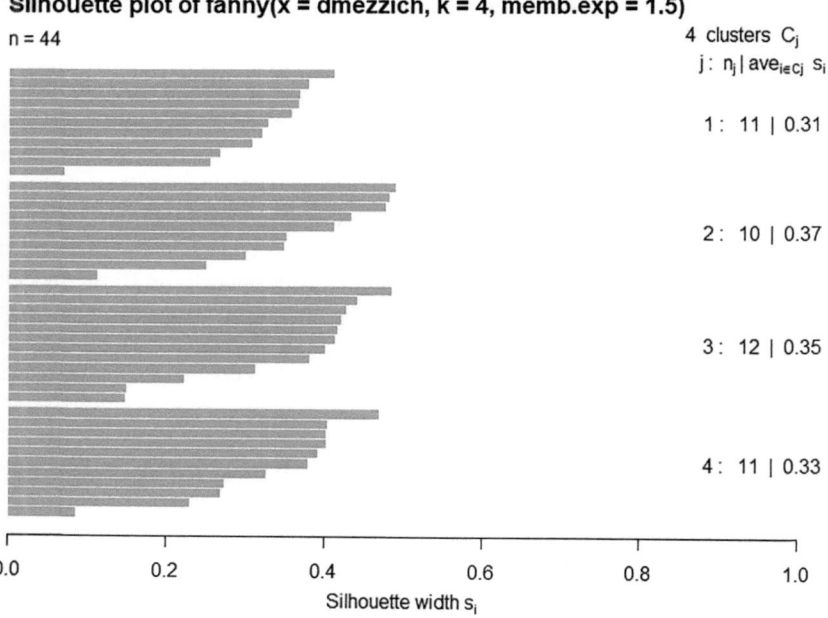

Abb. 12.5 Silhouetten-Plot bei Clusteranalyse mittels der Funktion fanny()

Cluster angegeben, wie gut die Zuordnung eines Elements oder aller Elemente zu den beiden nächstgelegenen Clustern gelingt. Die Angaben stellen damit ein von der Anzahl der Cluster unabhängiges Gütemaß dar.

Die Koeffizienten lassen sich per Daumenregel wie folgt nach dem Grad der Strukturierung (Zuordnung eines Elementes zum Cluster x) interpretieren: Werte zwischen .75 und 1 gelten als „starke Zuordnung", Werte zwischen .75 und .5 als „mittlere Zuordnung", Werte zwischen .5 und .25 als „schwache Zuordnung" und Werte zwischen .25 und 0 als „ohne Zuordnung" bzw. zwischen zwei Clustern liegend. Im Gegensatz zu den *Membership*-Koeffizienten können hier negative Silhouetten (Werte <0) auftauchen. In diesem Fall ist das Element zum nächstgelegenen Cluster näher als zum aktuellen Cluster. Dies ist zumeist ein Hinweis auf eine verbesserungswürdige Lösung, da die Elemente offensichtlich nicht korrekt zugeordnet sind. Negative Werte können auch dafür sprechen, weitere Cluster für eine korrekte Abbildung in das Modell aufzunehmen.

Der Silhouetten-Plot zeigt sämtliche Silhouetten des Datensatzes. Dabei werden alle Elemente, die zu einem Cluster gehören als waagerechte Linie dargestellt. Je besser zwei Cluster durch die Daten getrennt sind, desto besser gelingt die Zuordnung der Datenpunkte.

Voraussetzungen
Clusteranalysen sind relativ voraussetzungsarm. Aber natürlich müssen die verwendeten Distanz- oder Ähnlichkeitsmaße für die Daten angemessen sein. (Wir hatten dies zum Beispiel bei den Maßen für binäre Daten beispielhaft deutlich gemacht). Ergebnisse von Clusteranalysen sollte man grundsätzlich als vorläufig ansehen und durch unabhängige Stichproben bestätigen. *Likelihood*-Maße setzen voraus, dass alle Variablen (auch wenn es sich um Fälle handelt) im Clustermodell unabhängig sind. Diese Unabhängigkeit sollte mittels bivariater Korrelationen zuvor überprüft werden. Außerdem wird für metrische Variablen eine Normalverteilung und für kategoriale Variablen eine multinomiale Verteilung vorausgesetzt.

Literatur
Eine Einführung in die Clusteranalyse findet sich in Backhaus et al. (2011). Weiterführende Literatur: Bacher et al. (2010); Everitt et al. (2011).

Multidimensionale Skalierung 13

Bei der *multidimensionalen Skalierung (MDS)* werden Reaktionen (wie Wahrnehmung oder Beurteilung) von Probanden auf bestimmte vorgegebene Stimuli (oder Objekte) erhoben (Kruskal, 1964; Torgerson, 1958). Der Wahrnehmungs- oder Beurteilungsprozess wird dabei als eine Abbildung der Stimuli in einem mehrdimensionalen Raum betrachtet (z. B. ein Produkt, das in Bezug auf seine Wertigkeit, sein Image und seinen Preis eingeschätzt wird). Einerseits kann damit betrachtet werden, welche Stimuli von den Probanden als dicht beieinander liegend (d. h. ähnlich bezüglich einer Achse) eingeschätzt werden, andererseits kann versucht werden, Informationen über die Achsen dieses Raumes zu gewinnen, die Eigenschaften repräsentieren sollen, welche die Probanden bei ihren Reaktionen auf die Stimuli zugrunde legen.

Wir wollen ein Beispiel zur Anschauung geben. Bilsky et al. (2008) baten Studierende um etwas sehr Einfaches, aber auch Ungewöhnliches: Sie sollten 12 Delikte[1] paarweise nach ihrer Ähnlichkeit auf einer Skala von 0 (überhaupt nicht ähnlich) bis 4 (sehr ähnlich) beurteilen. Das Datenmaterial bestand also am Ende aus einer Matrix der mittleren Ähnlichkeitswerte oder – umgekehrt betrachtet – der mittleren Unähnlichkeiten („Distanzen"). Die Frage war dann: Kann man die 12 Delikte so in einem möglichst gering dimensionierten Raum anordnen, dass die Distanzen in diesem Raum weitgehend den empirischen Distanzen entsprechen? Wenn das zutrifft, schließt sich die Frage an: Kann man aufgrund der Lage der Delikte im Raum zu einer inhaltlichen Interpretation der Dimensionen gelangen? Wenn das gelingt, kann man vermuten, dass diese Dimensionen zu-

---

[1] Einbruchsdiebstahl, Hausfriedensbruch, Körperverletzung, Landesverrat, Raub, Steuerhinterziehung, Trunkenheit im Verkehr, Unterlassene Hilfeleistung, Unterschlagung, Vergewaltigung, Wahlfälschung, Widerstand gegen Vollstreckungsbeamte.

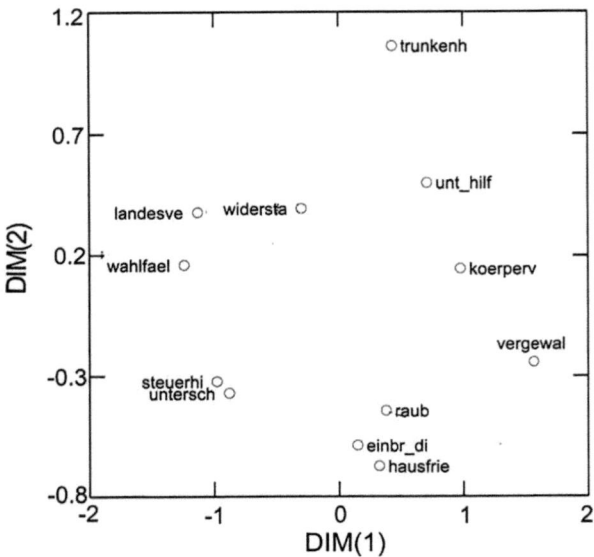

Abb. 13.1 Ergebnis einer MDS (vgl. zu den Bezeichnern die Fußnote 27; Bilsky et al., 2008)

mindest implizit die Ähnlichkeitsurteile der Teilnehmer bestimmt haben. Die MDS ist somit ein Verfahren, dass helfen soll, kognitive Organisationsstrukturen der Teilnehmer zu entdecken, ohne sie direkt danach zu fragen. Im Beispielfall gelang es, mit zwei Dimensionen die empirischen Distanzen in genügendem Maße zu reproduzieren (Abb. 13.1).

Schaut man sich die Verteilung der Delikte an, so ergeben sich stringente Interpretationen der beiden Dimensionen. Dimension 1 trennt zwischen anonymen/allgemeinen (*links*) und individuellen/konkreten Opfern (*rechts*); Dimension 2 trennt zwischen eigentums- (*unten*) und nichteigentumsbezogenen (*oben*) Delikten. Die Pointe der Studie besteht darin, dass auch eine Stichprobe von Polizeibeamten gebeten wurde, dieselbe Aufgabe auszuführen. Es ergab sich eine fast deckungsgleiche Struktur zu derjenigen der Studierenden (sodass man von denselben urteilsleitenden Dimensionen ausgehen konnte), mit einem einzigen Unterschied: Das Delikt *Widerstand gegen Vollstreckungsbeamte* wanderte auf der Dimension 1 ganz weit nach rechts.

Ordnen wir das Verfahren der MDS ein: Prinzipiell können wir für die Gewinnung der relativen Positionen der Stimuli im Wahrnehmungsraum einer Person entweder Eigenschaftsbeurteilungen der Objekte oder Ähnlichkeitsurteile zwischen den Objekten heranziehen.

Bei der Beurteilung eines Objektes aufgrund relevanter Eigenschaften kann mittels der *exploratorischen Faktorenanalyse* (Kap. 11) eine Angabe zu einer geringeren Zahl von Dimensionen und zur Positionierung der Objekte abgeleitet werden. Dabei ist es prinzipiell auch möglich, eine Beurteilung nach vorgegebenen Dimensionen vornehmen zu lassen.

Bei Ähnlichkeits- oder Unähnlichkeitsurteilen hingegen wird in der Regel auf eine Vorgabe von Merkmalen der Stimuli verzichtet bzw. diese können unbekannt sein. Um aus den Urteilen eine Konfiguration der Objekte im Wahrnehmungsraum der Personen abzuleiten, bietet sich die *multidimensionale Skalierung* (MDS) an.

Die Vorgabe von Merkmalen birgt die Gefahr, dass Probanden in einer Nichtbefragungssituation („im Alltag") die Stimuli nach anderen Aspekten beurteilen als bei einer als mehr oder weniger künstlich empfundenen Befragungssituation. Ähnliches trifft auch zu, wenn Probanden die Merkmale selbst nennen sollen, nach denen sie vorgelegte Stimuli beurteilen. Deshalb werden bei der MDS von den Probanden lediglich *Ähnlichkeits-* oder *Unähnlichkeitsaussagen* gefordert und es bleibt offen, nach welchen Merkmalen sie ihre Beurteilungen vorgenommen haben. Nachteilig in diesem Zusammenhang ist allerdings, dass die Ergebnisse interpretiert werden müssen, da *per se* zunächst kein Zusammenhang zwischen gefundenen Wahrnehmungsdimensionen und den empirisch erhobenen Eigenschaften der Objekte besteht. Dabei gilt es, sowohl die Dimensionen zu interpretieren als auch eine sinnvolle Anzahl von Dimensionen festzulegen.

Die Ableitung einer Konfiguration bei der MDS benötigt nicht unbedingt metrische Distanzgrößen, sondern kann auch aus nichtmetrischen Ähnlichkeiten (Daten auf Ordinalskalenniveau) ermittelt werden. Daher wird zwischen *metrischer* und *nichtmetrischer* MDS unterschieden. Diese Unterscheidung ist allerdings nicht ganz korrekt, da auch bei der metrischen MDS Ähnlichkeitsurteile als Daten verwendet werden können. Der entscheidende Unterschied liegt darin, dass bei der metrischen MDS Ähnlichkeitsdaten in Distanzen transformiert werden, das heißt, es wird explizit ein funktionaler Zusammenhang zwischen Ähnlichkeiten und Distanzen festgelegt, während bei der nichtmetrischen MDS lediglich vorausgesetzt wird, dass zwischen der Ähnlichkeitsrangordnung von Stimuluspaaren und ihren Distanzen im Raum ein monotoner Zusammenhang besteht. Im Folgenden wird die nichtmetrische MDS behandelt werden, da sie aufgrund ihrer breiteren Anwendung die größere Bedeutung besitzt. Die nichtmetrische MDS kann zudem ebenso metrische Daten verarbeiten.

Für eine MDS können *Individualdaten* verwendet werden, das heißt, die zugrunde liegende Ähnlichkeitsmatrix bezieht sich auf das Urteil *einer* Person, oder *aggregierte Daten*, die Durchschnittsurteile über mehrere Personen darstellen. Möglich ist auch ein Vergleich der Urteile verschiedener Personen.

Die Zielsetzung der nichtmetrischen MDS besteht darin, eine *Objektkonfiguration* zu bestimmen, und zwar in einem Raum möglichst niedriger Dimension (im Folgenden als MDS-Raum bezeichnet). Unter einer Objektkonfiguration werden dabei die Koordinaten der Objekte (oder Stimuli) im gewählten MDS-Raum verstanden. Mit einer Interpretation dieses Raumes kann dann versucht werden, Informationen über den Wahrnehmungs- und Beurteilungsraum der Probanden zu gewinnen.

Das Ziel der nichtmetrischen MDS ist somit eine Punktekonfiguration, die so geartet ist, dass zwischen den Objektdistanzen im MDS-Raum und den empirisch ermittelten Unähnlichkeiten eine monotone Beziehung besteht. Das Verfahren beginnt dazu mit einer beliebigen Startkonfiguration der untersuchten Objekte und verändert diese schrittweise so lange, bis die Rangreihe der Distanzen zwischen den Punkten in der Punktekonfiguration mit der Rangreihe der empirisch gefundenen Unähnlichkeiten möglichst gut übereinstimmt. Zur Bestimmung der Güte gibt es entsprechende Maßzahlen (*Stresswerte*). Die Interpretation der gefundenen (intervallskalierten) Dimensionen erfolgt anhand von Kennwerten (Ladungen), welche die Bedeutsamkeit der Urteilsdimensionen für die untersuchten Objekte charakterisieren.

13.1 Messung von Ähnlichkeiten

Bei der Messung von Ähnlichkeiten werden Objektpaare verglichen und in einem skalierten Ähnlichkeitsurteil abgebildet. Die klassische Methode hierbei ist der *Paarvergleich*, bei der Objekte nach der empfundenen Ähnlichkeit in eine (auf- oder absteigende) Rangreihung gebracht werden. Bei n Objekten ergeben sich bei paarweiser Vorgabe $n \cdot (n-1)/2$ zu vergleichende Objektpaare, das heißt, die Zahl der Paare nimmt überproportional mit Zahl der Objekte zu (z. B. bei $n = 10$ insgesamt 45 Paarvergleiche). Durch wiederholte Aufteilung in jeweils zwei Gruppen von ähnlichen und unähnlichen Objekten kann alternativ eine Rangreihe erstellt werden. Abschließend ist der erzielten Rangordnung eine Zahlenreihe zuzuordnen, die jedem Rangplatz einen numerischen Wert zuordnet. Problematisch sind Paarvergleiche dann, wenn inkonsistente Rangordnungen entstehen (*zirkuläre Triaden* oder *intransitive Urteile*). Zirkuläre Triaden können verschiedene Ursachen haben: zum Beispiel werden die Objekte unter Umständen nicht nur bezüglich *eines* Merkmals verglichen (Mehrdimensionalität); die Merkmalsdifferenzen können sehr klein sein oder als klein beurteilt werden; es ist auch an die Unfähigkeit von Probanden zur konsistenten Urteilsbildung sowie an mangelnde Sorgfalt zu denken. Die Frage, ob der Grad an Konsistenz möglicherweise rein zufällig entstanden sein könnte, kann inferenzstatistisch (gegen eine Zufallsbedingung) abgesichert werden. Vermieden werden können zirkuläre Triaden durch die simultane Ordnung aller Objekte in eine Rangreihe, aus der dann mittlere Ränge berechnet werden können.

Alternativ kann die *Ankerpunktmethode* verwendet werden, bei der jedes Objekt einmal als Vergleichsobjekt (Ankerpunkt) gegenüber allen restlichen Objekten verglichen wird; dadurch wird die Rangreihung in Teilaufgaben zerlegt. Bei n Objekten resultieren dabei $n \cdot (n-1)$ Paarvergleiche. Aus der Ankerpunktmethode resultiert eine quadratische Datenmatrix, in die die Rangwerte abgetragen werden. Als besondere Eigenschaft ist diese in der Regel asymmetrisch, das heißt, der Vergleich eines Objektes A mit Ankerpunkt B kann einen anderen Rang ergeben als der Vergleich von Objekt B mit Ankerpunkt A. Entsprechend wird auch von konditionalen Daten gesprochen, da die Werte in der Matrix nur zeilenweise für jeweils einen Ankerpunkt vergleichbar sind.

Schließlich können Ratings zur Gewinnung von (Un-)Ähnlichkeitsdaten verwendet werden, in dem zum Beispiel auf einer 7- oder 9-stufigen Skala eine Einschätzung zwischen „vollkommen ähnlich" (1) bis „vollkommen unähnlich" (7) gegeben wird. Da die (Un-)Ähnlichkeit als symmetrisches Konstrukt angenommen wird, ist jedes Paar nur einmal zu beurteilen. Für n Objekte ergeben sich daher $n \cdot (n-1)/2$ Beurteilungen von Objektpaaren. Das Ratingverfahren gilt bei größeren Objektzahlen als besonders ökonomisch, da nur eine Einzelbeurteilung pro Objektpaar und kein Vergleich mit anderen Paaren vorgenommen werden muss. Demgegenüber liefert diese Methode aber nur eingeschränkte Genauigkeiten, da aufgrund der eingeschränkten Skala gleiche Ähnlichkeitswerte resultieren können; diese nehmen mit Anzahl der Objekte und Verkürzung der Skala zu und reduzieren die Stabilität der Lösung. Gelöst werden kann dieses Problem durch Aggregation der Ähnlichkeitsdaten über alle Personen zu Mittelwerten oder Medianen. Die Ankerpunktmethode und das Ratingverfahren bieten sich daher eher für aggregierte Analysen, der Paarvergleich eher für individuelle Analysen an.

13.2 Distanzmodelle

Den empirisch ermittelten (Un-)Ähnlichkeiten stehen Distanzen im MDS-Raum gegenüber. Naheliegend ist sicher die Verwendung der euklidischen Distanz:

$$d_{xy} = \sqrt{\sum (x_i - y_i)^2}$$

Bei dem zwei-dimensionalen MDS-Raum unseres Eingangsbeispiels wäre dies die Länge der direkten Verbindung zweier Delikte. Die euklidische Distanz berechnet die Distanz zwischen zwei Punkten x und y nach ihrer kürzesten Entfernung, während die *(City-)Block-Metrik* die Distanz zwischen zwei Punkten x und y als Summe der absoluten Abstände ermittelt:

$$d_{xy} = \sum |x_i - y_i|$$

Verallgemeinert werden beide o. g. Metriken in der *Minkowski-Metrik (L-Norm)*, bei der die Distanz der Punkte x und y als Differenz der Koordinatenwerte über alle Dimensionen hinweg berechnet:

$$d_{xy} = \sqrt[p]{\sum (x_i - y_i)^p}$$

Dabei werden die Differenzen mit einem konstanten Faktor p potenziert und anschließend summiert. Die Distanz resultiert schließlich durch Ziehung der p-ten Wurzel (bei $p = 1$ resultiert die Block-Metrik, für $p = 2$ die euklidische Metrik).

13.3 Konfigurationsermittlung

Die Ermittlung der Konfiguration hat zum Ziel, die Rangreihe der Distanzen zwischen den Objekten im MDS-Raum möglichst optimal mit der Rangreihe der empirisch ermittelten Unähnlichkeiten in Übereinstimmung zu bringen, auch wenn sich die dabei angenommene Monotoniebedingung in der Regel nicht perfekt erfüllen lässt. Die Monotoniebedingung wäre erfüllt, wenn die Rangfolge der Distanzen exakt der Rangfolge der Unähnlichkeiten entspricht. Eine Lösung wird iterativ gesucht, indem eine zufällige Startkonfiguration schrittweise optimiert wird.

Um dabei die Distanzen (im MDS-Raum) und die empirischen Unähnlichkeiten rechnerisch aufeinander zu beziehen, werden als dritte Größe sogenannte *Disparitäten* eingeführt. Disparitäten sind eine Transformation der Unähnlichkeitswerte, sodass die Disparitäten wie die Distanzen skaliert sind.

Dann kann als Maß für die Güte einer aktuellen Konfiguration hinsichtlich der Erfüllung der Monotoniebedingung das *STRESS-Maß* (Kruskal, 1964, S. 3) verwendet werden:

13.3 Konfigurationsermittlung

$$STRESS_1 = \sqrt{\frac{\sum_x \sum_y \left(d_{xy} - \widehat{d}_{xy}\right)^2}{\sum_x \sum_y d_{xy}^2}}$$

(d_{xy} = Distanz; $\widehat{d}_{xy}$ = Disparitäten zw. den Objekten x und y)
Wichtig ist hier der Zähler des Bruches (der Nenner dient der Normierung; s. dazu unten): Wenn Distanzen im MDS-Raum und Disparitäten perfekt übereinstimmen, wird der STRESS-Index Null. Der iterative Algorithmus hat also zum Ziel, den STRESS-Index möglichst weit zu reduzieren.

Oben hatten wir geschrieben, dass eine optimale Lösung dann gegeben ist, wenn die Monotoniebedingung erfüllt ist, also die Rangfolge der Distanzen exakt der Rangfolge der Unähnlichkeiten entspricht. Wie geht diese Aussage mit dem metrischen STRESS-Index zusammen? Die Transformation der (Un-)Ähnlichkeiten in Disparitäten ist nur eine schwach monotone, das heißt für alle Paare von Objekten gilt, dass die Rangfolge der Disparitäten der Rangfolge der Unähnlichkeiten entspricht (mit dem Grenzfall, dass die Disparitäten identisch sein können trotz Unterschiedlichkeit der Ähnlichkeiten). Eine derartige Transformation hat viel Spielraum, um die Disparitäten den Distanzen anzugleichen. Nehmen wir zum Beispiel an, dass drei Objekte im zweidimensionalen Raum so angeordnet wären, dass ihre euklidischen Distanzen 3 (Objekt 1 mit 2), 4 (Objekt 1 mit 3) und 5 (Objekt 2 mit 3) betrügen; ihre Ähnlichkeiten auf einer Skala von 0 (sehr unähnlich) bis 4 (sehr ähnlich) wären 3.5 (Objekt 1 mit 2) 1.3 (Objekt 1 mit 3) und .7 (Objekt 2 mit 3). Die Disparitäten würden in diesem Fall exakt den Distanzen entsprechen, da hierdurch die Rangfolge der (Un-)Ähnlichkeiten gewahrt bleibt.[2]

Alternativ zum $STRESS_1$-Index kann die Normierung des Maßes (mit Werten zwischen 0 und 1) durch einen geänderten Ausdruck im Nenner erreicht werden:

$$STRESS_2 = \sqrt{\frac{\sum_x \sum_y \left(d_{xy} - \widehat{d}_{xy}\right)^2}{\sum_x \sum_y \left(d_{xy} - \overline{d}\right)^2}}$$

($\overline{d}$ = Mittelwert der Distanzen)

---

[2] Man möge hier ignorieren, dass das Beispiel „3 Objekte auf zwei Dimensionen" natürlich insofern unsinnig ist, als das hier immer unendlich viele perfekte Lösungen gefunden werden können (s dazu auch unten den Abschnitt über die Festlegung der Dimensionen).

$STRESS_2$ liefert etwa doppelte so hohe Werte wie $STRESS_1$. Als gering wird eine Anpassungsgüte von .2 ($STRESS_1$) bzw. .4 ($STRESS_2$), als ausreichend von .1 bzw. .2, als gut von .05 bzw. .1 und als ausgezeichnet von .025 bzw. .05 bezeichnet. Diese Angaben gelten allerdings nur als grobe Faustregel. Eine inferenzstatistische Absicherung ist nicht möglich, da die Stichprobenverteilung der Stresswerte unter einer Nullhypothese nicht bekannt ist. Problematisch ist vor allem die Formulierung einer geeigneten Nullhypothese.

Ein alternatives Maß ist *S-STRESS* (Takane et al., 1977, S. 27 f.), dass in anderen Prozeduren eingesetzt wird und eine weitere alternative Normierung verwendet:

$$S - STRESS = \sqrt{\frac{\sum_x \sum_y \left(d_{xy}^2 - \widehat{d}_{xy}^2\right)^2}{\sum_x \sum_y \widehat{d}_{xy}^4}}$$

Generell sollte noch einmal betont werden, dass STRESS-Werte keine allgemeingültige Interpretation der Anpassungsgüte zulassen, da die Ausprägung eines STRESS-Wertes von der Anzahl der Objekte sowie der gewählten Anzahl von Dimensionen abhängt. Der STRESS-Wert nimmt mit steigender Objektzahl zu und verringert sich bei Erhöhung der Dimension. Auch können STRESS-Werte nahe Null bei sog. degenerierten Objektkonfigurationen entstehen; dabei ist die Konfiguration der Cluster so gestaltet, dass das Verfahren die Objekte innerhalb der Cluster nicht mehr unterscheiden kann.

13.4 Festlegung der Dimensionen

Die Anzahl der Dimensionen muss möglichst so festgelegt werden, dass sie dem (angenommenen oder entdeckten) Wahrnehmungsraum entspricht. Dabei spielen nicht nur inhaltliche, sondern auch pragmatische Kriterien eine Rolle, sodass eine Beschränkung auf zwei bis drei Dimensionen üblich ist. Dies erleichtert sowohl die grafische Darstellung, als auch die inhaltliche Interpretation entlang der Achsen des Koordinatensystems. Die Entscheidung über die Anzahl der Dimensionen wird dabei von der optimalen Interpretation der Konfiguration und Dimensionen abhängig gemacht. Auch wenn die Interpretation der Dimensionen keine zwingende Maßnahme darstellt, so stärkt dies doch die Validität der verwendeten Lösung. Anstatt einer „phänomenologischen Deutung" von Dimensionen durch den Forscher ist eine hypothesengeleitete Interpretation zu empfehlen. Allerdings kann

13.4 Festlegung der Dimensionen

hierzu eine zusätzliche Datenerhebung bei den Probanden bezüglich jener Merkmale, auf die sich die Hypothesen beziehen, notwendig sein.

Wie bei der exploratorischen Faktorenanalyse (Kap. 11) kann zudem die Interpretierbarkeit durch Rotation der Achsen (z. B. über das *VARIMAX*-Kriterium) erleichtert werden. Ziel dabei ist es, die Objekte möglichst entlang der Achsen zu verteilen und eine Einfachstruktur zu erreichen.

Da das STRESS-Maß abnimmt, wenn die Anzahl der Dimensionen erhöht wird, sollte bei nur noch geringen Veränderungen eine Lösung mit geringerer Dimensionsanzahl bevorzugt werden.

Lösungen mit einem *STRESS*-Wert nahe Null ($<.01$) können ein Indiz für eine degenerierte Objektkonfiguration sein. Als degeneriert werden Konfigurationen bezeichnet, bei denen die „wahre" Konfiguration Cluster von Objekten enthält, die so gestaltet sind, dass die MDS die Objekte innerhalb der Cluster praktisch nicht mehr unterscheiden kann (z. B. bilden die Objekte dabei einen Klumpen inmitten des Koordinatensystems). Das führt dann zu Stresswerten, die nahe Null liegen. Ein Symptom für degenerierte Lösungen ist eine geringe Anzahl verschieden großer Distanzen relativ zur Gesamtzahl der Distanzen. Als vorbeugende Maßnahme gegen degenerierte Lösungen wird vorgeschlagen, keine MDS durchzuführen bei Objekten, die in wenige kompakte Cluster fallen, und deren Anzahl klein ist relativ zur gewählten Dimension.

Auch besteht grundsätzlich die Gefahr, dass anstelle des absoluten Stressminimums nur ein lokales Minimum gefunden wird. Um lokale Minima zu vermeiden, kann man zum Beispiel mit verschiedenen zufälligen Startkonfigurationen arbeiten und schließlich diejenige mit dem kleinsten Stress wählen. Es hat sich jedoch gezeigt, dass dafür bei euklidischer Metrik mindestens 20 Startkonfigurationen erforderlich sind, bei nichteuklidischer sogar mehr. Als überlegen haben sich Startkonfiguration erwiesen, die aus der *metrischen* MDS bestimmt werden. Allerdings sind sie auch nicht unproblematisch bei nichteuklidischer Metrik.

Da bei einer MDS metrische Ergebnisse aus ordinalen Daten gewonnen werden (was eine Anhebung des Skalenniveaus bei gleichzeitiger Verdichtung der Daten bedeutet), muss die Zahl der Eingabedaten größer als die Zahl der Ausgabedaten sein. Diese Relation kann über den sog. *Datenverdichtungskoeffizienten Q* überprüft werden:

$$Q = \frac{K(K-1)/2}{K \cdot R}$$

(K = Anzahl der Objekte; R = Anzahl der Dimensionen)

Der Zähler ist somit Ausdruck für die Anzahl der Ähnlichkeiten und der im Nenner für die Anzahl der Koordinaten. Die Verdichtung steigt somit mit zunehmender Objektzahl K und sinkt mit zunehmender Dimensionszahl R. Damit die Anhebung des Skalenniveaus gelingt, muss Q immer größer 1 sein, für eine stabile Lösung sollte allerdings $Q \geq 2$ sein.

Gleichzeitig setzt Q Obergrenzen fest: Bei 9 Objekten sind maximal 2 Dimensionen, bei 11 Objekten maximal 3 Dimensionen zulässig. Mindestens 9 Objekte sind damit für die Durchführung einer MDS erforderlich.

Ein Beispiel mit R

Die häufigste Anwendung einer MDS bezieht sich nicht auf die Ermittlung des Wahrnehmungsraumes einer Person, sondern auf Gruppenurteile. Daher wird üblicherweise eine gemeinsame Analyse von Ähnlichkeitsurteilen über eine Stichprobe hinweg durchgeführt, die in einer gemeinsamen Konfiguration münden soll. Dazu wird eine hinreichende Homogenität der Personenurteile vorausgesetzt, die gegebenenfalls auch eine Segmentierung der Stichprobe in homogene Cluster (z. B. anhand einer Clusteranalyse; vgl. Kap. 12) voraussetzt.

Vor Anwendung einer MDS sollte geprüft werden, ob die Objektzahl nicht zu klein ist (≥ 9) und ob Ähnlichkeitsdaten vorliegen. Bei der Wahl des Distanzmodells sollte eine euklidische Metrik präferiert werden. Zwei bis drei Dimensionen sollten nicht überschritten werden. Datengrundlage sind zumeist unspezifische (Un-)Ähnlichkeitsaussagen. Grundsätzlich lassen sich zur Ableitung einer Konfiguration metrische Distanzgrößen oder nichtmetrische Ähnlichkeiten verwenden. In R stehen entsprechend die metrische – cmdscale() – als auch die nichtmetrische MDS – isoMDS() – zur Auswahl.

Im Folgenden werden wir ein (fiktives) Datenbeispiel erläutern, dass durch zwei Quellen inspiriert wurde. Bühl und Zöfel (2005) wählten in ihrem SPSS-Einführungsbuch ein Beispiel, das die Wirkweise der MDS in kaum zu übertreffender Weise veranschaulicht: Wenn man die objektiven Streckendistanzen deutscher Städte als „Unähnlichkeits-Matrix" in die MDS gibt, dann erhält man eine Verteilung der Städte auf einer zweidimensionalen Landkarte, die der realen Geografie weitgehend entspricht.

Leider hat das Beispiel den Nachteil, dass es keiner psychologischen Forschungsfragestellung entspricht. Aber es gibt auch Landkarten „in den Köpfen" und es ist durchaus eine Forschungsfrage, ob solche mentalen Karten bestimmte Verzerrungen aufweisen. So fragten sich Carbon und Leder (2005), ob westdeutsche Studierende (zu dem Zeitpunkt) immer noch „den eisernen Vorhang" im Kopf

13.4 Festlegung der Dimensionen

haben und die Entfernung zwischen westdeutschen und ostdeutschen Städten überschätzen. In der Tat gab es diese Überschätzung. Wir haben dies grob simuliert, indem wir die Matrix der Luftliniendistanzen der elf Städte, die Carbon und Leder (2005) ausgewählt hatten, um 100 Kilometer für jede West-Ost-Verbindung erhöht haben. Tun wir also so, als wenn die Studierenden (im Mittel) eine sehr exakte Schätzung der Distanzen haben, aber West-Ost-Verbindungen systematisch überschätzen. Wir rechnen eine MDS. Als Messniveau kann in diesem Fall Verhältnisskalenniveau angenommen werden; beide MDS sind allerdings in äquivalenter Weise anwendbar. Es sollen zwei Dimensionen unterschieden werden.

Die Ausgabe (Abb. 13.2) zeigt zunächst den Iterationsverlauf (sofern angefordert) sowie eine Angabe zum finalen *STRESS*-Gütemaß. Beachtet werden muss, dass der STRESS-Wert hier in Prozent angegeben wird. Nach den oben gegebenen Faustregeln zur Interpretation des STRESS-Wertes können wir die Anpassungsgüte als gut betrachten. Die quadratischen Korrelationskoeffizienten

```
> cityloc2 <-isoMDS (citydist, trace = TRUE)
> cityloc2

Initial         value       2.573016
iter      5     value       1.508110
iter     10     value       1.325490
final           value       1.277753
converged

$points
                [,1]                [,2]
Berlin          -227.569159         -58.33869
Cottbus         -221.390147         -175.57683
Erfurt          4.376366            -101.46420
Hamburg         -43.372831          250.84704
Hannover        62.902036           145.33981
Duesseldorf     291.773000          198.64693
Leipzig         -98.955870          -115.44705
Magdeburg       -119.148746         -12.56901
Nuernberg       250.013903          -155.06546
Rostock         -278.920427         133.00228
Stuttgart       380.291875          -109.37482

$stress
[1] 1.277753
```

Abb. 13.2 Ausgabe der MDS (Iterationsprotokoll, Koordinaten und Stress-Gütemaß)

```
> cityloc.sh <- Shepard(citydist, cityloc2$points)
> plot(cityloc.sh)
```

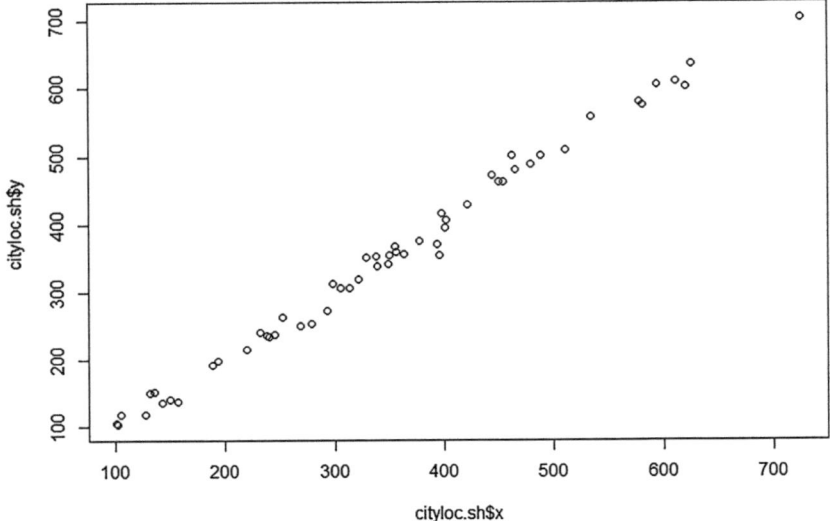

Abb. 13.3 Streudiagramm (Shepard-Diagramm) der Distanzen und Disparitäten

zwischen den beobachteten Distanzen und den Disparitäten werden im Streudiagramm (Shepard-Diagramm) der Abb. 13.3 abgetragen: Hier sind die beobachteten 55 Städtedistanzen gegen die Disparitäten abgetragen. Je näher alle Punkte an der Gerade liegen, umso besser ist die Anpassungsgüte.

Weiterhin finden sich in der Ausgabe die Koordinaten der Städte. Mittels dieser Koordinaten können die Städte in einer zweidimensionalen Konfiguration in einem Diagramm dargestellt werden (Abb. 13.4).

Die MDS-Dimensionen entsprechen nicht ganz den Himmelsrichtungen; dazu müssten wir das Diagramm um einige Grad im Uhrzeigersinn drehen (sodass die Linie Hamburg-Stuttgart in etwa vertikal ist). Wir sehen aber den klaren „Graben" zwischen den westdeutschen und den ostdeutschen Städten (der viel deutlicher ist, als es den realen Gegebenheiten entspricht).

Eine Variante einer nichtmetrischen MDS, die auch eine nichtlineare Abbildung multidimensionaler Skalierungsdaten erlaubt, bietet die Funktion sammon(); ihre Anwendung erfolgt analog zur Funktion isoMDS().

13.4 Festlegung der Dimensionen

```
> hp2 <- qplot(x2, y2, xlab = "Dimension 1", ylab = "Dimension 2",
        label = rownames(cityloc2$points),
        geom=c("point", "text"), hjust=0, vjust=0)
> hp2 + coord_flip() + scale_x_reverse()
```

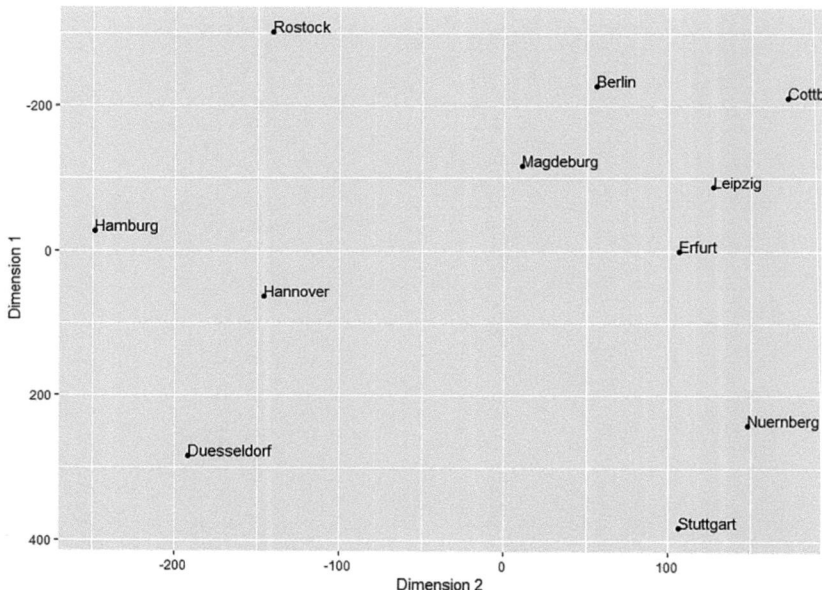

Abb. 13.4 Ausgabe der MDS-Lösung (Koordinaten und Konfiguration)

Literatur

Eine kurze Einführung in die MDS findet sich in Backhaus et al. (2011), eine ausführlichere in Backhaus, Erichson und Weiber (2013). Borg et al. (2013).

Strukturgleichungsmodelle

14

In diesem Kapitel sollen Strukturgleichungsmodelle (*Structural Equation Models; SEM*) als umfassender statistischer Ansatz zur Hypothesentestung vorgestellt werden, mit denen sich Beziehungen zwischen manifesten (beobachteten/gemessenen) und latenten (nichtbeobachtbaren/konstruierten) Variablen analysieren lassen. Die statistischen Grundlagen stammen aus den frühen 1970er-Jahren (Jöreskog, 1973; Keesling, 1972; Wiley, 1973); ein größeres Interesse von Seiten der Human- und Sozialwissenschaften gibt es seit Beginn der 1980er-Jahre (Bentler, 1980; Bielby & Hauser, 1977; Jöreskog & Sörbom, 1979). Heute ist die Anwendung von Strukturgleichungsmodellen insbesondere innerhalb der Differenziellen Psychologie Standard.

Bei den Konstruktionsschritten wird der Aufbau eines Struktur- von einem Messmodell unterschieden, gefolgt von der anschließenden Identifikation der Modellstruktur bis hin zu den Parameterschätzungen, der Beurteilung der Modellschätzungen und ggf. einer Modellmodifikation.

Abb. 14.1 zeigt ein Beispiel. Inhaltlich geht es um eine psychosomatische Hypothese: Nach dem Modell beeinflusst die Variable *Depression* die Stärke des *Immunsystems;* diese Variable wiederum beeinflusst die Belastung durch Krankheiten (Variable *Krankheit*). Diese drei Variablen bilden das Strukturmodell. Jede dieser latenten (nicht direkt beobachtbaren) Variablen ist mit drei manifesten Variablen zu einem Messmodell verbunden. *Dep$_1$* bis *Dep$_3$* könnten zum Beispiel drei Standardtestverfahren zur Erfassung (der Ausprägung) von Depression sein. *Imm$_1$* bis *Imm$_3$* könnten Laborwerte sein, die den Zustand des Immunsystems anzeigen. *Kra$_1$* bis *Kra$_3$* könnten verschiedene Indikatoren der Gesundheitsbelastung sein (z. B. Selbstbericht, Auswertung der Akten des Hausarztes, Fremdbericht durch Lebenspartner). Die weiteren Details, die in Abb. 14.1 zu finden sind, werden im Laufe dieses Kapitels besprochen.

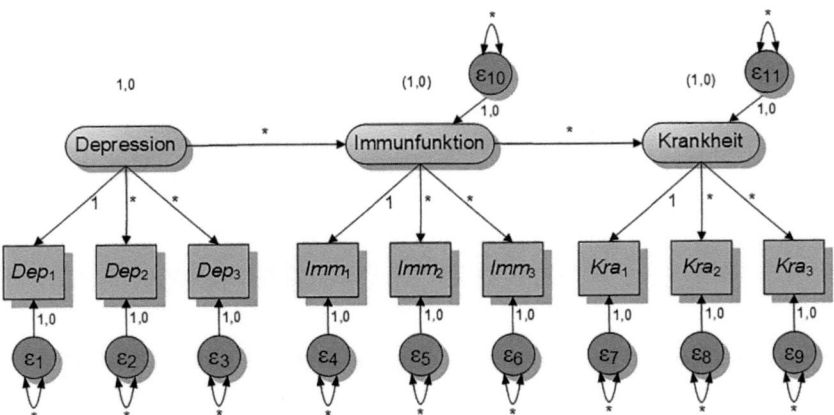

Abb. 14.1 Beispielhaftes Strukturgleichungsmodell, mit drei latenten Variablen, denen jeweils drei Indikatoren zugeordnet sind. (Mod. nach MacCallum, 1995, S. 26)

Zwei Sonderfälle werden gern mit eigenen Bezeichnungen geführt: Wenn ein Strukturgleichungsmodell lediglich aus Messmodellen besteht (d. h. zwischen den latenten Variablen allenfalls korrelative Beziehungen angenommen werden, sprechen wir von *konfirmatorischen Faktorenanalysen*. Wenn lediglich ein Strukturmodell zwischen beobachteten Variablen postuliert wird, sprechen wir von einem *Pfadmodell*. (Mediatormodelle, wie wir sie in Abschn. 5.1 besprochen haben, lassen sich unter diesem Begriff subsumieren.)

14.1 Modellspezifikation

Strukturgleichungsmodelle[1] (SGM) beginnen mit der Spezifikation eines Modells, dass geschätzt werden soll (Hoyle, 1995; Kline, 1998; Weiber & Mühlhaus, 2009). Der Modellbegriff wird in diesem Zusammenhang als eine statistische Aussage über lineare Beziehungsmuster zwischen Variablen verwendet. Derartige Modelle können dabei, in Abhängigkeit vom analytischen Ansatz, unterschiedliche Formen annehmen. Mindestens implizit haben wir dies auch schon bei den bislang besprochenen Methoden getan. So spezifiziert ein Modell im Kontext einer bivariaten

---

[1] Als Synonyme werden verwendet: Analyse von Kovarianzstrukturen (*analysis of covariance matrix*), Kausalmodellierung (*causal modelling*) oder Kausalanalyse (*causal analysis*).

14.1 Modellspezifikation

Korrelation eine nichtdirektionale Beziehung zwischen zwei Variablen oder auch einen komplexeren Zusammenhang (z. B. bei Partial- oder Semipartialkorrelationen, kanonischen Korrelationen). Multiple Regressionen und Varianzanalysen lassen sich zum Aufbau direktionaler Beziehungen einsetzen (eine Variable ist die abhängige Variable, deren Varianz durch ein oder mehrere unabhängige Variablen „erklärt" wird), obwohl die Direktionalität mit diesen Ansätzen nicht statistisch geprüft werden kann.

Mit der Modellspezifikation wird das Modell formal – in Abhängigkeit vom gewählten Ansatz – ausgedrückt. Im Falle einer einfachen Korrelation ist das einzige Modell, dass spezifiziert werden kann, eine einzelne nichtdirektionale Beziehung zwischen zwei Variablen (Abb. 14.2). Da die Varianz in einem varianzanalytischen Design zumeist in standardisierter Form zerlegt wird, fehlt hier häufig ein explizit spezifiziertes Modell. Hypothesen, die – gegenüber den üblichen Tests, die Haupt- und Interaktionseffekte überprüfen – einen Einzelvergleich erfordern, benötigen allerdings explizite Modellspezifikationen (geplante *Post-Hoc*-Tests). Eine explorative Faktorenanalyse beginnt ohne ein explizites Modell.

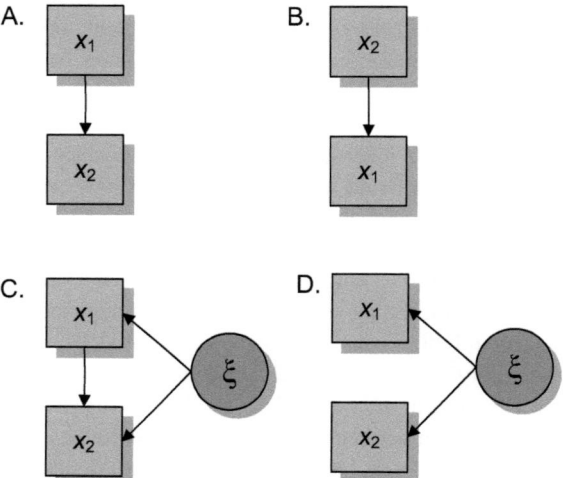

Abb. 14.2 Vier verschiedene Interpretationen einer Korrelation. (**a**) Variable x_1 ist verursachend für den Wert der Variable x_2 oder (**b**) *vice versa* (kausal interpretierte Korrelation), (**c**) Abhängigkeit zwischen x_1 und x_2 geht teilweise auf den Einfluss einer exogenen (hypothetischen) Größe ξ zurück (partiell kausal interpretierte Korrelation), (**d**) Abhängigkeit zwischen x_1 und x_2 geht ausschließlich auf die Größe ξ zurück (kausal nicht interpretierte Korrelation)

Demgegenüber erfordern aber Entscheidungen, wie viele Faktoren zu extrahieren sind, wie diese extrahiert werden sollen und welche Rotationsmethode zu verwenden ist, zumindest implizite Modellspezifikationen. Zudem unterstellt die Faktorenanalyse, dass die Korrelation zwischen zwei Variablen auf eine hypothetische Größe zurückgeführt werden kann (dies entspricht Fall D in Abb. 14.2). Demnach müsste die Korrelation verschwinden, wenn die hypothetische Größe konstant gehalten wird (z. B. durch Berechnung einer Partialkorrelation).

In einem SGM ist die Modellspezifikation hingegen eine grundlegende und zwingende Voraussetzung, die jeder statistischen Analyse vorangeht und im Wesentlichen die Beziehungen zwischen den Variablen in einzeln spezifizierten Parametern definiert. Mit der Modellspezifikation soll eine aussagekräftige und sparsame Erklärung von beobachteten Beziehungen zwischen einem Set von gemessenen Variablen angegeben werden. Da das Modell bestenfalls eine gute Approximation der beobachteten Daten liefern kann, beweist selbst ein optimales Resultat allerdings nur, dass das getestete Modell die beobachteten Daten „fittet" – mit anderen Worten, dass das Modell eine plausible Repräsentation der strukturellen Eigenschaften der beobachteten Daten darstellt – und dass dieses besondere Modell ein *mögliches* Modell ist; damit ist aber nicht die Existenz anderer Modelle ausgeschlossen, welche die Daten in gleichem Maße „fitten" und andere substanzielle Interpretationen bei äquivalentem Fit gegenüber den beobachteten Daten erlauben.

Die Parameter, die im Kontext eines SGM zu spezifizieren sind, stellen Konstanten dar, welche die Relation zwischen jeweils zwei Variablen angeben. Obwohl die Parameter aufgrund ihrer Größe und des Vorzeichens recht spezifisch ausfallen können, werden sie grundlegend als feste und freie Parameter differenziert: *Feste Parameter* werden nicht aus den Daten geschätzt, sondern mit einem Wert (z. B. Null) belegt. *Freie Parameter* hingegen werden aus den Daten geschätzt und entsprechend vom Untersucher als von Null verschieden angenommen.

Die verschiedenen Indizes der Adäquatheit des Modells, insbesondere der *Goodness-of-Fit*-Test (χ^2-Test) gibt den Grad dafür an, in wieweit das Muster aus festen und freien Parametern, das im Modell spezifiziert wird, mit dem Muster der Varianzen und Kovarianzen der beobachteten Daten übereinstimmt.

Das Muster fester und freier Parameter in einem SGM definiert zwei Komponenten des allgemeinen Modells:

Im *Messmodell* (*measurement model*) werden wesentlich die latenten Variablen festgelegt. Latente Variablen sind nichtbeobachtbare Variablen, die in den Kovarianzen zwischen zwei oder mehr Variablen impliziert sind. In einem SGM ist es wünschenswert, dass jede latente Variable durch verschiedene (mindestens zwei) distinkte Indikatoren gespeist wird; damit repräsentiert die latente Variable die Gemeinsamkeit dieser Indikatoren. Nach dieser Definition sind latente Variablen

14.1 Modellspezifikation

äquivalent zu Faktoren und werden ohne einen Zufallsfehler angenommen; ihre Parameter sind äquivalent zu Faktorladungen und repräsentieren Regressionskoeffizienten des linearen Einflusses der Faktoren auf die gemessenen Variablen.

Im *Strukturmodell* (*structural model*) werden die Beziehungen zwischen latenten und beobachteten Variablen festgelegt. Das Modell der multiplen Regression ist beispielsweise ein Strukturmodell ohne latente Variablen. Werden die Mess- und Strukturkomponenten kombiniert, resultiert als Ergebnis ein umfassendes Modell zur Evaluation von Beziehungen zwischen Variablen, die frei von einem Messfehler sind.

Die Beziehungen zwischen Variablen in einem SGM können ferner nach verschiedenen Typen untergliedert werden:

Die *Assoziation* ist eine Beziehung zwischen Variablen, die als *nichtdirektionaler Effekt* aufgefasst wird; sie ist typisch für korrelative Analysen.

Der *direktionale Effekt* ist eine direkte Beziehung zwischen zwei Variablen; eine Variable, die einen direkten Einfluss durch eine andere Variable des Systems erhält, wird als *endogene Variable* bezeichnet. Zum Beispiel sind *Immunfunktion* und *Krankheit* zwei endogene Variablen im Modell der Abb. 14.1. Dieser Effekt ist typisch für die Varianzanalyse oder die multiple Regression. Innerhalb eines Modells charakterisiert jeder direkte Effekt die Beziehung zwischen einer unabhängigen und einer abhängigen Variable, obwohl bei einem direkten Effekt die abhängige Variable des einen Falls als unabhängige Variable in einem anderen Fall auftreten kann. Darüber hinaus kann die abhängige Variable – wie in der multiplen Regression – mit mehreren unabhängigen Variablen in Beziehung stehen und eine unabhängige Variable kann – wie in der multivariaten Varianzanalyse – mit mehreren abhängigen Variablen in Beziehung stehen. Die Beziehung einer latenten Variablen zu ihren Indikatoren wird im Allgemeinen in SGM als direktional definiert, von der latenten Variablen zu jedem Indikator.[2]

Der *indirekte Effekt* einer unabhängigen Variablen auf eine abhängige Variable entsteht durch (zwischengeschaltete) vermittelnde Variablen. Wir kennen dies schon aus der Mediatoranalyse (Abschn. 5.1); in der Abb. 14.1 wird der Einfluss der Variable *Depression* auf die Belastung durch Krankheiten als indirekt angenommen (vermittelt über die Stärke des Immunsystems). Variablen, die keinen direkten Einfluss durch eine Variable des Systems erhalten, werden als *exogene*

---

[2]Die alternative Sichtweise, dass latente Variablen durch ihre Indikatoren definiert werden und nicht *vice versa* ist möglich. Gemessene Variablen werden in diesem Zusammenhang als kausale Indikatoren aufgefasst; sie sind typischerweise exogene Variablen, ohne einen spezifischen Fehlerterm und das Konstrukt wird automatisch zu einer endogenen Variable (MacCallum, 1995).

Variablen bezeichnet (hier: *Depression*). Die Summe direkter und indirekter Effekte einer unabhängigen Variable auf eine abhängige Variable wird als Gesamteffekt (*total effect*) der unabhängigen Variable zusammengefasst. Für sämtliche direktionalen und nichtdirektionalen Assoziationen kann angenommen werden, dass sie mit spezifischen numerischen Werten versehen sind. Während bei direktionalen Effekten diese Werte den Gewichten eines Regressionskoeffizienten entsprechen, sind numerische Werte bei nichtdirektionalen Beziehungen Kovarianzen zwischen Variablen; diese Parameter sollen durch Anwendung des SGM für ein bestimmtes Modell geschätzt werden.

Für die endogenen Variablen wird im Allgemeinen nicht angenommen, dass sie perfekt und vollständig durch die Variablen erklärt werden, die direkten Einfluss auf diese Variablen nehmen. Entsprechend besitzt jede endogene Variable einen *Fehlerterm*, der den Anteil angibt, der nicht durch den linearen Einfluss anderer Variablen des Systems erklärt werden kann. Diese Fehlerterme setzen sich in Teilen aus einem Zufallsfehler und einem systematischen Fehler zusammen, der theoretisch durch Variablen oder Effekte außerhalb des Modells erklärt werden kann. Dabei lassen sich Fehlerterme auch als latente Variablen auffassen, die nicht direkt beobachtet werden können und als exogene Variable keinen direkten Einfluss von anderen Variablen erhalten. In der Abb. 14.1 sind diese Fehlerterme bei allen manifesten und den beiden endogenen latenten Variablen zu finden.

Unabhängig davon können ebenso beobachtete Variablen im Modell vorkommen, die nicht als Indikatoren latenter Variablen, sondern separat als exogene oder endogene Variable verwendet werden. Derartige *Pfadmodelle* besitzen nur beobachtete, aber keine latenten Variablen. Zum Beispiel sind die Mediatormodelle, wie sie in Abschn. 5.1 besprochen wurden, einfache Pfadmodelle. Demgegenüber sind auch gemischte Modelle aus einzelnen beobachteten Variablen und latenten Variablen mit multiplen Indikatoren möglich. Allerdings sollte beachtet werden, dass ohne weitere Information (z. B. zu Schätzungen der Reliabilität) beobachtete Variablen, die separat in ein Modell aufgenommen werden, als messfehlerfrei betrachtet werden. Daher kann das Vorhandensein eines solchen Messfehlers die Schätzung der Modellparameter kontaminieren; im Allgemeinen wird die Verwendung latenter Variablen mit mehreren (mindestens zwei) Indikatoren empfohlen. Tab. 14.1 listet die üblichen Bezeichnungen auf, die in SGM Verwendung finden.

Eine weitere Spezifikation erlaubt angenommene (direktionale oder nichtdirektionale) Beziehungen zwischen latenten (exogenen oder endogenen) Variablen im Modell. Eine endogene latente Variable wird allgemein mit einem Fehlerterm spezifiziert, der den Anteil der latenten Variablen darstellt, der nicht durch die linearen Einflüsse des spezifizierten Modells erklärt werden kann. Jeder Fehlerterm

14.1 Modellspezifikation

Tab. 14.1 Symbolik in Strukturgleichungsmodellen

Symbol	Bedeutung
ξ (ksi)	latente, exogene Variable
η (eta)	latente, endogene Variable
ζ (zeta)	Residualvariable für eine latente endogene Variable
ε (epsilon)	Residualvariable für eine Indikatorvariable y
δ (delta)	Residualvariable für eine Indikatorvariable x
x	Indikatorvariable für eine latente exogene Variable
y	Indikatorvariable für eine latente endogene Variable
$\rightarrow$	Direktionale/kausale Beziehung
$\leftrightarrow$	Nichtdirektionale/korrelative Beziehung

eines Modells kann als latente Variable aufgefasst werden, die einen linearen Einfluss auf die Variable ausübt, mit der sie assoziiert ist.

Betrachtet man alle Parameter, so ist zunächst festzustellen, dass alle exogenen Variablen in einem Modell (alle beobachteten und latenten Variablen und alle Fehlerterme, welche die Definition einer exogenen Variablen komplettieren) eine eigene Varianz besitzen; diese Varianzen werden als Modellparameter definiert. Bei endogenen Variablen wird hingegen die Varianz nicht als Parameter verwendet, sondern durch den Einfluss anderer Variablen im Modell erklärt. Das bedeutet, dass die Varianz jeder endogenen Variable algebraisch als eine Funktion der Varianzen der exogenen Variablen ausgedrückt werden kann, einschließlich eines Fehlerterms und weiterer Parameter, die mit dem linearen Einfluss im Modell assoziiert sind. Varianzen endogener Variablen sind daher keine Parameter, sondern Funktionen anderer Parameter des Modells.

Alle Kovarianzen – bei nichtdirektionalen Beziehungen – sind Parameter des Modells, die ausschließlich die exogenen Variablen betreffen. Demgegenüber ist es nicht zulässig, nichtdirektionale Assoziationen zu spezifizieren, die endogene Variablen einschließen, da derartige Assoziationen durch andere Variablen und Einflüsse des Modells ausgedrückt werden; Varianzen endogener Variablen lassen sich nur als Funktion anderer Modellparameter ausdrücken.

Identifikation des Modells

Eine fundamentale Überlegung bei der Modellspezifikation betrifft die *Identifikation*. Bei der *Identifikation* geht es um die Korrespondenz zwischen der geschätzten Information (der freien Parameter) und der Information, aus der diese Schätzung abgeleitet wird (die beobachteten Varianzen und Kovarianzen). Genauer ausgedrückt bezieht sich die Identifikation darauf, ob ein einzelner Wert für jeden freien

Parameter aus den beobachteten Daten erhältlich ist. Wenn für jeden freien Parameter ein Wert aus einer Manipulation der beobachteten Daten erzielt werden kann, gilt das Modell als identifiziert (oder saturiert) und besitzt Null Freiheitsgrade. Wenn ein Wert für einen oder mehrere freie Parameter auf verschiedenen Wegen aus den beobachteten Daten abgeleitet werden kann, gilt das Modell als *überidentifiziert* (*overidentified*) und besitzt genauso viele Freiheitsgrade wie die Anzahl der beobachteten Varianzen und Kovarianzen minus der Anzahl der freien Parameter. Wenn ein einzelner Wert für einen oder mehrere freie Parameter nicht aus den beobachteten Daten abgeleitet werden kann, gilt das Modell als *unteridentifiziert* (*underidentified*) und kann nicht geschätzt werden.[3]

Im Rahmen von SGM sind Modelle mit einem oder mehreren überidentifizierten Parametern von besonderem Interesse, da nur diese Modelle empirischen Gehalt haben. Ein Modell ohne überidentifizierte Parameter wird grundsätzlich perfekt fitten und damit eine Abschätzung der Modellplausibilität durch die Evaluation des Fits überflüssig machen. Modelle, die überidentifizierte Parameter beinhalten, werden die Daten im Allgemeinen nicht perfekt fitten. Erst dadurch liegt eine Situation vor, dass ein Modell prinzipiell scheitern kann, also nicht zu den beobachteten Daten passt. Nur wenn diese Möglichkeit besteht, ist ein aufgezeigter Fit aussagekräftig und bedeutsam.

Ist es für einen freien Parameter nicht möglich, diesen algebraisch als eine Funktion der beobachteten Varianzen und Kovarianzen auszudrücken, wird dieser Parameter als unteridentifiziert bezeichnet. Ein Modell mit einem oder mehreren unteridentifizierten Parametern kann praktisch nicht benutzt werden, da Schätzungen unteridentifizierter Parameter arbiträr sind und nicht interpretiert werden können.

Die Entscheidungen, die im Zusammenhang der Modellspezifikation bei SGM zu treffen sind, nehmen somit insgesamt deutlich mehr Raum und Zeit ein, als bei varianz- oder regressionsanalytischen Modellen. Allerdings ist die Bestimmung der Identifikation für ein bestimmtes Modell keine triviale Aufgabe, da keine einfache Sammlung von notwendigen und hinreichenden Bedingungen existiert, welche die Mittel für eine Verifikation zur Identifikation der Modellparameter bereitstellen.

---

[3] Gängige Programme wie *R*, *AMOS*™, *EQS*™ oder *LISREL* geben Warnungen aus, wenn ein unteridentifiziertes Modell festgestellt wird; allerdings liefern sie nicht immer eine Information über den Ort des Identifikationsproblems. Warnungen zur Identifikation können darüber hinaus zu Missverständnissen führen, wenn sie durch spezifische Charakteristika der Daten und nicht durch Charakteristika des Modells ausgelöst werden.

14.1 Modellspezifikation

Dennoch gibt es zwei notwendige Bedingungen, die grundsätzlich geprüft werden sollten, auch wenn sie das Identifikationsproblem nicht prinzipiell ausschließen:
Erstens muss für jede latente Variable des Modells eine Skala festgesetzt werden. Dies geschieht zum Beispiel dadurch, dass das Gewicht des Pfades der latenten Variable zu einer ihrer Indikatorvariablen auf Eins gesetzt wird; die latente Variable hat dann die gleiche Skalierung wie die Indikatorvariable. Wird diese Bedingung nicht erfüllt, sind ein oder mehrere Parameter unteridentifiziert; zum Beispiel würden für eine exogene latente Variable die Varianz und die Koeffizienten der Pfade, die mit der latenten Variable verbunden sind, unteridentifiziert sein oder für eine endogene Variable die Residualvarianz und die Koeffizienten der Pfade, die zur oder von der latenten Variable weg führen.

Zweitens, die Anzahl der Modellparameter, die zuvor definiert wurde, darf nicht die Anzahl der beobachteten Varianzen und Kovarianzen der gemessenen Variablen überschreiten. Diese Anzahl ergibt sich durch $p(p+1)/2$ (mit p = Anzahl der Variablen). Wird diese Bedingung verletzt, besitzt das Modell weniger Datenwerte als zu schätzende Parameter.

Modellschätzung

Der nächste Schritt nach der Modellspezifikation besteht darin, Schätzungen für die freien Parameter aus dem beobachteten Datensatz festzulegen. Obwohl Methoden kleinster Quadrate, wie sie bei üblichen varianz- und regressionsanalytischen Designs eingesetzt werden, für Parameterschätzungen eingesetzt werden können, erhalten iterative Methoden wie *Maximum Likelihood (ML)* und *Generalized Least Squares (GLS)* im Allgemeinen den Vorzug. *Iterative Methoden* beinhalten eine Folge von Schritten, um eine Schätzung der freien Parameter zu erreichen, der eine (beobachtete) Kovarianzmatrix zugrunde liegt. Iterationen beginnen immer mit vorläufigen (Start-)Werten der freien Parameter, mit denen die intern generierte Kovarianzmatrix berechnet und mit der beobachteten Matrix verglichen werden kann. Diese Startwerte können entweder vom Untersucher selbst oder (üblicherweise) von der verwendeten Software generiert werden, wobei diese aus den Daten erzeugt oder als fester Wert gesetzt werden kann.

Nach jeder Iteration wird die resultierende, intern generierte Kovarianzmatrix mit der beobachteten Matrix verglichen; als Ergebnis werden die Differenzen in einer *residualen Kovarianzmatrix* abgelegt. Die Iterationen werden solange fortgeführt, bis keine Erneuerung der Parameterschätzungen zu einer weiteren Minimierung der Elemente der residualen Matrix führt; an diesem Punkt der Schätzungsprozedur hat das Modell *konvergiert*. Konvergenzprobleme sind dabei keine

Seltenheit bei Modellen, die sehr viele freie Parameter besitzen oder „problematische" Daten zur Grundlage haben.

Konvergiert die Schätzungsprozedur zu einer Lösung, wird ein einzelner Wert ausgegeben, der den Grad der Übereinstimmung zwischen der internen und der beobachteten Kovarianzmatrix widerspiegelt. Diese Zahl wird zumeist als Wert einer Fitfunktion ausgefasst, der nahe Null liegt, wenn sich beide Matrizen perfekt anpassen lassen. Der Wert der Fitfunktion ist schließlich der Startpunkt für die Konstruktion von Indizes des Modellfits, die jetzt näher betrachtet werden sollen.

14.2 Modellevaluation

Ein Modell fittet die beobachteten Daten, wenn die generierte Kovarianzmatrix des Modells äquivalent mit der Kovarianzmatrix der beobachteten Daten ist, das heißt, wenn die Elemente der Residualmatrix nahe Null liegen. Die Frage des Fits ist statistischer Natur, die in ihre Erklärung vor allem Merkmale der Daten, des Modells und der Schätzmethode einbezieht. So wird die beobachtete Kovarianzmatrix als eine Matrix der Population aufgefasst, auch wenn diese Matrix mit einem Stichprobenfehler ausgestattet ist, der wächst, wenn sich der Stichprobenumfang verringert. Zudem gilt, je mehr freie Parameter in einem Modell existieren, umso wahrscheinlicher wird es, das Modell zu fitten, da die Parameterschätzungen aus den Daten abgeleitet werden. Schließlich variieren die verschiedenen Schätzmethoden in ihrer Effektivität zur Stichprobengröße und Modellkomplexität.

Ein üblicher Index für den Fit ist der χ^2-*Goodness-of-Fit*-Test, der direkt aus dem Wert der Fitfunktion abgeleitet wird. Er berechnet sich aus dem Produkt des Wertes der Fitfunktion mit dem Stichprobenumfang minus Eins, $F(N-1)$. Das Produkt ist χ^2-verteilt, wenn die Daten einer multivariaten Normalverteilung entstammen und das spezifizierte Modell das korrekte Modell ist; wenigstens eine dieser Voraussetzungen (besonders die letztere) ist beim Einsatz von SGM nicht selten verletzt.

Der χ^2-*Goodness-of-Fit*-Testist mit einem Dilemma verbunden: Zum einen sollte einem SGM stets eine große Stichprobe zugrunde liegen, da – wie oben ausgeführt – die beobachtete Kovarianzmatrix als eine Matrix der Population aufgefasst wird und somit möglichst präzise bestimmt werden sollte. Zum anderen steigt aber der χ^2-Wert mit steigendem N; er wird also sehr häufig signifikant. Signifikanz bedeutet aber bei einem SGM, dass die aus dem Modell heraus geschätzte Varianz-Kovarianz-Matrix signifikant von der beobachteten Matrix abweicht. Strenggenommen ist ein signifikantes Modell also zu verwerfen. Diese Haltung wäre allerdings dysfunktional, da bei großem N auch triviale, nicht den theoretischen Kern des Modells betreffende

14.2 Modellevaluation

Abweichungen die Signifikanz bedingen können. Auf dieses Dilemma gibt es zwei Antworten: Die eine ist, den χ^2-Wert auf die Freiheitsgrade zu relativieren. Dieser Wert sollte – als Faustregel – den Wert Zwei nicht überschreiten.

Die zweite Antwort war die Entwicklung zusätzlicher Fitindizes, die zumeist als deskriptive Maße nach Faustregeln interpretiert werden. Einige dieser alternativen Fitindizes vergleichen nicht die modellinterne mit der beobachteten Kovarianzmatrix, sondern folgen der Logik eines Vergleichs des Fits des spezifizierten Modells mit dem Fit eines Unabhängigkeits- oder Nullmodells. Im *Unabhängigkeitsmodell* (*independence model*) werden keinerlei Beziehungen zwischen Variablen spezifiziert; entsprechend sind alle relationalen Pfade auf Null fixiert und nur die Varianzen werden geschätzt. Die zugehörigen Fitindizes liefern keine spezifischen Statistiken und lassen sich daher nicht als formaler statistischer Test des Modellfits einsetzen. Als allgemeiner Index für die Adäquatheit des Modells liefern diese Indizes Werte zwischen 0 und 1, die ab .95 als gute Konsistenz zwischen der Schätzung des Modells und den beobachteten Daten interpretiert werden; vielfach wird der Einsatz multipler Fitindizes empfohlen (z. B. Schreiber et al., 2006).

Ein wichtiger Unterschied zwischen der χ^2-*Goodness-of-Fit*-Statistik und den alternativen Fitindizes betrifft den Betrag und die Größe der Werte, welche die Akzeptanz des Modells indizieren. Der χ^2-*Goodness-of-Fit*-Test ist genau genommen ein „*Badness-of-Fit*-Index", da kleinere Werte einen besseren Fit anzeigen; bei einem perfekten *Fit* resultiert ein χ^2-Wert von Null, da auch der Wert der Fitfunktion und damit der Elemente der residualen Kovarianzmatrix dann Null sind. Entsprechend der χ^2-Statistik bestimmt sich der Wert hier in Abhängigkeit zur Anzahl der Freiheitsgrade. Die alternativen Fitindizes können insofern als *Goodness-of-Fit*-Indizes gelten, da sie bei zunehmendem Fit auch größer werden, allerdings ohne eindeutige kritische Werte.

Ein finaler Aspekt zur Evaluation des Fits beinhaltet den Vergleich zweier oder mehrerer theoriebasierter Modelle mit den gleichen Daten. Derartige Modellvergleiche sind statistischer Natur und vergleichbar mit Modellvarianten aus hierarchischen Regressionsanalysen. Ein Modellvergleich erfordert die Spezifikation zweier geschachtelter Modelle (*nested models*). Zwei Modelle gelten als geschachtelt, wenn beide die gleichen Parameter beinhalten, aber das Set freier Parameter des einen Modells eine Untergruppe der freien Parameter des anderen Modells darstellt. Eine $\Delta\chi^2$-Statistik – ähnlich zur Veränderung des *F*-Wertes bei einer hierarchischen Regressionsanalyse – wird zur Bestimmung herangezogen, welches Modell die beobachteten Daten besser erklären kann. Führt zum Beispiel die Hinzunahme eines Pfades von Modell 1 und zu Modell 2 zu einer Reduktion des χ^2-Wertes um einen Betrag, der bei $df = 1$ (= Differenz der Freiheitsgrade von Modell 1 zu

Modell 2) mit $p < .05$ assoziiert ist, so würde man von einer signifikanten Verbesserung sprechen.

Modellmodifikation
Ein kontrovers diskutierter Aspekt von SGM ist die *Modifikation* bzw. *Respezifikation* eines Modells. Eine Modellmodifikation beinhaltet die Adjustierung eines spezifizierten und geschätzten Modells durch Freigabe zuvor fixierter Parameter und Fixierung zuvor freier Parameter. Dabei ist nicht der generelle Tatbestand einer Modifikation problematisch, sondern deren Begründung. Parallelen lassen sich zu varianzanalytischen Techniken und der Nützlichkeit von *Post-Hoc*-Vergleichen des Mittelwertes herstellen; der eigentliche Vergleich ist nicht das Problem, sondern die Grundlage für die Formulierung der Mittelwertvergleiche. Im SGM-Ansatz ist der Modellvergleich analog zu geplanten Vergleichen zu sehen und die Modellmodifikation analog zu *Post-Hoc*-Vergleichen.

Eine Modellmodifikation erfolgt typischerweise aufgrund eines Modells mit ungünstigen Fitindikatoren. In Abwesenheit anderer theoriebasierter Modelle zu den Daten ist die Grundlage einer Modifikation eine Kontrolle der Parameterschätzungen, eine Evaluation bestimmter (standardisierter oder nicht standardisierter) Formen der Residualmatrix oder – im Sinne einer schrittweisen Regressionsanalyse – die statistische Suche von Anpassungen, die in günstigeren Fitindizes resultieren. Typische Modifikationsindizes liefern Informationen über das Ausmaß der χ^2-Veränderung, die aus der Fixierung bzw. aus der Freigabe zuvor freier bzw. fixierter Parameter resultiert.

Derartige Strategien „opfern" allerdings die Kontrolle über den Fehler erster Art und können zu einer Situation führen, bei der besondere Eigenheiten eines bestimmten Datensatzes als reliabler empirischer Befund (um-)interpretiert werden können.

Modellinterpretation
Wenn weder der χ^2-*Goodness-of-Fit*-Test, noch die zusätzlichen Indizes einen akzeptablen Gesamtfit eines Modells anzeigen, müssen spezifische Elemente des Fits betrachtet werden. Einzelne Schätzungen der freien Parameter können dazu evaluiert werden, entsprechend ihrer Differenz vom Nullmodell. Das Verhältnis jeder Schätzung zu seinem Standardfehler ist z-verteilt und muss daher 1.96 überschreiten, bevor die Schätzung als zuverlässig unterschiedlich zu Null angesehen werden kann.

14.2 Modellevaluation

Tests und der Vergleich von Parameterschätzungen beinhalten nicht standardisierte Schätzungen, während die Ergebnispräsentation vielfach standardisierte Schätzungen verwendet. *Unstandardisierte Parameterschätzungen* erhalten die Skaleninformation der beinhalteten Variablen und lassen sich nur mit Bezug auf die zugrunde liegende Skala interpretieren. Unstandardisierte Parameterschätzungen beinhalten die Veränderungen der abhängigen Variablen pro Einheit zur unabhängigen Variable pro Einheit, wenn alle verbleibenden unabhängigen Variablen bei ihrem Mittelwert verbleiben. *Standardisierte Parameterschätzungen* stellen Transformationen der unstandardisierten Schätzungen dar, unter Entfernung ihrer Skaleninformation; sie ermöglichen so Parametervergleiche über das vollständige Modell hinweg. Standardisierte Schätzungen indizieren die Veränderungen in der Standardabweichung in der abhängigen Variable pro Standardabweichung in der unabhängigen Variable, wenn alle verbleibenden unabhängigen Variablen bei Null liegen. Standardisierte Parameterschätzungen sind vergleichbar mit Schätzungen der Effektgröße, die den üblichen statistischen Informationen bei Mittelwertvergleichen aus t-Test und Varianzanalyse hinzugefügt werden können.

Einer der anspruchsvollsten und am wenigsten verstandenen Aspekte der Interpretation von SGM-Ergebnissen betrifft nicht den Betrag oder die Richtung von Beziehungen zwischen Variablen, sondern die Natur dieser Relationen. SGM werden oftmals als statistische Mittel betrachtet, um Kausalhypothesen aus korrelierten Daten zu testen. Möglicherweise bedingt durch diese naive Charakterisierung sind Forscher häufig vorschnell, wenn sie Kausalität aus statistisch signifikanten Beziehungen in Strukturgleichungsmodellen schlussfolgern. Tatsächlich testen SGM nur die Beziehungen zwischen Variablen und sind somit nicht in der Lage, die Limitationen zu überwinden, die durch nichtexperimentelle Daten aus einer Einzelerhebung entstehen.

Die Vorteile von SGM gegenüber varianz- oder regressionsanalytischen Modellen werden erkennbar, wenn die notwendigen Bedingungen von Kausalität – Assoziation, Isolation und Direktionalität – genauer betrachtet werden. Die elementarste Bedingung der *Assoziation* bezieht sich erstens auf den Umstand, dass Ursache und Wirkung miteinander in Beziehung stehen; in dieser Hinsicht liefern SGM keine besonderen Vorteile gegenüber anderen statistischen Methoden. Zweitens muss die vermeintliche Ursache von anderen (fremden oder konfundierten) Ursachen isolierbar sein; die *Isolation* ist eine Bedingung, die in Experimenten durch zufällige Zuweisungen zu den Stufen der kausalen Variablen sichergestellt wird. Obwohl Partialkorrelation, Varianzanalyse und multiple Regression in der Lage sind, vermeintliche kausale Variablen von anderen Variablen zu isolieren, liefern SGM flexiblere und umfassendere Kontrolltechniken, nicht nur für fremde und konfundierte Variablen, sondern ebenso für den Messfehler.

Ein missverständlicher Punkt in SGM ist die *Direktionalität*. Gerichtete Pfeile in Pfaddiagrammen werden zuweilen inkorrekt grundsätzlich als Indikator eines Tests auf Direktionalität interpretiert. Tatsächlich kann mit SGM – wie bei varianz- und regressionsanalytischen Verfahren – keine Hypothese auf Direktionalität geprüft werden. Direktionalität ist eine Form von Assoziation, die von nicht direktionalen Assoziationen durch logische Vorannahmen, theoretische Überlegungen oder (optimal) durch das Untersuchungsdesign bestimmt wird. Der Einsatz einer Theorie zur Rechtfertigung von Direktionalität ist dabei problematisch, da häufig konkurrierende Theorien existieren, die unterschiedliche Erklärungen für die Assoziation zwischen Variablen liefern. Assoziationen werden damit in SGM nicht grundsätzlich anders interpretiert als in anderen statistischen Verfahren.

Ergebnisdarstellung
Die primäre Darstellungsform getesteter Hypothesen in Strukturgleichungsmodellen erfolgt in piktoraler Form über *Pfaddiagramme* (Abb. 14.1). Ein Pfaddiagramm setzt sich dazu aus den Komponenten – Quadrat, Kreis und Pfeil – zusammen. Quadrate werden zur Darstellung von manifesten (beobachteten) Variablen genutzt, die entweder Indikatoren für latente Variablen im Messmodell oder unabhängige bzw. abhängige Variablen des Strukturmodells darstellen können. Kreise (bzw. gerundete Formen wie in Abb. 14.1) kennzeichnen latente Variablen, unabhängige wie abhängige Variablen, aber auch Vorhersagefehler des Strukturmodells und Messfehler im Messmodell. Pfeile symbolisieren Assoziationen zwischen Variablen. Ein gerichteter Pfeil in eine Richtung indiziert eine Richtung der Vorhersage, vom Prädiktor zum Ergebnis (*outcome*). Gekrümmte Pfeile zeigen in zwei Richtungen und verweisen auf eine nicht direktionale (korrelative) Assoziation. Stark gekrümmte Doppelpfeile können auch bei derselben beobachteten oder latenten Variable ansetzen und enden und indizieren die (Ko-)Varianz. In einem Pfaddiagramm werden die strukturellen Komponenten eines Modells so angeordnet, dass die direktionalen Pfeile von links nach rechts verlaufen. Wenn eine Messkomponente in das Diagramm eingebettet ist, kann es notwendig sein, die Beziehungen zwischen Indikatoren und ihren latenten Variablen sowohl vertikal als auch horizontal auszurichten, um Verwirrungen in den strukturellen Anteilen des Diagramms zu vermeiden.

Die Pfade, deren Parameter unbekannt sind und vom Modell geschätzt werden sollen, werden mit einem Sternsymbol (*) bezeichnet. Im Modellbeispiel in Abb. 14.1 stellt das Konstrukt *Depression* eine exogene latente Variable dar (da es keinen gerichteten Pfad auf diese Variable gibt). *Immunfunktion* und *Krankheit* stellen endogene latente Variablen dar. Für endogene latente Variablen ist es üblich, einen Residualterm anzugeben; so stellt ε_{10} den Anteil des Konstruktes *Immunfunktion* dar, der sich nicht durch den linearen Einfluss der latenten Variable *Depression* erklären lässt, während ε_{11} den Anteil des Krankheitskonstruktes darstellt, der sich nicht durch den direkten linearen Effekt der *Immunfunktion* erklären lässt (einschließlich des indirekten linearen Effekts von *Depression*). Der Einfluss jedes Fehlerterms wird mit einer gerichteten Verbindung zu jeder latenten Variable assoziiert und auf den festen Wert 1.0 gesetzt. Jedes Residuum kann als exogene latente Variable betrachtet werden und besitzt daher einen assoziierten Varianzparameter. Auch jede Indikatorvariable ist mit einem Fehlerterm – als linearen Einfluss auf die jeweilige Indikatorvariable – assoziiert und mit dem Wert 1.0 festgesetzt; die Varianz ist als freier Parameter gekennzeichnet. Die Gewichte der Pfade jeweils einer manifesten Variable zu der dazugehörigen latenten Variable (im Modell der Abb. 14.1 die Pfade zu *Dep_1, Imm_1* und *Kra_1*) sind auf Eins gesetzt, um die latenten Variable in ihrer Skalierung festzulegen. (Alternativ kann man die Varianz der latenten Variable auf Eins setzen.). Damit beinhaltet das Pfaddiagramm alle Parameter des Modells, die den Mess- oder Vorhersagefehler und die Indikatoren für latente Variablen betreffen. Insgesamt besitzt das Modell 20 freie Parameter: 8 Regressionsparameter (je 2 von jeder latenten Variable zu zwei ihrer Indikatorvariablen plus die Pfade zwischen den latenten Variablen) und 12 Varianzparameter (der 11 Fehlervariablen und der exogenen latenten Variable Depression).[4] Dem steht für die $p = 9$ manifesten Variablen des Modells eine Anzahl von $p(p+1)/2 = 45$ Varianzen und Kovarianzen gegenüber. Damit hat das Modell 25 Freiheitsgrade und ist substanziell einfacher als die Daten, deren Struktur erklärt werden soll.

Parallelen zu statistischen Standardverfahren
Zwischen SGM und den üblichen statistischen Standardverfahren bestehen wenigstens vier fundamentale Parallelen:

Erstens basieren beide Ansätze auf einem *linearen* statistischen Modell. Verfahren wie Varianzanalyse, multiple Regression und Faktorenanalyse gelten als Spezialfälle des allgemeinen Strukturgleichungsmodells. Zweitens sind statistische Tests, die mit SGM verbunden sind, als auch die üblichen statistischen Ansätzen nur zulässig, wenn bestimmte Voraussetzungen für die beobachteten Daten erfüllt sind. Für SGM sind dies die Unabhängigkeit der Beobachtungen und multivariate

---

[4]Die Varianzen von Immunfunktion und Krankheit setzen sich jeweils zusammen aus den Varianzen ihrer Fehlervariablen (ε_{10} und ε_{11}) und dem durch die Pfade „erklärten" Varianzanteil; zusammen mit der Skalierung durch das auf Eins gesetzte Gewicht zu jeweils einer Indikatorvariable ist die Varianz vollständig festgelegt.

Normalverteilung. Inzwischen gilt die *ML*-Methode als relativ robust gegenüber moderaten Abweichungen von der Normalverteilungsannahme. Drittens liefern weder SGM noch statistische Standardverfahren Tests auf Kausalität. Aufgrund ihrer Eigenschaften der Untersuchung von Assoziationen kann jeder Ansatz notwendige aber nicht hinreichende Evidenzen für Kausalität liefern. Der SGM-Ansatz besitzt hier gewisse Vorteile, da die Möglichkeit besteht, Modelle zu spezifizieren, bei denen die vermeintliche Ursache von fremden Einflüssen und Messfehlern isoliert werden kann. Viertens können Veränderungen der initialen statistischen Hypothesen nach Durchsicht der Daten sowohl in SGM als auch bei statistischen Standardverfahren zu einem dramatischen Anstieg der Wahrscheinlichkeit stichprobenabhängiger Ergebnisse führen. Nachträgliche Adjustierungen statistischer Hypothesen, die durch ein statistisches Modell geprüft werden, erfordern entsprechende Kreuzvalidierungen.

Die Unterschiede zwischen SGM und statistischen Standardverfahren manifestieren sich vor allem in zwei Aspekten:

Erstens erfordert der Einsatz von SGM formale Spezifikationen eines Modells, das getestet und geschätzt werden soll. Es gibt keine allgemein gültigen Voreinstellungen und ebenso nur wenige Limitationen, welche Typen von Relationen definiert werden können. Die Charakteristik von SGM erfordert es, sorgfältig über die Daten und aufgestellten Hypothesen nachzudenken. Zweitens erlaubt das Hauptmerkmal von SGM, die Beziehungen zwischen latenten Variablen zu schätzen und zu testen, die Trennung von theoretischen Konzepten von der Eindeutigkeit und Unreliabilität ihrer Messindikatoren. Dies vergrößert die Wahrscheinlichkeit der Entdeckung von Assoziationen und der Schätzung freier Parameter, die nahe an den Populationswerten liegen.

Statistische Theorie und Funktionen

Allen Schätzmethoden von SGM gemeinsam ist, dass eine aus den empirischen Daten gewonnene $p \times p$ Kovarianzmatrix **S** als Schätzer für die Kovarianzmatrix Σ der Population verwendet wird (p ist die Anzahl der beteiligten Variablen). Mit $\Sigma(\theta)$ wird die durch das Modell (also: durch das Strukturmodell, die Messmodelle und die dazugehörigen Pfadparameter) implizierte Kovarianzmatrix bezeichnet. Dabei werden folgende Hypothesen formuliert (Pospeschill, 2010):

H_0: $\Sigma(\theta) = \Sigma$; es besteht eine Passung zwischen der durch das Modell implizierten Kovarianzmatrix $\Sigma(\theta)$ und Kovarianzmatrix der Population Σ (die durch die empirische Kovarianzmatrix **S** geschätzt wird).

H_1: $\Sigma(\theta) \neq \Sigma$; es besteht keine Passung zwischen Modell und Datenstruktur.

14.2 Modellevaluation

Die Prüfung der Geltung der Nullhypothese H_0 ist allerdings nicht unproblematisch, da es zur Bestimmung des β-Fehlers kein Effektstärkemaß gibt. Daher bleibt nur, den β-Fehler indirekt durch Erhöhung des α-Fehlers zu kontrollieren. Dies bietet aber keine Sicherheit, unpassende Modelle zu entdecken. Des Weiteren nimmt die Stichprobengröße entscheidenden Einfluss auf die Hypothesenentscheidung. Stabile Parameterschätzungen bei gleichzeitiger Verkleinerung des Stichprobenfehlers setzen in der Regel große Stichproben von $n > 200$ voraus.

Ist das Modell identifiziert, kann ein Kriterium für eine gemeinsame Lösung zur Parameterschätzung gewählt werden. Dabei handelt es sich üblicherweise um eine *Diskrepanzfunktion F (value of fitting function)*, für die gewichtete Abweichung zwischen beobachteter und implizierter Kovarianzmatrix. Nach der *ML*-Methode berechnet sich der Wert nach:

$$F_{ML} = log\,|\Sigma(\theta)| + Trace\left(\Sigma(\theta)^{-1} \cdot S\right) - log\,|S| - p$$

Nachdem wir uns dreizehn Kapitel lang weitgehend um Matrixalgebra „gedrückt" haben, werden wir diese jetzt hier nicht noch *en detail* einführen. Wir können uns aber dieser Formel nähern, indem wir uns verdeutlichen, warum sich der Wert F_{ML} an Null annähert, wenn die Diskrepanz zwischen den empirischen Daten (also S) und der durch das Modell implizierten Kovarianzmatrix $\Sigma(\theta)$ sehr gering ist, wenn also gilt: $S \approx \Sigma(\theta)$.

$|\Sigma(\theta)|$ und $|S|$ stehen für die sogenannten *Determinanten* der jeweiligen Matrix; die Determinante ist ein Kennwert, in den alle Zellenwerte der Matrix eingehen.[5] Egal, wie sie genau berechnet wird: Wenn gilt $S \approx \Sigma(\theta)$ heben sich die beiden (logarithmierten) Determinanten weitgehend auf.

$\Sigma(\theta)^{-1}$ bezeichnet die Inverse der implizierten Kovarianzmatrix; die Inverse wiederum ist generell so definiert, dass das Matrixprodukt aus einer Matrix mit ihrer Inversen die Einheitsmatrix ergibt (Matrizen mit dem Wert 1 in allen Diagonalzellen und dem Wert 0 in allen Nichtdiagonalzellen): $\Sigma(\theta) \cdot \Sigma(\theta)^{-1} = E$. Wenn also gilt $S \approx \Sigma(\theta)$, dann nähert sich das Produkt $\Sigma(\theta)^{-1} \cdot S$ der $p \times p$ Einheitsmatrix an. Die *Spur (Trace)* einer Matrix entspricht der Summe der Diagonalwerte, bei einer $p \times p$ Einheitsmatrix beträgt die Spur somit p. Da am Ende der Formel p abgezogen wird, bleibt im Fall $S \approx \Sigma(\theta)$ insgesamt ein Wert, der nahe Null ist.

---

[5]Zum Beispiel ist die Determinante einer 2×2 Matrix A, bei der die obere Zeile aus den Werten a und b, die untere Zeile aus den Werten c und d besteht, $det A = a \cdot b - c \cdot d$. Die Determinante von Einheitsmatrizen (Matrizen mit dem Wert 1 in allen Diagonalzellen und dem Wert 0 in allen Nicht-Diagonalzellen) beliebiger Größe ist stets 1.

Der χ^2-Wert ergibt sich durch Multiplikation des Kennwert F_{ML} mit $(n-1)$:

$$\chi^2 = (n-1) \cdot F_{ML}$$

Die Freiheitsgrade ergeben sich nach:

$$df = \left(p \cdot \frac{p+1}{2}\right) - f$$

Der Klammerausdruck bezeichnet nichts anderes als die Anzahl der Varianzen und Kovarianzen (also die Anzahl der empirischen Werte, die für die Schätzung zur Verfügung stehen) und f die Anzahl der frei zu schätzenden Parameter. Wie oben schon ausgeführt, wird der χ^2-Wert in der Regel nach folgender Daumenregel interpretiert: $\chi^2 \leq 2 \cdot df$, das heißt, der χ^2-Wert sollte gegenüber den Freiheitsgraden um den Faktor 2 kleiner ausfallen, um die Nullhypothese beibehalten zu können.

Weitere Fitindizes

Die Modellevaluation kann über spezielle Fitindizes ergänzt werden, wie dem *RMSEA*-Index (*Root Mean Square Error of Approximation*), einem *Badness-of-Fit*-Index, bei dem hohe Werte einen schlechten Modellfit signalisieren:

$$RMSEA = \sqrt{\frac{Max(\chi^2 - df, 0)}{n \cdot df}}$$

Mit zunehmender Komplexität des Modells verringern sich die Freiheitsgrade, entsprechend steigt dann der Index. Als grobe Interpretationsregel gilt: Für eine gute Passung spricht allgemein ein Wert von $\leq .05$, während ein *Cut-off*-Wert ab .10 für eine schlechte Passung spricht (Bollen & Long, 1993). In Abhängigkeit von der Stichprobengröße sollte bei einem $n > 250$ ein *RMSEA* $\leq .06$, bei einem $n < 250$ ein *RMSEA* $\leq .08$ erzielt werden; diese Angaben tragen dem Umstand Rechnung, dass der *RMSEA*-Index bei kleinen Stichproben auch passende Modelle verwerfen kann.

Der Index *SRMR* (*Standardized Root Mean Squared Residuals*) schätzt ebenfalls den „*lack of fit*" des Modells. Er ist ganz einfach nachzuvollziehen: Wir können für jede Zelle der Varianz-Kovarianz-Matrix die standardisierte Diskrepanz zwischen empirischer Kovarianz (bzw. Varianz) und dem korrespondierenden geschätzten Wert berechnen (Pavlov et al., 2021):

$$\widehat{\varepsilon}_{ij} = \frac{s_{ij} - \widehat{\sigma}_{ij}}{\sqrt{s_{ii} \cdot s_{jj}}}$$

14.2 Modellevaluation

Die s_{ij} sind die empirischen Kovarianzen (und Varianzen im Fall $i=j$); $\hat{\sigma}_{ij}$ sind die aufgrund des Modells geschätzten Kovarianzen (bzw. Varianzen). Die Differenzen werden auf das Produkt der Standardabweichungen der beiden beteiligten Variablen relativiert und sind damit skalierungsunabhängig.

$$SRMR = \sqrt{\frac{1}{t} \sum_{i \leq j} \hat{\varepsilon}_{ij}^2}$$

mit $t = p(p + 1)/2$

Der SRMR-Index ist somit also einfach die Wurzel aus dem mittleren quadrierten Diskrepanzwert. (Der Wert t ist wieder einmal die Anzahl der vorhandenen Varianzen und Kovarianzen.)[6] Hu und Bentler (1999) geben als Heuristik an, $SRMR \leq .08$ als Indikator für einen guten Fit zu werten.

Weitere Fitindizes wie der *CFI* (*Comparative Fit Index*) und *NFI* (*Normed Fit Index*) vergleichen das untersuchte Modell mit dem sogenannten Unabhängigkeitsmodell (*independence model*), in dem alle manifesten Variablen als unkorreliert angenommen werden.

$$CFI = 1 - \frac{\chi^2_{GM} - df_{GM}}{\chi^2_{UM} - df_{UM}} \qquad NFI = 1 - \frac{\chi^2_{UM} - \chi^2_{GM}}{\chi^2_{UM}}$$

(UM = Unabhängigkeitsmodell; GM = geschätztes Modell)

CFI und *NFI* sollten größer als (oder gleich) 0.95 sein (Schreiber et al., 2006; Ullman, 2019). Häufig wird der *NNFI* (*Non-Normed Fit Index*, auch *Tucker-Lewis-Index, TLI*, genannt) berichtet, der den *NFI* bezüglich der Freiheitsgrade adjustiert. Dadurch wird eine Unterschätzung des Fits bei kleinen Stichproben ausgeglichen (Ullman, 2019). Auch für den *NNFI* (*TLI*) gilt die Regel, dass er $\geq .95$ sein sollte (Schreiber et al., 2006).

Es gibt auch Indizes wie den *GFI*, die als „relative Varianzaufklärung" (mit etwas Vorsicht analog zum R^2 der multiplen Regression) interpretiert werden können (Ullman, 2019). Die Vorsicht bezieht sich darauf, dass es bei den SGM nicht um die Aufklärung der Varianz der Orginaldaten geht (wie beim R^2, sondern

---

[6] Die hier gegebene Formel für SRMR ist äquivalent zur derjenigen, die bei Hu und Bentler (1998, 1999) gegeben wird. Man muss dabei allerdings beachten, dass dort mit s_{ij} die Kovarianzen und mit s_{ii} bzw. s_{jj} die Standardabweichungen adressiert werden. Da s_{ij} bei $i=j$ die Varianzen meint, sind diese Bezeichnungen in sich nicht ganz konsistent.

darum, in welchem Maße die durch das Modell implizierte Varianz-Kovarianz-Matrix die empirische Varianz-Kovarianz-Matrix reproduziert. Dementsprechend sollte auch der *GFI* sehr hoch sein ($\geq .95$; vgl. Schreiber et al., 2006). Häufig wird der *AGFI* berichtet; er ist eine Relativierung des *GFI* hinsichtlich der Freiheitsgrade: Bei gleichem *GFI* wird der *AGFI* des „sparsameren" Modells (d. h. des Modells, dass mit weniger Parametern auskommt) höher sein. *GFI* und *AGFI* werden nicht mehr uneingeschränkt empfohlen (Schreiber et al., 2006), sodass sie nicht mehr standardmäßig berichtet werden.

Bei der Interpretation der Fitindizes sind die Kriterien Stichprobengröße und (Nicht-)Signifikanz des χ^2-Modelltests zu berücksichtigen:

- Ist die Stichprobe groß und der Modelltest signifikant, heißt dies zunächst, dass kein guter Modellfit vorliegt. Ob aber im Modell wirklich fehlerhafte Spezifikationen vorliegen oder ob das Modell durch die hohe Teststärke abgelehnt wird (siehe oben), kann dann über die Fitindizes (und die Faustregel $\chi^2 \leq 2 \cdot df$) eruiert werden.
- Ist die Stichprobe groß und der Modelltest nicht signifikant, kann man von einem guten Modellfit ausgehen. Da das Modell trotz hoher Teststärke nicht abgelehnt wird, ist die Betrachtung der Fitindizes nicht unbedingt erforderlich.
- Ist die Stichprobe klein und der Modelltest signifikant, liegt kein guter Modellfit vor. Da das Modell mit geringer Teststärke abgelehnt wird, ist die Betrachtung der Fitindizes überflüssig.
- Ist die Stichprobe klein und der Modelltest nicht signifikant, spricht dies zwar zunächst für einen guten Modellfit. Da das Modell bei geringer Teststärke nicht abgelehnt wird, können trotzdem fehlerhafte Spezifikationen im Modell vorliegen, die sich über die Fitindizes bestimmen lassen.

14.3 Modellschätzung mit lavaan

Es gibt verschiedene Programme zur Analyse linearer Strukturgleichungsmodelle (z. B. AMOS, LISREL, EQS, Mplus; Byrne, 2009; zum Vergleich verschiedener Programme vgl. Ullman, 2019). Wir nutzen hier die Funktion sem() (Paket *lavaan*) aus R. Das in Abb. 14.1 gezeigte Modell wird in *lavaan* so spezifiziert wie in Abb. 14.3 wiedergegeben.

Zunächst wird die Modellstruktur nach bestimmten Konventionen kodiert. In den ersten drei Zeilen werden die Messmodelle bzw. die latenten Variablen definiert. Die Namen *depression*, *immun* und *krankheit* sind frei gewählte Namen, die hier neu eingeführt werden. Die Zeichenkombination =~ ist zur Definition von

14.3 Modellschätzung mit lavaan

```
> model.dep1 <- 'depression =~ dep1 + dep2 + dep3
                immun =~ imm1 + imm2 + imm3
                krankheit =~ kra1 + kra2 + kra3
                krankheit ~ immun
                immun ~ depression'
> model.dep1.fit <- sem(model.dep1, data=depdaten)
> summary(model.dep1.fit, standardized=TRUE, rsquare=TRUE,
        fit.measures=TRUE)
```

Abb. 14.3 Das in *lavaan* spezifizierte Modell

latenten Variablen vorgesehen; rechts davon stehen die Messvariablen (hier: des Datensatzes *depdaten*). In der vierten und fünften Zeile werden die Regressionen zwischen den latenten Variablen spezifiziert. In diesem Modell nicht benutzt ist die Doppeltilde (~~); sie wird genutzt, wenn man zwischen latenten Variablen keine gerichtete Beziehung annimmt, sondern lediglich eine korrelative (z. B. zwischen zwei Faktoren in einer konfirmatorischen Faktorenanalyse). Der Funktion sem() wird dann lediglich diese Modellspezifikation und der Datensatz übergeben. Mit dem *summary*-Kommando erhalten wir die wichtigsten Ausgaben.

Wir haben einen Datensatz mit $N = 400$ fiktiven Personen auf der Basis des Modells konstruiert. Nach der Berechnung erhalten wir eine umfangreiche Textausgabe, die wir abschnittsweise besprechen wollen. Zunächst schauen wir uns die Parameterschätzungen an (Abb. 14.4).

Die standardisierten Gewichte an den Pfaden zu den manifesten Variablen (oberer Teil der Abb. 14.4, ganz rechts, *Std.all*)[7] lassen sich wie Faktorladungen (Kap. 11) interpretieren. Das Quadrat dieser Gewichte ist der Anteil der Varianz der manifesten Variablen, der die latente Variable repräsentiert, also nach der klassischen Testtheorie der „Wahre Wert-Anteil" und damit die Reliabilität dieser Variable (Pospeschill, 2010). Die Quadrate des Gewichtes sind in der Abb. 14.4 ganz unten (Überschrift *R-Square*) zu finden. Die unstandardisierten Gewichte und die dazugehörigen Tests finden sich vorne in den Zeilen. Es gilt die übliche Logik: Gewicht/Standardfehler = Teststatistik, die hier – z – standardnormalverteilt angenommen wird. Bei jeweils einer manifesten Variable pro latenter Variable ist das Gewicht aufEins gesetzt und der Test fehlt. Wir hatten dies weiter oben angesprochen als die notwendige Festlegung der Skalierung der latenten Variablen.

Im mittleren Teil der Abb. 14.4 finden sich die Regressionen der latenten Variablen. Die standardisierten Gewichte zwischen den latenten Variablen sind wie β-Gewichte bei der Regression zu interpretieren. Die Koeffizienten wie erwartet: Moderate hohe positive Prädiktionen. Sie sind als signifikant von Null

---

[7] Std.lv sind die Parameter, wenn nur die latenten, nicht aber die gemessenen Variablen standardisiert sind (Rosseel 2021).

```
Latent Variables:
                 Estimate  Std.Err  z-value  P(>|z|)  Std.lv  Std.all
  depression =~
    dep1           1.000                               1.826   0.877
    dep2           0.980    0.043   22.597    0.000    1.790   0.875
    dep3           1.058    0.047   22.513    0.000    1.932   0.873
  immun =~
    imm1           1.000                               2.225   0.909
    imm2           0.991    0.036   27.670    0.000    2.206   0.900
    imm3           0.988    0.035   28.565    0.000    2.197   0.915
  krankheit =~
    kra1           1.000                               2.313   0.926
    kra2           1.001    0.032   31.196    0.000    2.317   0.917
    kra3           1.013    0.031   32.167    0.000    2.342   0.928

Regressions:
                 Estimate  Std.Err  z-value  P(>|z|)  Std.lv  Std.all
  krankheit ~
    immun          0.472    0.052    9.143    0.000    0.454   0.454
  immun ~
    depression     0.499    0.064    7.864    0.000    0.410   0.410

R-Square:
          Estimate          Estimate          Estimate             Esti.
  dep1     0.770      imm1   0.827    kra1    0.858    immun       0.168
  dep2     0.766      imm2   0.811    kra2    0.840    krankheit   0.206
  dep3     0.761      imm3   0.837    kra3    0.861
```

Abb. 14.4 Ausgabe der Funktion sem() (Parameterschätzungen und Tests)

abweichend anzusehen. Unten finden sich auch die aufgeklärten Varianzanteile (.17 bzw. .21); sie entsprechen dem R^2 der Regression. Nicht abgedruckt haben wir hier den Teil der Tabelle, der die geschätzten Varianzen sowohl der beobachteten als auch der latenten Variablen angibt. Abb. 14.5 enthält alle Standardausgaben zum Modellfit. Es wird zunächst angegeben, nach wie vielen Iterationen der Algorithmus beendet wurde.

Mit *Estimator ML* wird darauf hingewiesen, dass die *Maximum-Likelihood-*Schätzmethode gewählt wurde (die Voreinstellung). Wichtig ist hier der Hinweis, dass verschiedene Schätzmethoden zur Verfügung stehen, von denen wir bisher nur auf die gebräuchlichste eingegangen sind, eben die ML-Methode (*Maximum Likelihood*). Darüber hinaus stehen die GLS- (*Generalized least squares*), die ULS- (*unweighted least squares*) und die WLS-Methode (*weighted least squares*) zur Verfügung; die Schätzmethoden verwenden unterschiedliche Diskrepanzfunktionen. Die ULS-Methode setzt keine Normalverteilung voraus, ist aber *nicht* skaleninvariant, das heißt, die Ergebnisse unterscheiden sich je nach verwendeter Kovarianz- oder Korrelationsmatrix; daher ist diese Methode im Allgemeinen nicht empfehlenswert. Die GLS-Methode und die ML-Methode können auch bei kleineren Stichproben ($n < 100$) eingesetzt werden, setzen allerdings eine multivariate Normalverteilung und ein Intervallskalenniveau der Daten voraus. Die ML-Methode gilt dabei im

14.3 Modellschätzung mit lavaan

```
lavaan 0.6-9 ended normally after 38 iterations
  Estimator                                         ML
  Optimization method                           NLMINB
  Number of model parameters                        20
  Number of observations                           400
Model Test User Model:
  Test statistic                                21.891
  Degrees of freedom                                25
  P-value (Chi-square)                           0.642
Model Test Baseline Model:
  Test statistic                              3094.445
  Degrees of freedom                                36
  P-value                                        0.000
User Model versus Baseline Model:
  Comparative Fit Index (CFI)                    1.000
  Tucker-Lewis Index (TLI)                       1.001
Loglikelihood and Information Criteria:
  Loglikelihood user model (H0)              -6643.575
  Loglikelihood unrestricted model (H1)      -6632.629
  Akaike (AIC)                               13327.150
  Bayesian (BIC)                             13406.979
  Sample-size adjusted Bayesian (BIC)        13343.518
Root Mean Square Error of Approximation:
  RMSEA                                          0.000
  90 Percent confidence interval - lower         0.000
  90 Percent confidence interval - upper         0.034
  P-value RMSEA <= 0.05                          0.997
Standardized Root Mean Square Residual:
  SRMR                                           0.031
```

Abb. 14.5 Ausgabe der Funktion sem() (Modellfit)

Vergleich als weniger sensitiv gegenüber Variationen des Stichprobenumfangs, robust gegenüber Verletzungen der Normalverteilungsannahme und liefert exaktere Schätzungen. Bei der WLS-Methode in *lavaan* handelt es sich laut Rosseel (2021) um dieselbe Schätzmethode, die an anderen Stellen ADF genannt wird. Die ADF-Methode (*asymptotically distribution free*) kann als nichtverteilungsabhängige Alternative in Fällen von Interesse sein, wenn im Modell dichotome, ordinale und kontinuierliche Variablen enthalten sind oder wenn die kontinuierlichen Variablen von der Normalverteilung signifikant abweichen; allerdings werden zur Anwendung große Stichproben ($n > 500$) und Modelle geringer Komplexität vorausgesetzt.

Unter der Überschrift *Model Test User Model* finden wir in Abb. 14.5 zunächst die Angaben zum χ^2-Test des von uns spezifizierten Modells (χ^2 ist hier als *test statistic* bezeichnet.) Wir sehen, dass der χ^2-Wert insignifikant ist; der Modellhit ist also gut. Die Freiheitsgrade ergeben sich aus der Differenz der Datenpunkte minus der Zahl der Parameter: (9 · (9+1)/2−20). Der gute Fit verwundert natürlich nicht, da wir die Daten genau gemäß dem Modell generiert haben. Zum Beispiel ist die Beziehung zwischen *Krankheit* und *Depression* ausschließlich indirekt via *Immunfunktion*; in der Terminologie der Mediationsmodelle (Abschn. 5.1) haben wir hier eine vollständige Mediation. Gäbe es zusätzlich einen direkten Anteil von Depression an Krankheit (z. B. weil nicht depressive Personen ein gesundheitsbewussteres Verhalten zeigen), so wäre der Modellfit schlechter und würde verbessert, wenn wir einen direkten Pfad von Depression zu Krankheit aufnehmen würden.

Die Angaben unter der Überschrift *Model Test Baseline Model* beziehen sich auf das Unabhängigkeitsmodell, bei dem alle Kovarianzen als Null angenommen werden. Dementsprechend sind die freien Parameter die neun Varianzen (und daher $df = 36$). Dieses Modell dient − wie oben schon ausgeführt − in manchen Fitindizes als Vergleichsmaßstab für das gewählte Modell. Hier sind CFI und TLI (NNFI) angegeben, die beide anzeigen, dass unser Modell eine große Verbesserung gegenüber dem Unabhängigkeitsmodell darstellt. Wichtige Kriterien sind noch RMSEA und der SRMR-Index. Beide zeigen auch hier einen guten Fit.

Unter der Überschrift *Loglikelihood and Information Criteria* finden wir zunächst das, was wir an anderer Stelle (bei den logistischen Regressionen) als Gesamtfehlerindex bezeichnet hatten. Die Differenz der mit −2 multiplizierten *loglikelihood*-Werte zweier Modelle ist χ^2-verteilt mit der Differenz der Freiheitsgrade dieser beiden Modelle als *df*-Wert. Unser Modell verschlechtert den −2loglikelihood-Wert gegenüber dem saturierten Modell (d. h. dem Modell mit 45 Parameter bei 45 Datenpunkten) also um 21.89. Die Informationskriterien AIC und BIC sind die −2loglikelihood-Werte ergänzt um „Bestrafungen" für die Anzahl der genutzten Parameter p (+$2p$ beim AIC bzw. $+p \cdot \ln(N)$ beim BIC), da bei Modellvergleichen einbezogen werden sollte, ob man ein bestimmtes Fehlerkriterium mit nur wenigen oder aber mit vielen Parametern erzielt hat. Diese Kriterien spielen also erst eine Rolle, wenn man Modelle vergleicht.

Literatur
In den Büchern von Tabachnick und Fidell (2019) und Pituch und Stevens (2016) zur Multivariaten Datenanalyse finden sich jeweils Kapitel zu SGM, geschrieben in beiden Fällen von Drittautoren (weshalb die korrekten Zitationen Ullman, 2019 und Whittaker, 2016 sind). Das Buch von Eid und Kollegen (2017) enthält sowohl ein Kapitel zur konfirmatorischen Faktorenanalyse als auch eines zu SGM. Weiterführende Literatur: Hoyle (1995); Kline (1998); Weiber und Mühlhaus (2014).

Anhang I – Die genutzten R-Funktionen

Zum Abschluss finden Sie hier eine Tabelle (Tab. A.1) der im Buch verwendeten R-Funktionen mit der Nennung des jeweiligen Paketes (*package*). Auf zwei Funktionen möchten wir kurz noch näher eingehen, da hier in hohem Maße Verwirrung droht: anova() aus dem Paket *stats* (in *base R* enthalten) vs. Anova() aus dem Paket *car*.

Zunächst sei festgestellt, dass die beiden Funktionen in ihren Anwendungsmöglichkeiten nicht deckungsgleich sind; insofern gilt zunächst nur: „Augen auf" beim Abtippen von Beispielsyntax (sei es aus diesem Buch oder aus anderen Quellen): Steht Klein-a oder Groß-A am Anfang?

Es gibt aber Anwendungsbereiche, bei denen sich beide Funktionen gleichermaßen nutzen lassen, eine auf den ersten Blick vergleichbare Ausgabe liefern, die sich dann aber im Detail als nicht identisch herausstellt. Mit Abb. A.1 haben wir noch einmal das Beispiel zweier korrelierter Prädiktoren in der multiplen Regression (Kap. 3) aufgegriffen. Nach der Tabelle mit den Regressionskoeffizienten sind die zwei Ausgaben von anova() und Anova() wiedergegeben.

Schauen wir uns zunächst die Ausgabe von Anova() an. Die Wurzeln der beiden F-Werte entsprechen exakt den t-Werten aus der Regressionstabelle und damit unserer Erwartung. Der jeweilige F-Test basiert auf der Quadratsumme, die von dem jeweiligen Prädiktor *zusätzlich* zum anderen Prädiktor erklärt wird und damit der Quadratsumme, die wir bei einem hierarchischen Vorgehen erhalten würden, wenn der jeweilige Prädiktor als Letztes in die Gleichung aufgenommen wird. Wir nehmen dabei in Kauf, dass die Summe der beiden Quadratsummen (d. h. 239349 + 1661 = 241010) *nicht* die gesamte erklärte Quadratsumme ergibt; der gemeinsame Erklärungsanteil fehlt natürlich. Man nennt dies den Typ III der Quadratsummenzerlegung (*Type III Sum of Squares*). Für viele Nutzer ist dies die naheliegendste Art der Quadratsummenzerlegung, da sie – wie schon gesagt – für eine Äquivalenz der

Tab. A.1 Liste der verwendeten R-Funktionen (alphabetisch geordnet) mit den jeweiligen Paketen

Funktion	Paket (*package*)	verwendet in Kapitel
agnes()	cluster	12
anova()	stats (part of base R)	3, 4, 7
Anova()	car	7–9
bannerplot()	cluster	12
cc()	CCA	8
cmdscale()	stats (part of base R)	13
confusionMatrix()	caret	10
contr.helmert()	contr.helmert()	9
daisy()	cluster	12
dendrogram()	stats	12
diana()	cluster	12
dist()	stats (part of base R)	12
fa()	psych	11
factanal()	stats (part of base R)	11
fanny()	cluster	12
glmer()	lme4	7
hclust()	stats (part of base R)	12
isoMDS()	MASS	13
lda()	MASS	13
lm()	stats (part of base R)	2–9
lm.beta()	QuantPsyc	2–4
lmer()	lme4 bzw. lmerTest	7
lrtest()	lmtest	10
MAP()	EFA.dimensions	11
mediate()	mediation	5
mlogit()	mlogit	10
mona()	cluster	12
mutate()	dplyr	8, 10, 11
nagelkerke()	rcompanion	4
p.asym()	CCP	8, 10
paran()	paran	11
plot()	cluster	12
principal()	psych	11
rcorr()	Hmisc	3, 10
recode()	dplyr	6, 8, 10
sammon()	MASS	13
sem()	lavaan	14
tab_itemscale()	sjPlot	11
tapply()	base R	6

```
> reg_lang_valenz2 <- lm(formula = RZ ~ Laenge + Valenz2,
                         data = multreg)
> summary(reg_lang_valenz2)

Coefficients:
            Estimate Std. Error t value Pr(>|t|)
(Intercept)  404.042     18.003  22.443   <2e-16 ***
Laenge        39.894      3.120  12.787   <2e-16 ***
Valenz2       -3.177      2.982  -1.065    0.288

Residual standard error: 38.26 on 177 degrees of freedom
Multiple R-squared:  0.4876, Adjusted R-squared:  0.4818
F-statistic: 84.22 on 2 and 177 DF,  p-value: <.001

> anova(reg_lang_valenz2)
Response: RZ
           Df Sum Sq Mean Sq  F value  Pr(>F)
Laenge      1 244902  244902 167.3092 < .001 ***
Valenz2     1   1661    1661   1.1346 0.2882
Residuals 177 259088    1464

> Anova(reg_lang_valenz2)
Anova Table (Type II tests)

Response: RZ
          Sum Sq  Df  F value  Pr(>F)
Laenge    239349   1 163.5153 < .001 ***
Valenz2     1661   1   1.1346 0.2882
Residuals 259088 177
```

Abb. A.1 Die Gegenüberstellung von anova() und Anova()

t-Test- und *F*-Test-Beurteilung der Prädiktoren sorgt. Zum Beispiel ist allen SPSS-Nutzern bekannt, dass dort die Voreinstellung in den Analysen der Typ III ist.

Nun steht aber in der Ausgabe der Anova()-Funktion „Type II Tests" (Abb. A.1). Was hat es damit auf sich? Der Typ II ist mit dem Typ III identisch, es sei denn, es geht um mehrfaktorielle varianzanalytische Designs. Darauf gehen wir hier jetzt nicht näher ein (Smith & Cribbie, 2014). Im hier vorliegenden Kontext liefern *type=2* (die Voreinstellung bei Anova()) und *type=3* die gleiche Ausgabe. Gleichwohl empfehlen wir trotzdem statt des Kommandos Anova(reg_lang_valenz2) explizit den Befehl Anova(reg_lang_valenz2, type=3) in diesen Anwendungsfällen anzugeben, damit ggf. berichtet werden kann, man habe Typ III genutzt, der ungleich bekannter ist als der Typ II.

Vergleichen wir nun diese Ausgabe mit derjenigen der anova()-Funktion. Wir sehen einen Unterschied: Die Quadratsumme für den Prädiktor *Laenge* ist hier etwas größer. Tatsächlich arbeitet die Funktion nach dem Prinzip I der Quadratsummenzerlegung (*Type I Sum of Squares*): Gemeinsam erklärte Varianz wird sequenziell den Prädiktoren in der Reihenfolge ihrer Nennung im Aufruf der Regressionsprozedur zugeordnet. Das bedeutet hier: Dem Prädiktor *Laenge* wird die Quadratsumme zugeordnet, die er auch in einer bivariaten Regression erklären würde, während *Valenz* die Quadratsumme zugeordnet wird, die *Valenz* über *Laenge* hinaus beiträgt. Ist dann der *F*-Test für *Laenge* in der anova()-Ausgabe derselbe wie in der bivariaten Regression? Nein (Abb. 3.4). Während im *F*-Test der bivariaten Regression der Nenner auf der Residualquadratsumme eben dieser Regression beruht (d. h. die Gesamtquadratsumme ist nur um die durch *Laenge* erklärte Quadratsumme reduziert), beruht er in der anova()-Ausgabe auf der durch beide Prädiktoren verminderten Residualvarianz. (Der Unterschied ist in diesem Beispiel nur marginal – $F(1,178) = 167.18$ vs. $F(1,178) = 167.31$ –; dies liegt aber lediglich daran, dass *Valenz* sehr wenig Varianz aufklärt.)

Man kann diese *Typ-I*-Vorgehensweise in bestimmten Kontexten sicherlich rechtfertigen. Allerdings sollte man diese Rechtfertigung mitliefern, damit Leser sich ein Urteil darüber bilden können, ob sie da „mitgehen". Das beinhaltet auch, dass man sich dann genau darüber im Klaren ist, dass die Reihenfolge der Nennung der Prädiktoren in der Syntax eine Rolle spielt für die *F*-Tests der *anova( )*-Funktion. Den Typ I als Voreinstellung zu nehmen, erscheint seltsam.

Anhang II – Zur Nutzung von Online Plus

Zu allen Analysen in diesem Buch gibt es *Online-Plus*-Materialien. Diese Materialien finden Sie unter folgendem Link:

http://www.lehrbuch-psychologie.springer.com/

Geben Sie alternativ in einem Suchprogramm die vier Begriffe

„Springer Wentura Wirth Pospeschill"

ein und Sie finden den Link zu der Buchseite.

Die *Online-Plus*-Materialien sind nach Kapiteln gegliedert: Sie enthalten für jedes Kapitel zunächst die Datensätze (im RData-Format), auf denen die Analysen beruhen. Ferner ist für jedes Kapitel ein R-Notebook enthalten, das den entsprechenden Code zu den Analysen sowie umfangreiche Kommentare zu diesem Code (z. B. genaue Erklärungen der verwendeten Funktionen und des erhaltenen Outputs) enthält.[1] Diese R-Notebooks liegen einmal im HTML-Format vor, sodass Sie sich die Notebooks formatiert in einem beliebigen Browser anschauen können. Die Notebooks liegen zusätzlich als *Rmd*-Dateien vor, welche Sie mit R Studio (einer verbreiteten integrierten Entwicklungsumgebung für R) öffnen und selbst laufen lassen können. Die in den Notebooks enthaltenen Analysen wurden mit der R-Version 4.1.2 erstellt, welche im März 2022 (zur Fertigstellung dieses Buches) die aktuellste Version von R war.

---

[1] Den Kap. 12 und 13 liegen R-Skripte und umfangreiche PDF-Dokumente zur vertiefenden Erklärung bei.

© Der/die Herausgeber bzw. der/die Autor(en), exklusiv lizenziert an Springer-Verlag GmbH, DE, ein Teil von Springer Nature 2023
D. Wentura et al., *Multivariate Datenanalyse mit R*, Basiswissen Psychologie,
https://doi.org/10.1007/978-3-662-65522-1

Die Online-Plus-Materialien sollen die Leser somit in die Lage versetzten, die im Buch behandelten Verfahren selbstständig in R anwenden zu können. Dabei können die Online-Plus-Materialien jedoch keine Einführung für Anfänger in die generelle Handhabung von R geben.

Die Leser sollten daher – um das meiste aus den Notebooks herausholen zu können – mit der generellen Funktionsweise von R vertraut sein. Im Folgenden dazu ein paar Beispiele:

Die Leser sollten wissen, wie die R-Basisoperatoren, insbesondere die R-spezifischen Operatoren $ und <-, funktionieren. Beispielsweise können wir mit dem Zuweisungsoperator (<-) einer Variable namens „a" den Wert 1 und einer Variable namens „b" den Wert 2 zuweisen und im Folgenden mit diesen Variablen weiterrechnen (Abb. A.2).

Des Weiteren sollten die Leser mit der Indizierung in R vertraut sein, das heißt, sie sollten damit vertraut sein, wie man in R aus einem gegebenen Data-Frame bestimmte Zeilen, Spalten oder sogar einzelne Werte herauslesen kann. Möchte man zum Beispiel aus dem Datensatz „multivat" (welcher im Kap. 8 behandelt wird) nur den Wert der ersten Zeile der zweiten Spalte auslesen, so gibt man dies mit dem Befehl multivat[1,2] an. Innerhalb der eckigen Klammern gibt man also vor dem Komma an, welche Zeile man auslesen möchte und nach dem Komma, welche Spalte man auslesen möchte. Möchte man alle Werte der ersten Zeile auslesen, macht man dies über den Befehl multivat[1,]. Möchte man hingegen alle Werte der ersten Spalte auslesen, macht man dies über den Befehl multivat[,1]. Gibt man also vor bzw. nach dem Komma nichts an, weiß R, dass alle Zeilen bzw. Spalten ausgegeben werden sollen. Mittels des Doppelpunktoperators können auch ganze Zeilen- bzw. Spaltenbereiche angefordert werden. Möchte man sich z. B. die Zeilen zwei bis fünf der Spalten vier bis sieben ausgeben lassen, so nutzt man den Befehl multivat[2:5,4:7]. Möchte man sich die nicht-unmittelbar benachbarten Spalten 1, 3 und 5 (mit allen ihren Zeilen ausgeben lassen, kann man dies über den Befehl multivat[,c(1:3:5)] tun. Schließlich kann man auch noch die im Data-Frame hinterlegten Spaltennamen verwenden, um bestimmte Spalten aufzurufen. Um zum Beispiel die Spalten „leb", „soz" und „lei" aus dem Data-Frame „multivat" (den wir im Kap. 8 verwendet haben) auszulesen, kann man den folgenden Befehl verwenden: multivat[,c('leb','soz','lei')]

```
> a <- 1
> b <- 2
> a + b
[1] 3
```

Abb. A.2 Illustration der Funktionsweise des Zuweisungsoperators

Anhang II – Zur Nutzung von Online Plus

Schließlich sollten die Leser noch damit vertraut sein, wie der Aufruf von Funktionen in R generell funktioniert. Prinzipiell erwarten Funktionen in R, dass ihnen in runden Klammern ein oder mehrere Argumente übergeben werden. Diese Argumente können entweder mit oder ohne die jeweiligen Bezeichner der Argumente übergeben werden. Wenn die Argumente mit ihren jeweiligen Bezeichnern übergeben werden, dann kann die Reihenfolge der Argumente beliebig verändert werden. Wenn die Bezeichner jedoch weggelassen werden, dann müssen die Argumente in der vorgesehenen Reihenfolge (die im Zweifelsfall für jede Funktion in der R-Dokumentation online nachgeschlagen werden kann) übergeben werden. Es ist nicht möglich, die Argumente ohne Bezeichner in beliebiger Reihenfolge zu übergeben. Abb. A.3 verdeutlicht dies anhand der Funktion tapply().

Wenn Ihnen die oben beschriebenen Prinzipien von R im Großen und Ganzen geläufig sind, sollten Sie für den Umgang mit den *Online-Plus*-Materialien gewappnet sein. Wenn Sie jedoch mit den hier beschriebenen Prinzipien nicht vertraut sind, sollten Sie sich zunächst mit der basalen Funktionsweise von R vertraut machen. Es gibt hierzu eine Vielzahl einführender Werke (z. B. de Vries & Meys, 2021; Luhmann, 2020; Sedlmeier & Burkhardt, 2021).

```
> tapply(X = multivat$leb, INDEX = multivat$gr, FUN = mean)
   0    1
4.62 4.86
> tapply(multivat$leb, multivat$gr, mean)
   0    1
4.62 4.86
> tapply(INDEX = multivat$gr, FUN = mean, X = multivat$leb)
   0    1
4.62 4.86
> tapply(mean, multivat$leb, multivat$gr)
Error in match.fun(FUN) :
  'multivat$gr' is not a function, character or symbol
```

Abb. A.3 Illustration des Zusammenspiels zwischen der Reihenfolge der übergebenen Argumente und der Angabe der Bezeichner der Argumente. Die letzte Eingabe, bei der die Argumente ohne die jeweiligen Bezeichner und in falscher Reihenfolge übergeben wurden, führt zu einer Fehlermeldung

Literatur

Agresti, A. (2002). *Categorical data analysis (2nd ed.)*. Wiley.
Aiken, L. S. & West, S. G. (1991). *Multiple regression: Testing and interpreting interactions.* Sage.
Allison, P. (2013). *What is the best R-squared for logistic regression?.* http://www.statisticalhorizons.com/r2logistic [letzter Zugriff: 18.11.2021]
Anderson, J. R. (2007). *Kognitive Psychologie (6. Auflage)*. Springer.
Andres, J. (1996). Grundbegriffe der multivariaten Datenanalyse. In E. Erdfelder, R. Mausfeld, T. Meiser & G. Rudinger (Eds.), *Handbuch Quantitative Methoden* (S. 169–184). Psychologie Verlags Union.
Aroian, L. A. (1947). The probability function of the product of two normally distributed variables. *Annals of Mathematical Statistics, 18*(2), 265–270.
Asendorpf, J. B. (2007). *Psychologie der Persönlichkeit (4. überarbeitete und aktualisierte Aufl.)*. Springer.
Baayen, R. H. (2008). *Analyzing linguistic data. A practical introduction to statistics using R.* Cambridge University Press.
Baayen, R. H., Davidson, D. J. & Bates, D. M. (2008). Mixed-effects modeling with crossed random effects for subjects and items. *Journal of Memory and Language, 59*(4), 390–412.
Bacher, J., Pöge, A. & Wenzig, K. (2010). *Clusteranalyse: Anwendungsorientierte Einführung in Klassifikationsverfahren (3. Aufl.)*. Oldenbourg.
Backhaus, K., Erichson, B., Plinke, W. & Weiber, R. (2011). *Multivariate Analysemethoden (13. Auflage)*. Springer.
Backhaus, K., Erichson, B. & Weiber, R. (2013). *Fortgeschrittene Multivariate Analysemethoden (2. Auflage)*. Springer.
Baltes, P. B. & Lindenberger, U. (1997). Emergence of a powerful connection between sensory and cognitive functions across the adult life span: A new window to the study of cognitive aging? *Psychology and Aging, 12* (1), 12–21.
Baron, R. M. & Kenny, D. A. (1986). The moderator-mediator variable distinction in social psychological research: Conceptual, strategic, and statistical considerations. *Journal of Personality and Social Psychology, 51*(6), 1173–1182.
Bates, D. (2006). *lmer, p-values and all that.* https://stat.ethz.ch/pipermail/r-help/2006-May/094765.html [letzter Zugriff: 02.12.2021]

Bates, D., Maechler, M., Bolker, B. & Walker, S. (2015). Fitting linear mixed-effects models using lme4. *Journal of Statistical Software, 67*(1), 1–48.

Bell, M. D., Corbera, S., Johannesen, J. K., Fiszdon, J. M. & Wexler, B. E. (2013). Social cognitive impairments and negative symptoms in schizophrenia: Are there subtypes with distinct functional correlates? *Schizophrenia Bulletin, 39*(1), 186–196.

Bentler, P. M. (1980). Multivariate analysis with latent variables: Causal modeling. *Annual Review of Psychology, 31*, 419–456.

Bickel, R. (2007). *Multilevel analysis for applied research. It's just regression!* Guilford Press.

Bielby, W. T. & Hauser, R. M. (1977). Structural equation models. *Annual Review of Sociology, 3*, 137–161.

Bilsky, W., Wentura, D. & Gollan, T. (2008). Kriminalität aus der Sicht von Laien und Experten: Strukturelle Gemeinsamkeiten und Unterschiede. *Forensische Psychiatrie, Psychologie, Kriminologie, 2*(4), 263–270.

Bingham, N. H. & Fry, J. M. (2010). *Regression: linear models in statistics.* Springer.

Bollen, K. A. & Long, J. S. (Eds.). (1993). *Testing structural equation models.* Sage Publications.

Borg, I., Groenen, P. J. F. & Mair, P. (2013). *Applied multidimensional scaling.* Springer.

Bortz, J. (1999). *Statistik für Sozialwissenschaftler (5., vollständig überarbeitete Auflage).* Springer.

Bortz, J. & Döring, N. (2006). *Forschungsmethoden und Evaluation (4. überarbeitete Auflage).* Springer.

Bortz, J. & Schuster, C. (2010). *Statistik für Human- und Sozialwissenschaftler (7., vollständig überarbeitete und erweiterte Auflage).* Springer.

Brandtstädter, J. & Renner, G. (1990). Tenacious goal pursuit and flexible goal adjustment: Explication and age-related analysis of assimilative and accommodative strategies of coping. *Psychology and Aging, 5*(1), 58–67.

Brandtstädter, J., Wentura, D. & Greve, W. (1993). Adaptive resources of the aging self: Outlines of an emergent perspective. *International Journal of Behavioral Development, 16*(2), 323–349.

Brandtstädter, J., Wentura, D. & Schmitz, U. (1997). Veränderungen der Zeit- und Zukunftsperspektive im Übergang zum höheren Alter: Quer- und längsschnittliche Befunde. *Zeitschrift für Psychologie, 205*(4), 377–395.

Brown, T. A. (2006). *Confirmatory factor analysis for applied research.* Guilford.

Bühl, A. & Zöfel, P. (2005). *SPSS 12. Einführung in die moderne Datenanalyse unter Windows (9. Auflage).* Pearson Studium.

Bühner, M. & Ziegler, M. (2017). *Statistik für Psychologen und Sozialwissenschaftler (2. aktualisierte und erweiterte Auflage).* Pearson.

Bull, S. B. & Donner, A. (1987). The efficiency of multinomial logistic regression compared with multiple group discriminant analysis. *Journal of the American Statistical Association, 82*(400), 1118–1122.

Byrne, B. M. (2009). *Structural equation modeling with AMOS.* Routledge.

Carbon, C.-C. & Leder, H. (2005). The wall inside the brain: Overestimation of distances crossing the former Iron Curtain. *Psychonomic Bulletin & Review, 12*(4), 746–750.

Cattell, R. B. (1966). The scree test for the number of factors. *Multivariate Behavioral Research, 1*(2), 245–276.

Cattell, R. B. & Vogelmann, S. (1977). A comprehensive trial of the scree and KG criteria for determining the number of factors. *Multivariate Behavioral Research, 12*(3), 289–325.

Cohen, J., Cohen, P., West, S. G. & Aiken, L. S. (2003). *Applied multiple regression/ correlation analysis for the behavioral sciences (3rd edition)*. Lawrence Erlbaum.

Corr, P. J., Pickering, A. D. & Gray, J. A. (1997). Personality, punishment, and procedural learning: A test of J. A. Gray's anxiety theory. *Journal of Personality and Social Psychology, 73*(2), 337–344.

Costello, A. B. & Osborne, J. W. (2005). Best practices in exploratory factor analysis: Four recommendations for getting the most from your analysis. *Practical Assessment, Research & Evaluation, 10*(7), Available online: http://pareonline.net/getvn.asp?v=10&n=17.

de Vries, A. & Meys, J. (2021). *R für dummies (3. Ed.)*. Wiley-VCH.

Deichsel, G. & Trampisch, H. J. (1985). *Clusteranalyse und Diskriminanzanalyse*. Spektrum Akademischer Verlag.

Diehl, J. M. & Staufenbiel, T. (2007). *Statistik mit SPSS für Windows*. Klotz.

Eid, M., Gollwitzer, M. & Schmitt, M. (2017). *Statistik und Forschungsmethoden (5. Auflage)*. Beltz.

Enders, C. K. (2003). Performing multivariate group comparisons following a statistically significant MANOVA. *Measurement and Evaluation in Counseling and Development, 36*(1), 40–56.

Enders, C. K. & Tofighi, D. (2007). Centering predictor variables in cross-sectional multilevel models: A new look at an old issue. *Psychological Methods, 12*(2), 121–138.

Everitt, B. S., Landau, S., Leese, M. & Stahl, D. (2011). *Cluster analysis (5th edition)*. Wiley.

Fabrigar, L. R. & Wegener, D. T. (2012). *Exploratory factor analysis*. Oxford University Press.

Fahrenberg, J., Hempel, R. & Selg, H. (1989). *Freiburger Persönlichkeitsinventar (revidierte Form)*. Hogrefe.

Fahrmeir, L., Kneib, T. & Lang, S. (2009). *Regression: Modelle, Methoden und Anwendungen*. Springer.

Faul, F., Erdfelder, E., Lang, A.-G. & Buchner, A. (2007). GPower 3: A flexible statistical power analysis program for the social, behavioral, and biomedical sciences. *Behavior Research Methods, 39*(2), 175–191.

Fiedler, K., Schott, M. & Meiser, T. (2011). What mediation analysis can (not) do. *Journal of Experimental Social Psychology, 47*(6), 1231–1236.

Field, A. (2018). *Discovering statistics using IBM SPSS Statistics (5th Ed.)*. Sage.

Field, A., Miles, J. & Field, Z. (2012). *Discovering statistics using R*. Sage.

Fox, J. (2008). *Applied regression analysis and generalized linear models (2nd edition)*. Sage.

Frings, C. & Wentura, D. (2003). Who is watching "Big Brother"? TV consumption predicted by masked affective priming. *European Journal of Social Psychology, 33*(6), 779–791.

Fritz, M. S., Taylor, A. B. & MacKinnon, D. P. (2012). Explanation of two anomalous results in statistical mediation analysis. *Multivariate Behavioral Research, 47*(1), 61–87.

Fürntratt, E. (1969). Zur Bestimmung der Anzahl interpretierbarer gemeinsamer Faktoren in Faktorenanalysen psychologischer Daten. *Diagnostica, 15*(2), 62–75.

Garson, G. D. (Ed.). (2013). *Hierarchical linear modeling: Guide and applications*. Sage.

Goldstein, E. B. (2008). *Wahrnehmungspsychologie (7. Auflage)*. Spektrum.

Gorsuch, R. L. (1983). *Factor analysis (2nd ed.)*. Erlbaum.

Hayes, A. F. (2013). *Mediation, moderation, and conditional process analyses*. Guilford Press.
Hayes, A. F. & Scharkow, M. (2013). The relative trustworthiness of inferential tests of the indirect effect in statistical mediation analysis: Does method really matter? *Psychological Science, 24*(10), 1918–1927.
Heck, R. H. & Thomas, S. L. (2009). *An introduction to multilevel modeling techniques*. Routledge.
Hilbe, J. M. (2011). *Logistic regression models*. Chapman & Hall/CRC Press.
Hofmann, R. J. (1978). Complexity and simplicity as objective indices descriptive of factor solutions. *Multivariate Behavioral Research, 13*(2), 247–250.
Horn, J. L. (1965). A rationale and test for the number of factors in factor analysis. *Psychometrica, 30*(2), 179–185.
Hosmer, D. W., Lemeshow, S. & Sturdivant, R. X. (2013). *Applied logistic regression (3rd edition)*. Wiley & Sons.
Hossain, M., Wright, S. & Petersen, L. A. (2002). Comparing performance of multinomial logistic regression and discriminant analysis for monitoring access to care for acute myocardial infarction. *Journal of Clinical Epidemiology, 55*(4), 400–406.
Hoyle, R. H. (Ed.). (1995). *Structural equation modeling*. Sage Publications.
Hu, L. & Bentler, P. M. (1998). Fit indices in covariance structure modeling: Sensitivity to underparameterized model misspecification. *Psychological Methods, 3*(4), 424–453.
Hu, L. & Bentler, P. M. (1999). Cutoff criteria for fit indexes in covariance structure analysis: Conventional criteria versus. new alternatives. *Structural Equation Modeling, 6*(1), 1–55.
Huberty, C. J. (2006). *Applied MANOVA and discriminant analysis (2nd edition)*. Wiley & Sons.
Janczyk, M. & Pfister, R. (2020). *Inferenzstatistik verstehen: Von A wie Signifikanztest bis Z wie Konfidenzintervall (3. Auflage)*. Springer.
Jennrich, R. I. (1979). Admissible values of γ in direct oblimin rotation. *Psychometrika, 44*(2), 173–177.
Jöreskog, K. G. (1973). A general method for estimating a linear structural equation system. In A. S. Goldberger & O. D. Duncan (Eds.), *Structural equation models in the social sciences* (S. 85–112). Seminar Press.
Jöreskog, K. G. & Sörbom, D. (1979). *Advances in factor analysis and structural equation models*. University Press of America.
Keesling, J. W. (1972). *Maximum likelihood approaches to causal analyses*. Ph. D. dissertation. Department of Education: University of Chicago.
Kleinbaum, D. G. & Klein, M. (2010). *Logistic regression (2nd edition)*. Springer.
Kliegl, R., Grabner, E., Rolfs, M. & Engbert, R. (2004). Length, frequency, and predictability effects of words on eye movements in reading. *European Journal of Cognitive Psychology, 16*(1/2), 262–284.
Kliegl, R., Masson, M. E. J. & Richter, E. M. (2010). A linear mixed model analysis of masked repetition priming. *Visual Cognition, 18*(5), 655–681.
Kline, R. B. (1998). *Principles and practices of structural equation modeling*. Guilford.
Kruskal, J. B. (1964). Multidimensional scaling by optimizing goodness of fit to a nonmetric hypothesis. *Psychometrika, 29*(1), 1–27.
Kuhfeld, W. F. (1986). A note on Roy's largest root. *Psychometrika, 51*(3), 479–481.

Kuznetsova, A., Brockhoff, P. B. & Christensen, R. H. B. (2016). *lmerTest: Tests in linear mixed effects models. R package version 2.0-32*.https://doi.org/https://CRAN.R-project.org/package=lmerTest

Long, J. S. & Freese, J. (2006). *Regression models for categorical dependent variables using Stata (2nd ed.)*. Stata Press.

Lorch, R. F. & Myers, J. L. (1990). Regression analyses of repeated measures data in cognitive research. *Journal of Experimental Psychology: Learning, Memory, and Cognition, 16*(1), 149–157.

Luhmann, M. (2020). *R für Einsteiger. Einführung in die Statistik-Software für die Sozialwissenschaften (5. überarbeitete Auflage)*. PVU.

MacCallum, R. C. (1995). Model specification: Procedures, strategies, and related issues. In R. H. Hoyle (Ed.), *Structural equation modeling: Concepts, issues, and applications* (S. 16–36). Sage Publications.

MacCallum, R. C. & Mar, C. M. (1995). Distinguishing between moderator and quadratic effects in multiple regressions. *Psychological Bulletin, 118*(3), 405–421.

Maxwell, S. E., Delaney, H. D. & Kelley, K. (2017). *Designing experiments and analyzing data: A model comparison perspective (3rd ed.)*. Routledge.

McNamara, T. P. (2005). *Semantic priming: Perspectives from memory and word recognition*. Psychology Press.

Mezzich, J. E. & Worthington, D. R. L. (1978). A comparison of graphical representations of multidimensional psychiatric diagnostic data. In P. C. Wang (Ed.), *Graphical representation of multivariate data* (S. 123–141). Academic Press.

Montgomery, D. C., Peck, E. A. & Vining, G. G. (2012). *Introduction to linear regression analysis (5th edition)*. John Wiley & Sons.

Moosbrugger, H. (2011). *Lineare Modelle: Regressions- und Varianzanalysen (4. Auflage)*. Huber.

Moosbrugger, H. & Kelava, A. (2011). *Testtheorie und Fragebogenkonstruktion*. Springer.

Mundfrom, D. J., Shaw, D. G. & Ke, T. L. (2005). Minimum sample size recommendations for conducting factor analyses. *International Journal of Testing, 5*(2), 159–168.

Neville, L. (2012). Do economic equality and generalized trust inhibit academic dishonesty? Evidence from state-level search-engine queries. *Psychological Science, 23*(4), 339–345.

Notebaert, W., & Verguts, T. (2007). Dissociating conflict adaptation from feature integration: A multiple regression approach. *Journal of Experimental Psychology: Human Perception and Performance, 33*(5), 1256-1260.

Olson, C. L. (1976). On choosing a test statistic in multivariate analysis of variance. *Psychological Bulletin, 83*(4), 579–586.

Osborne, J. W. (2014). *Best practices in logistic regression*. Sage.

Otten, S. & Wentura, D. (2001). Self-anchoring and in-group favoritism: An individual profiles analysis. *Journal of Experimental Social Psychology, 37*(6), 525–532.

Pavlov, G., Maydeu-Olivares, A. & Shi, D. (2021). Using the standardized root mean squared residual (SRMR) to assess exact fit in structural equation models. *Educational and Psychological Measurement, 81*(1), 110–130.

Pettersson, E. & Turkheimer, E. (2010). Item selection, evaluation, and simple structure in personality data. *Journal of Research in Personality, 44*(4), 407–420.

Pituch, K. A. & Stevens, J. P. (2016). *Applied multivariate statistics for the social sciences (6th ed.)*. Routledge.

Pospeschill, M. (2006). *Statistische Methoden. Strukturen, Grundlagen, Anwendungen in Psychologie und Sozialwissenschaften.* Elsevier.

Pospeschill, M. (2010). *Testtheorie, Testkonstruktion, Testevaluation.* Reinhardt.

Pospeschill, M. (2012). *SPSS – Durchführung fortgeschrittener statistischer Verfahren (10. überarbeitete Auflage).* RRZN.

Pospeschill, M. & Spinath, F. M. (2009). *Psychologische Diagnostik.* Reinhardt.

Preacher, K. J. & Hayes, A. F. (2008). Asymptotic and resampling strategies for assessing and comparing indirect effects in multiple mediator models. *Behavior Research Methods, 40*(3), 879–891.

Rasch, B., Friese, M., Hofmann, W. & Naumann, E. (2021a). *Quantitative Methoden. Band 1 (5. Aufl.).* Springer.

Rasch, B., Friese, M., Hofmann, W. & Naumann, E. (2021b). *Quantitative Methoden. Band 2 (5. Aufl.).* Springer.

Raudenbush, S. W. & Bryk, A. S. (2002). *Hierarchical linear models. Applications and data analysis methods (2nd ed.).* Sage.

Rohr, M., Tröger, J., Michely, N., Uhde, A. & Wentura, D. (2017). Recognition memory for low- and high-frequency-filtered emotional faces: Low spatial frequencies drive emotional memory enhancement, whereas high spatial frequencies drive the emotion-induced recognition bias. *Memory & Cognition, 45*(5), 699–715.

Rosopa, P. J., Schaffer, M. M. & Schroeder, A. N. (2013). Managing Heteroscedasticity in General Linear Models. *Psychological Methods, 18*(3), 335–351.

Rosseel, Y. (2021). *The lavaan tutorial.* https://lavaan.ugent.be/tutorial/tutorial.pdf [letzter Zugriff: 21.01.2022]

Schäfer, T. (2016). *Methodenlehre und Statistik. Einführung in Datenerhebung, deskriptive Statistik und Inferenzstatistik.* Springer.

Schönemann, P. H. & Borg, I. (1996). Von der Faktorenanalyse zu den Strukturgleichungsmodellen. In E. Erdfelder, R. Mausfeld, T. Meiser & G. Rudinger (Eds.), *Handbuch Quantitative Methoden* (S. 241–252). Psychologie Verlags Union.

Schreiber, J. B., Stage, F. K., King, J., Nora, A. & Barlow, E. A. (2006). Reporting structural equation modeling and confirmatory factor analysis results: a review. *The Journal of Educational Research, 99*(6), 323–337.

Sedlmeier, P. & Burkhardt, M. (2021). *Datenanalyse mit R: Beschreiben, Explorieren, Schätzen und Testen.* Pearson.

Seigneuric, A. & Ehrlich, M.-F. (2005). Contribution of working memory capacity to children's reading comprehension: A longitudinal investigation. *Reading and Writing, 18*(7-9), 617–656.

Smith, C. E. & Cribbie, R. (2014). Factorial ANOVA with unbalanced data: A fresh look at the types of sums of squares. *Journal of Data Science, 12*(3), 385–404.

Sobel, M. E. (1982). Asymptotic confidence intervals for indirect effects in structural equation models. *Sociological Methodology, 13*, 290–312.

Spät, H. (1977). *Cluster-Analyse-Algorithmen zur Objektklassifizierung und Datenreduktion. (2. Aufl.).* Oldenbourg R. Verlag.

Steiger, J. H. (1980). Tests for comparing elements of a correlation matrix. *Psychological Bulletin, 87*, 245–251.

Steinhausen, D. & Langer, K. (1977). *Clusteranalyse.* Springer.

Steyer, R. & Eid, M. (2001). *Messen und Testen (2. Auflage).* Springer.

Süß, H. M. (2001). Prädiktive Validität der Intelligenz im schulischen und außerschulischen Bereich. In E. Stern & J. Guthke (Eds.), *Perspektiven der Intelligenzforschung* (S. 109–135). Pabst.

Tabachnick, B. G. & Fidell, L. S. (2019). *Using multivariate statistics (7th ed.).* Pearson.

Takane, Y., Young, F. W. & De Leeuw, J. (1977). Nonmetric individual differences multidimensional scaling: an alternating least squares method with optimal scaling features. *Psychometrika, 42*(1), 7–67.

Tibon, R., Tsvetanov, K. A., Price, D., Nesbitt, D., Can, C. & Henson, R. (2021). Transient neural network dynamics in cognitive ageing. *Neurobiology of Aging, 105,* 217–228.

Torgerson, W. S. (1958). *Theory and methods of scaling.* Wiley.

Tukey, J. W. (1977). *Exploratory data analysis.* Addison-Wesley.

Ullman, J. B. (2019). Structural Equation Modeling. In B. G. Tabachnick & L. S. Fidell (Eds.), *Using multivariate statistics (7th ed.).* Pearson.

van den Noortgate, W. & Onghena, P. (2006). Analysing repeated measures data in cognitive research: A comment on regression coefficient analyses. *European Journal of Cognitive Psychology, 18*(6), 937–952.

van der Schalk, J., Fischer, A., Doosje, B., Wigboldus, D., Hawk, S., Rotteveel, M. & Hess, U. (2011). Convergent and divergent responses to emotional displays of ingroup and outgroup. *Emotion, 11*(2), 286–298.

Velicer, W. F. (1976). Determining number of components from matrix of partial correlations. *Psychometrika, 41*(3), 321–327.

Velicer, W. F., Eaton, C. A. & Fava, J. L. (2000). Construct explication through factor or component analysis: A review and evaluation of alternative procedures for determining the number of factors or components. In R. D. Goffin & E. Helmes (Eds.), *Problems and solutions in human assessment: Honoring Douglas N. Jackson at seventy* (S. 41–71). Kluwer.

Wang, H.-T., Smallwood, J., Mourao-Miranda, J., Xia, C. H., Satterthwaite, T. D., Bassett, D. S. & Bzdok, D. (2020). Finding the needle in a high-dimensional haystack: Canonical correlation analysis for neuroscientists. *Neuroimage, 216,* 116745.

Weiber, R. & Mühlhaus, D. (2009). *Strukturgleichungsmodellierung.* Springer.

Weiber, R. & Mühlhaus, D. (2014). *Strukturgleichungsmodellierung (2. Aufl.).* Springer.

Whittaker, T. A. (2016). Structural equation modeling. In K. A. Pituch & J. P. Stevens (Eds.), *Applied multivariate statistics for the social sciences (6th ed.).* Routledge.

Wiley, D. E. (1973). The identification problem for structural equation models with unmeasured variables. In A. S. Goldberger & O. D. Duncan (Eds.), *Structural equation models in the social sciences.* Seminar Press.

Wirtz, M. & Nachtigall, C. (2012). *Deskriptive Statistik: Statistische Methoden für Psychologen Teil 1 (6. Aufl.).* Beltz Juventa.

Wirtz, M. & Nachtigall, C. (2013). *Wahrscheinlichkeitsrechnung und Inferenzstatistik: Statistische Methoden für Psychologen Teil 2 (6. Aufl.).* Beltz Juventa.

Wittenbrink, B. & Schwarz, N. (Eds.). (2007). *Implicit measures of attitudes.* Guilford Press.

Wittmann, A. & Gohl, V. (1996). *Atttraktivitätsveränderungen nach Entscheidungen. Feinanalyse des Divergenzeffektes aus handlungs- und bewältigungstheoretischer Perspektive* [Unveröffentlichte Diplomarbeit]. Westfälische Wilhelms-Universität Münster.

Stichwortverzeichnis

A
AGFI 232
Ähnlichkeitsmaß 186
Algorithmus, iterativer 22
Alpha-Fehler 7, 144
AMOS 232
ANOVA 143, 145

B
Bayes-Theorem 153
Beta-Fehler 8
Beta-Gewicht 16, 25
Bonferroni-Holm-Korrektur 113
Bonferroni-Korrektur 113
Bootstrapping
    indirekter Pfad 61
Box-M-Test 145, 155

C
CFI 231
Clusteranalyse 185
    Agglomerierungsverfahren 189
    Average Group Linkage 190
    Average Linkage 190
    Complete Linkage 190, 191
    hierarchische Verfahren 185, 193
    Median-Clustering 191
    partitionierende Verfahren 185, 189
    Single Linkage 190, 191
    Ward-Verfahren 191, 193
    Zentroid-Clustering 191
Cox & Snell-Index 55
Cronbachs Alpha 179–181

D
Dendrogramm 192, 193
Determinationskoeffizient 17
Differenzvariable
    orthogonale 132, 142
Diskriminanzanalyse 117, 147, 160, 161
Diskriminanzfunktion 153, 155
Disparität. *Siehe* Multidimensionale Skalierung (Disparitäten)
Distanzmaß 186
    Block-Distanz 187
    City-Block-Metrik 187, 193, 204
    einfache Anpassung 188
    euklidische Distanz 153, 186, 187, 204, 208
    Jacard-Maß 188
    Mahalanobis-Distanz 40
    Minkowski-Distanz 186, 204
    Pearson-Korrelation 187
    quadrierte euklidische Distanz 186, 191, 193

E

Eigenwert 167, 169
Einstichproben-t-Test. *Siehe* t-test (Einstichproben-)
Erwartungstreue Schätzung 6
  der Residuen 18, 30
  der Varianz 6
  des Populations-R^2 18, 30
Erwartungswert 6
Extremwert 40

F

Faktorenanalyse
  Alpha- 167
  exploratorische 164, 165, 201
  Hauptachsenmethode 167
  Image-Analyse 167
  konfirmatorische 164, 214
  Maximum-Likelihood 167
Fehler erster Art 7
Fehlervarianz 13
Fehler zweiter Art 8
Freiheitsgrade 6
F-Test (Regression) 20
Fürntratt-Kriterium 178
F-Verteilung 10

G

GFI 231
Greenhouse-Geisser-Korrektur 144
Gruppenzentroid
  Clusteranalyse 189
  Diskriminanzanalyse 154

H

Hauptachsenmethode 183
Hauptkomponentenanalyse 167
  vs. Faktorenanalyse 167
Heteroskedastizität 39
Hierarchisches lineares Modell 83, 90
  fixed effects 91
  globaler Modell-Test 104
  Intraklassenkorrelation 106
  logistische Analyse 107
  Quasi-R^2 105
  random effects 92, 94
  random intercepts 88, 90, 93, 94
  random slopes 90, 91, 93, 94
Homogenität der Varianz-Kovarianz-Matrix 127, 155
Homoskedastizität 38
Hotelling-Spur 114, 126

I

Independence of irrelevant alternatives 161
Inferenzstatistik 7
Intraklassenkorrelation 106
Ipsation 143

K

Kaiser-Guttman-Kriterium 169
Kaiser-Meyer-Olkin-Koeffizient 181
Kanonische Korrelationsanalyse 117, 119, 120, 124, 126, 142, 149
Kanonische Variate 119, 120, 126, 140, 149
Klassifikationsmatrix
  Diskriminanzanalyse 148
KMO-Koeffizient. *Siehe* Kaiser-Meyer-Olkin
Kodierung
  Dummy 73, 74, 87, 93, 102
  Interaktion 80
  Kontrast- 75–78, 80, 130, 140
Kodiervariable 71, 80, 117, 124, 140, 142, 149
Kollinearität 40
Kommunalität 172, 182, 183
Kommunalitätenschätzung 183
Konsistenzkoeffizient
  Cronbachs Alpha
Kontrast
  bei Messwiederholung 132, 137

Helmert 132, 138
polynomial 138
Kontrastkodierung. *Siehe* Kodierung
(Kontrast)
Korrelation 10, 16, 17
   multiple 17
Korrigierte Item-Skala-Korrelation 181
Kovarianz 10
Kovarianzanalyse 69
Kovariate 143
Kreuzvalidierung
   leave-one-out 155, 160
Kriterium der kleinsten Quadrate 13

L
Ladung 172
Lineare Regression 13
Lineare Transformation 5
LISREL 232
Logistische Regression 51, 55
   −2 Log-Likelihood 54, 94, 156
   binär 49, 50, 156
   χ^2-*Change*-Test 56
   hierarchisch 55
   Klassifizierungstabelle 56
   multinomiale 147, 155, 158, 161
   Wald-Test 56
Logit-Gleichung 51, 52

M
Mahalanobis-Distanz. *Siehe* Distanzmaß
(Mahalanobis)
MANOVA 112, 116, 138, 145
MAP-Test 171
Mauchly-Test 144
Maximum Likelihood 21, 108, 221, 234
Maximum-Likelihood-Faktorenanalyse 183
MDS. *Siehe* Multidimensionale Skalierung
Mediation
   indirekter Pfad 61
   unvollständige 61
   vollständige 61
Mediator
   -analyse 59, 60, 214

   -variable 59, 60
Messwiederholungsplan 129
   einfaktoriell 130
   klassische Auswertung 131
   mehrfaktoriell 134
   multivariate Auswertung 131
Methode der kleinsten Quadrate 21, 23
Mittelwert 5
Mittelwertsvektor 111
Mixed model 83
ML-Faktorenanalyse. *Siehe* Maximum-
Likelihood-Faktorenanalyse
Moderator
   -analyse 59, 63–66, 86, 95
   -variable 59, 65, 66
Multidimensionale Skalierung 199
   Ankerpunktmethode 203
   Datenverdichtungskoeffizient 207
   Disparitäten 204, 210
   MDS-Raum 202
   metrisch 201, 207
   nichtmetrisch 201
   RSQ-Index 209
   STRESS-Index 204–207, 209
Multikollinearität 40, 160
Multi-level modeling 83
Multiple Korrelation 17
Multiples Korrelationsquadrat. *Siehe* R^2
Multivariater Test 112

N
NFI 231
Normalverteilung 5, 7
   multivariate 127, 155
Nullhypothese 7
Nützlichkeit 36

O
OBLIMIN-Rotation. *Siehe* Rotation
(OBLIMIN)
Odd 51, 53, 161
Odds ratio 53
Ordinary least squares. *Siehe* Methode der
kleinsten Quadrate

P
Parallelanalyse 171
Partialkorrelation 21
Pfadmodell 214
Pillai-Spur 114, 123, 126
Polynomialer Zusammenhang 46
Population 6
Proximitätsmaß 186

Q
Quadratischer Zusammenhang.
  Siehe Regression (Quadratische Zusammenhänge)
Quadratsumme 9, 18
  bei der Regression 18, 19, 26
  mittlere (Regression) 19
  Residuen 19, 26
QUARTIMIN-Rotation. *Siehe* Rotation (QUARTIMIN)

R
R^2 17, 28
  adjustiert 18, 30
Redundanz
  von Prädiktoren 35, 37
Regression
  Analyse von Veränderung 47
  binärer Prädiktor 70
  bivariate 14
  hierarchische 27
  Konstantentest 143
  lineare 13
  logistische *siehe* Logistische Regression
  multiple 23, 85, 119, 123, 140, 142
  nichtlineare Zusammenhänge 43, 46
  quadratische Zusammenhänge 43, 45, 46, 67
Regressionsgewicht 15, 16
Reliabilität 179, 181
Reliabilitätsanalyse 165, 179
Residual standard error 18

Residuen 13, 17
RMSEA-Index 230
Rotation 174
  QUARTIMIN 177
  VARIMAX 174, 176, 207
Roys größte charakteristische Wurzel 114, 126

S
Scree-Test 171
Semipartialkorrelation 21, 29
SGM. *Siehe* Strukturgleichungsmodell
Shrinkage 101, 103
Sobel-Test 61
Spearman-Brown-Formel 181
Sphärizität 144, 145
Standardabweichung 5
  der Residuen 18, 41
Standardfehler 8
z-Standardisierung 16
Standard-Normalverteilung 7
Standardpartial-Regressionskoeffizient 16
Standardschätzfehler
  der Regressionsgewichte 16, 40
Steiger-Test 170
Stichprobe 6
Streudiagramm 210
Strukturgleichungsmodell 164, 214
  ADF-Methode 235
  AGFI 231
  beobachtete Variablen 217
  Diskrepanzfunktion 229
  endogene Variablen 217
  exogene Variablen 218
  GFI 231
  GLS-Methode 234
  Goodness-of-Fit-Test 216, 222
  latente Variablen 217
  Messmodell 216
  Modellidentifikation 219
  Modellinterpretation 224
  Modellmodifikation 224
  Modellschätzung 221
  NFI 231

RMSEA-Index 230
saturiertes Modell 220
Strukturmodell 217
Symbolübersicht 219
ULS-Methode 234
Unabhängigkeitsmodell 223, 236
Strukturgleichungsmodelle
CFI 231
Suppressor
-effekt 32, 34, 36, 37
reziproker 35
-variable 34, 36

T
F-Test
Change 31
der Regression 19
t-Test
der Regressionsgewichte 16
Einstichproben- 16
Testpower 8, 144
Teststärke 8
Toleranz 40
Transformationsmatrix 132, 134
Trend
linear, quadratisch, kubisch
siehe Kontrast (polynomial)
Trennschärfe 181
t-Test 70
Einstichproben- 7, 9, 116, 133, 137, 142
für abhängige Stichproben 9, 116, 116

für Beobachtungspaare 9
für unabhängige Stichproben 9, 117, 121
t-Verteilung 8

V
Validität
inkrementelle 52
Varianz 5, 18
erklärte 17
erwartungstreue Schätzung 6
Varianzanalyse 9, 69
VARIMAX-Rotation. *Siehe* Rotation (VARIMAX)
Vektor der Differenzvariablen 130
Voraussetzungen
der linearen Regression 20
der multiplen Regression 37

W
Ward-Methode. *Siehe* Clusteranalyse (Ward)
Wilks Lambda 114, 115, 126

Z
Zentrierung 97
centered within clusters 91, 98, 100, 104
grand-mean centering 97, 100
Zirkularität. *Siehe* Sphärizität
z-Standardisierung 5

MIX
Papier aus verantwortungsvollen Quellen
Paper from responsible sources
FSC® C105338

If you have any concerns about our products,
you can contact us on
ProductSafety@springernature.com

In case Publisher is established outside the EU,
the EU authorized representative is:
**Springer Nature Customer Service Center GmbH
Europaplatz 3, 69115 Heidelberg, Germany**

Printed by Libri Plureos GmbH
in Hamburg, Germany